TRANSLATED
Translated Language Learning

The Adventures of Pinocchio

피노키오의 모험

Carlo Collodi

카를로 콜로디

English / 한국어

Copyright © 2024 Tranzlaty
All rights reserved
Published by Tranzlaty
ISBN: 978-1-83566-708-8
Le Avventure di Pinocchio. Storia di un Burattino
Original text by Carlo Callodi
First published in Italianin 1883
Illustrated By Alice Carsey
www.tranzlaty.com

The Piece of Wood that Laughed and Cried like a Child
어린아이처럼 웃고 울던 나무조각

Centuries ago there lived...
수세기 전에 살았습니다 ...
"A king!" my little readers will say immediately
"왕이라니!" 나의 작은 독자들은 즉시 말할 것이다
No, children, you are mistaken
아니, 자녀들아, 너희는 잘못 알고 있다
Once upon a time there was a piece of wood
옛날 옛적에 나무 조각이 있었습니다
the wood was in the shop of an old carpenter
그 나무는 늙은 목수의 가게에 있었습니다
this old carpenter was named Master Antonio
이 늙은 목수는 안토니오 선생이라고 불렸습니다
Everybody, however, called him Master. Cherry
그러나 모든 사람들은 그를 스승님이라고 불렀다. 버찌
they called him Master. Cherry on account of his nose
그들은 그를 주(主)라고 불렀다. 그의 코 때문에 체리
his nose was always as red and polished as a ripe cherry
그의 코는 항상 잘 익은 체리처럼 빨갛고 윤이 났다
Master Cherry set eyes upon the piece of wood
마스터 체리는 나무 조각에 시선을 고정했다
his face beamed with delight when he saw the log
통나무를 본 그의 얼굴은 기쁨으로 환하게 빛났다
he rubbed his hands together with satisfaction
그는 만족스러워하며 두 손을 비볐다
and the kind master softly spoke to himself
그리고 친절한 주인은 조용히 혼잣말을 했다
"This wood has come to me at the right moment"
"이 나무는 적절한 순간에 나에게 왔습니다"
"I have been planning to make a new table"
"새로운 테이블을 만들 계획이었습니다"
"it is perfect for the leg of a little table"
"작은 테이블의 다리에 딱 맞습니다"
He immediately went out to find a sharp axe

그는 즉시 날카로운 도끼를 찾으러 나갔다
he was going to remove the bark of the wood first
그는 먼저 나무껍질을 제거할 작정이었다
and then he was going to remove any rough surface
그런 다음 그는 거친 표면을 제거하려고 했습니다
and he was just about to strike the wood with his axe
그는 도끼로 나무를 치려고 했다
but just before he struck the wood he heard something
그러나 그가 나무에 부딪히기 직전에 그는 뭔가를 들었다
"Do not strike me so hard!" a small voice implored
"나를 그렇게 세게 때리지 마!" 작은 목소리가 애원했다
He turned his terrified eyes all around the room
그는 겁에 질린 눈으로 방 안을 둘러보았다
where could the little voice possibly have come from?
그 작은 목소리는 도대체 어디서 나온 것일까?
he looked everywhere, but he saw nobody!
그는 사방을 둘러보았지만 아무도 보이지 않았습니다!
He looked under the bench, but there was nobody
그는 벤치 아래를 살펴보았지만, 아무도 없었다
he looked into a cupboard that was always shut
그는 항상 닫혀 있는 찬장을 들여다보았다
but there was nobody inside the cupboard either
하지만 찬장 안에도 아무도 없었다
he looked into a basket where he kept sawdust
그는 톱밥이 담긴 바구니를 들여다보았다
there was nobody in the basket of sawdust either
톱밥 바구니 안에도 아무도 없었다
at last he even opened the door of the shop
마침내 그는 가게 문까지 열었다
and he glanced up and down the empty street
그리고 그는 텅 빈 거리를 위아래로 훑어보았다
But there was no one to be seen in the street either
그러나 거리에는 아무도 보이지 않았다
"Who, then, could it be?" he asked himself
"그렇다면, 누구일까?" 그는 스스로에게 물었다
at last he laughed and scratched his wig

마침내 그는 웃으면서 가발을 긁었다
"I see how it is," he said to himself, amused
"어떤지 알겠어," 그는 재미있다는 듯이 혼잣말을 했다
"evidently the little voice was all my imagination"
"그 작은 목소리는 모두 내 상상이었음이 분명하다"
"Let us set to work again," he concluded
"다시 일을 시작합시다"라고 그는 결론을 내렸다
he picked up his axe again and set to work
그는 다시 도끼를 집어 들고 일을 시작했다
he struck a tremendous blow to the piece of wood
그는 나무토막에 엄청난 타격을 가했다
"Oh! oh! you have hurt me!" cried the little voice
"아! 오! 네가 나를 다치게 했어!" 작은 목소리가 외쳤다
it was exactly the same voice as it was before
전과 똑같은 목소리였다
This time Master. Cherry was petrified
이번에는 주인님. 체리는 석화되었다
His eyes popped out of his head with fright
그의 눈이 공포에 질려 머리에서 튀어나왔다
his mouth remained open and his tongue hung out
그는 입을 벌리고 혀를 내밀고 있었다
his tongue almost came to the end of his chin
그의 혀는 거의 턱 끝에 이르렀다
and he looked just like a face on a fountain
그리고 그는 분수 위의 얼굴처럼 보였다
Master. Cherry first had to recover from his fright
주. 체리는 먼저 공포에서 벗어나야 했다
the use of his speech returned to him
그의 연설 사용이 그에게 돌아왔다
and he began to talk in a stutter;
그는 더듬거리며 말하기 시작하였다.
"where on earth could that little voice have come from?"
"도대체 그 작은 목소리가 어디서 나온 걸까?"
"could it be that this piece of wood has learned to cry?"
"이 나무 조각이 우는 법을 배운 건 아닐까?"
"I cannot believe it," he said to himself

"믿을 수가 없어." 그는 혼잣말을 했다
"This piece of wood is nothing but a log for fuel"
"이 나무 조각은 연료를 위한 통나무일 뿐입니다."
"it is just like all the logs of wood I have"
"그것은 내가 가진 모든 통나무와 똑같습니다"
"it would only just suffice to boil a saucepan of beans"
"냄비에 콩을 끓이는 것만으로도 충분할 것입니다."
"Can anyone be hidden inside this piece of wood?"
"이 나무토막 안에 숨을 수 있는 사람이 있을까?"
"If anyone is inside, so much the worse for him"
"누군가 안에 있다면, 그에게는 훨씬 더 나쁜 일이다"
"I will finish him at once," he threatened the wood
"당장 그를 끝장내겠다." 그는 나무를 위협했다
he seized the poor piece of wood and beat it
그는 그 불쌍한 나무 조각을 붙잡아 두들겨 팼다
he mercilessly hit it against the walls of the room
그는 무자비하게 그것을 방의 벽에 부딪혔다
Then he stopped to see if he could hear the little voice
그러고는 멈춰 서서 작은 목소리가 들리는지 살폈다
He waited two minutes, nothing. Five minutes, nothing
그는 2분을 기다렸지만 아무것도 없었다. 5분, 아무것도 없음
he waited another ten minutes, still nothing!
그는 10분을 더 기다렸지만, 여전히 아무 것도 없었다!
"I see how it is," he then said to himself
"어떤지 알겠어." 그러고는 혼잣말을 했다
he forced himself to laugh and pushed up his wig
그는 억지로 웃으면서 가발을 밀어 올렸다
"evidently the little voice was all my imagination!"
"그 작은 목소리는 모두 내 상상이었나 봐!"
"Let us set to work again," he decided, nervously
"다시 일을 시작합시다." 그는 초조하게 결심했다
next he started to polish the bit of wood
다음으로 그는 나무 조각을 닦기 시작했습니다
but while polishing he heard the same little voice
그러나 연마하는 동안 그는 같은 작은 목소리를

들었습니다
this time the little voice was laughing uncontrollably
이번에는 작은 목소리가 걷잡을 수 없이 웃고 있었다
"Stop! you are tickling me all over!" it said
"멈춰! 넌 내 온몸을 간지럽히고 있어!"
poor Master. Cherry fell down as if struck by lightning
불쌍한 주인님. 체리는 벼락을 맞은 것처럼 쓰러졌다
sometime later he opened his eyes again
얼마 후 그는 다시 눈을 떴다
he found himself seated on the floor of his workshop
그는 자신의 작업장 바닥에 앉아 있는 자신을 발견했다
His face was very changed from before
그의 얼굴은 전과 매우 달라져 있었다
and even the end of his nose had changed
심지어 코 끝마저도 변해 있었다
his nose was not its usual bright crimson colour
그의 코는 평소의 밝은 진홍색이 아니었다
his nose had become icy blue from the fright
그의 코는 공포로 인해 얼음처럼 파랗게 변해 있었다

Master. Cherry Gives the Wood Away
주. 벚꽃은 나무를 나눠줍니다

At that moment someone knocked at the door
그 순간 누군가 문을 두드렸습니다
"Come in," said the carpenter to the visitor
"들어오세요." 목수가 방문객에게 말했다
he didn't have the strength to rise to his feet
그는 일어설 힘이 없었다
A lively little old man walked into the shop
활기차고 작은 노인이 가게로 걸어 들어왔다
this lively little man was called Geppetto
이 활기찬 작은 남자는 제페토라고 불렸습니다
although there was another name he was known by
비록 그가 알려진 다른 이름이 있었지만
there was a group of naughty neighbourhood boys
장난꾸러기 이웃 소년 그룹이 있었습니다
when they wished to anger him they called him pudding
그들이 그를 화나게 하려고 했을 때, 그들은 그를 푸딩이라고 불렀다
there is a famous yellow pudding made from Indian corn
인도 옥수수로 만든 유명한 노란색 푸딩이 있습니다
and Geppetto's wig looks just like this famous pudding
그리고 제페토의 가발은 이 유명한 푸딩처럼 생겼습니다
Geppetto was a very fiery little old man
제페토는 매우 불같은 작은 노인이었습니다
Woe to him who called him pudding!
그를 푸딩이라고 불렀던 그에게 화가 있으리로다!
when furious there was no holding him back
화가 났을 때, 그를 막을 수 있는 것은 아무것도 없었다
"Good-day, Master. Antonio," said Geppetto
"안녕하십니까, 스승님. 안토니오," 제페토가 말했다
"what are you doing there on the floor?"
"거기서 바닥에서 뭐 하는 거야?"
"I am teaching the alphabet to the ants"
"나는 개미에게 알파벳을 가르치고 있다"

"I can't imagine what good it does to you"
"그것이 당신에게 무슨 유익을 주는지 상상할 수 없습니다"
"What has brought you to me, neighbour Geppetto?"
"어쩌다 나를 찾아온 거야, 이웃 제페토?"
"My legs have brought me here to you"
"내 다리가 나를 여기로 데려왔어"
"But let me tell you the truth, Master. Antonio"
"하지만 진실을 말씀드리겠습니다, 스승님. 안토니오"
"the real reason I came is to ask a favour of you"
"내가 온 진짜 이유는 너에게 부탁하기 위해서야"
"Here I am, ready to serve you," replied the carpenter
"제가 여기 있습니다, 당신을 섬길 준비가 되어 있습니다." 목수가 대답했다
and he got off the floor and onto his knees
그리고 그는 바닥에서 내려와 무릎을 꿇었다
"This morning an idea came into my head"
"오늘 아침에 한 가지 아이디어가 떠올랐습니다."
"Let us hear the idea that you had"
"당신이 가진 아이디어를 들어 봅시다"
"I thought I would make a beautiful wooden puppet"
"예쁜 나무 인형을 만들 줄 알았는데"
"a puppet that could dance and fence"
"춤추고 울타리를 칠 수 있는 꼭두각시"
"a puppet that can leap like an acrobat"
"곡예사처럼 뛸 수 있는 꼭두각시"
"With this puppet I could travel about the world!"
"이 인형으로 전 세계를 여행할 수 있어요!"
"the puppet would let me earn a piece of bread"
"꼭두각시가 나에게 빵 한 조각을 벌게 해 줄 거야"
"and the puppet would let me earn a glass of wine"
"그리고 꼭두각시는 나에게 와인 한 잔을 벌게 할 것입니다"
"What do you think of my idea, Antonio?"
"내 생각에 대해 어떻게 생각해, 안토니오?"
"Bravo, pudding!" exclaimed the little voice

"브라보, 푸딩!" 작은 목소리가 외쳤다
it was impossible to know where the voice had came from
그 목소리가 어디서 났는지 알 수 없었다
Geppetto didn't like hearing himself called pudding
제페토는 자신이 푸딩이라고 불리는 것을 좋아하지 않았습니다
you can imagine he became as red as a turkey
당신은 그가 칠면조처럼 빨갛게 변했다고 상상할 수 있습니다
"Why do you insult me?" he asked his friend
"왜 나를 모욕하니?" 그는 친구에게 물었다
"Who insults you?" his friend replied
"누가 너를 모욕하니?" 친구가 대답했다
"You called me pudding!" Geppetto accused him
"너 나를 푸딩이라고 불렀잖아!" 제페토는 그를 비난했다
"It was not I!" Antonio honestly said
"내가 아니었어!" 안토니오는 솔직하게 말했다
"Do you think I called myself pudding?"
"내가 나 자신을 푸딩이라고 불렀다고 생각해?"
"It was you, I say!", "No!", "Yes!", "No!"
"너였어!", "아니야!", "네!", "아니!"
becoming more and more angry, they came to blows
그들은 점점 더 화가 나서 주먹을 휘두르기 시작하였다
they flew at each other and bit and fought and scratched
그들은 서로에게 달려들어 물어뜯고 싸우고 할퀴었다
as quickly as it had started the fight was over again
시작하자마자 싸움은 다시 끝났다
Geppetto had the carpenter's grey wig between his teeth
제페토는 목수의 회색 가발을 이빨 사이에 끼우고 있었다
and Master. Antonio had Geppetto's yellow wig
그리고 마스터. 안토니오는 제페토의 노란 가발을 썼다
"Give me back my wig" screamed Master. Antonio
"내 가발을 돌려줘." 스승이 소리쳤다. 안토니오
"and you give me back my wig" screamed Master. Cherry
"그리고 너는 내 가발을 돌려줘." 스승이 소리쳤다. 버찌
"let us be friends again" they agreed

"우리 다시 친구가 되자"고 그들은 동의했다
The two old men gave each other their wigs back
두 노인은 서로에게 가발을 돌려주었다
and the old men shook each other's hands
그리고 노인들은 서로 악수를 나눴다
they swore that all had been forgiven
그들은 모든 것이 용서받았다고 맹세했다
they would remain friends to the end of their lives
그들은 생이 끝날 때까지 친구로 남을 것입니다
"Well, then, neighbour Geppetto" said the carpenter
"그럼, 이웃인 제페토." 목수가 말했다
he asked "what is the favour that you wish of me?"
그는 "당신이 내게 바라는 호의가 무엇이냐"고 물었다.
this would prove that peace was made
이것은 평화가 이루어졌다는 증거였습니다
"I want a little wood to make my puppet"
"인형을 만들기 위해 작은 나무가 필요합니다."
"will you give me some wood?"
"나한테 나무 좀 주시겠어요?"
Master. Antonio was delighted to get rid of the wood
주. 안토니오는 나무를 없애게 되어 기뻤습니다
he immediately went to his work bench
그는 즉시 작업대로 갔다
and he brought back the piece of wood
그리고 그는 나무 조각을 가져왔다
the piece of wood that had caused him so much fear
그에게 그토록 큰 두려움을 안겨주었던 그 나무토막
he was bringing the piece of wood to his friend
그는 그 나무 조각을 친구에게 가져다주고 있었다
but then the piece of wood started to shake!
그런데 그때 나무토막이 흔들리기 시작했어요!
the piece of wood wriggled violently out of his hands
그의 손에서 나뭇조각이 격렬하게 꿈틀거렸다
this piece of wood knew how to make trouble!
이 나무 조각은 문제를 일으키는 방법을 알고 있었습니다!
with all its might it struck against poor Geppetto

그것은 온 힘을 다해 불쌍한 제페토를 공격했다
and it hit him right on his poor dried-up shins
그리고 그것은 그의 불쌍하고 말라붙은 정강이를 정확히 강타했다

you can imagine the cry that Geppetto gave
제페토가 외쳤을 외침을 상상할 수 있습니다

"is that the courteous way you make your presents?"
"그게 당신이 선물을 만드는 예의 바른 방법인가요?"

"You have almost lamed me, Master. Antonio!"
"당신은 저를 거의 절름발이로 만들었습니다, 스승님. 안토니오!"

"I swear to you that it was not I!"
"맹세컨대, 내가 아니었다고!"

"Do you think I did this to myself?"
"내가 나 자신에게 그랬다고 생각해?"

"The wood is entirely to blame!"
"온전히 나무 탓이야!"

"I know that it was the wood"
"나는 그것이 나무였다는 것을 압니다"

"but it was you that hit my legs with it!"
"하지만 그걸로 내 다리를 때린 건 너였어!"

"I did not hit you with it!"
"나는 그것으로 너를 때리지 않았어!"

"Liar!" exclaimed Geppetto
"거짓말쟁이!" 제페토가 외쳤다

"Geppetto, don't insult me or I will call you Pudding!"
"제페토, 나를 모욕하지 마. 그렇지 않으면 너를 푸딩이라고 부를 거야!"

"Knave!", "Pudding!", "Donkey!"
"쌀렁!", "푸딩!", "당나귀!"

"Pudding!", "Baboon!", "Pudding!"
"푸딩!", "개코원숭이!", "푸딩!"

Geppetto was mad with rage all over again
제페토는 또다시 분노에 휩싸였다

he had been called been called pudding three times!
그는 푸딩이라고 세 번이나 불렸습니다!

he fell upon the carpenter and they fought desperately
그는 목수에게 쓰러졌고 그들은 필사적으로 싸웠습니다
this battle lasted just as long as the first
이 전투는 첫 번째 전투와 마찬가지로 오래
지속되었습니다.
Master. Antonio had two more scratches on his nose
주. 안토니오는 코에 두 군데의 상처가 더 있었다
his adversary had lost two buttons off his waistcoat
그의 대적은 그의 조끼에서 단추 두 개를 잃어버렸습니다
Their accounts being thus squared, they shook hands
그들의 계좌가 이렇게 정리되자, 그들은 악수를 하였다
and they swore to remain good friends for the rest of their lives
그리고 그들은 남은 생애 동안 좋은 친구로 남을 것을 맹세했습니다
Geppetto carried off his fine piece of wood
제페토는 그의 훌륭한 나무 조각을 가져갔다
he thanked Master. Antonio and limped back to his house
그는 스승님께 감사를 드렸다. 안토니오는 절뚝거리며
집으로 돌아갔다

Geppetto Names his Puppet Pinocchio
제페토는 꼭두각시 피노키오라는 이름을 지었습니다.

Geppetto lived in a small ground-floor room
제페토는 아래층의 작은 방에서 살았다
his room was only lighted from the staircase
그의 방은 계단을 통해서만 불이 들어왔다
The furniture could not have been simpler
가구는 더 간단 할 수 없었습니다
a rickety chair, a poor bed, and a broken table
낡은 의자, 가난한 침대, 부서진 테이블
At the end of the room there was a fireplace
방의 끝에는 벽난로가 있었습니다
but the fire was painted, and gave no fire
그러나 불은 칠해져 있었고, 불을 내지 않았다
and by the painted fire was a painted saucepan
그리고 채색된 불 옆에는 채색된 냄비가 있었습니다
and the painted saucepan was boiling cheerfully
그리고 그려진 냄비는 쾌활하게 끓고 있었다
a cloud of smoke rose exactly like real smoke
연기 구름이 솟아올랐다 진짜 연기와 똑같았다
Geppetto reached home and took out his tools
제페토는 집에 도착해 도구를 꺼냈다
and he immediately set to work on the piece of wood
그리고 그는 즉시 나무 조각에 대한 작업에 착수했다
he was going to cut out and model his puppet
그는 자신의 꼭두각시를 잘라서 모형을 만들
예정이었습니다
"What name shall I give him?" he said to himself
"내가 그에게 무슨 이름을 주지?" 그는 혼잣말로 말했다
"I think I will call him Pinocchio"
"나는 그를 피노키오라고 부를 것 같아요"
"It is a name that will bring him luck"
"그에게 행운을 가져다 줄 이름입니다"
"I once knew a whole family called Pinocchio"
"나는 한때 피노키오라는 가족을 알고 있었다."

"There was Pinocchio the father and Pinocchio the mother"
"아버지 피노키오와 어머니 피노키오가 있었다"
"and there were Pinocchio the children"
"그리고 아이들 피노키오가 있었다"
"and all of them did well in life"
"그들은 모두 잘 살았더라"
"The richest of them was a beggar"
"그들 중에 가장 부유한 자는 거지였다"
he had found a good name for his puppet
그는 자신의 꼭두각시에 대한 좋은 이름을 찾았습니다
so he began to work in good earnest
그래서 그는 열심히 일하기 시작하였다
he first made his hair, and then his forehead
그는 먼저 머리를 만들었고, 그 다음에 이마를 만들었다
and then he worked carefully on his eyes
그런 다음 그는 눈을 조심스럽게 살핍니다
Geppetto thought he noticed the strangest thing
제페토는 자신이 가장 이상한 것을 발견했다고 생각했다
he was sure he saw the eyes move!
그는 눈이 움직이는 것을 보았다고 확신했습니다!
the eyes seemed to look fixedly at him
눈은 그를 뚫어져라 쳐다보는 것 같았다
Geppetto got angry from being stared at
제페토는 쳐다보는 것에 화가 났다.
the wooden eyes wouldn't let him out of their sight
나무의 눈은 그를 시야에서 벗어나게 하지 않았다
"Wicked wooden eyes, why do you look at me?"
"사악한 나무 눈, 왜 나를 쳐다보는 거야?"
but the piece of wood made no answer
그러나 나무토막은 아무 대답도 하지 않았다
He then proceeded to carve the nose
그런 다음 그는 코를 깎기 시작했습니다
but as soon as he had made the nose it began to grow
그러나 그가 코를 만들자마자 코가 자라기 시작했다
And the nose grew, and grew, and grew
그리고 코는 자라고, 자라고, 또 자랐다

in a few minutes it had become an immense nose
몇 분 만에 그것은 거대한 코가 되었습니다

it seemed as if it would never stop growing
그것은 결코 성장을 멈추지 않을 것처럼 보였다

Poor Geppetto tired himself out with cutting it off
가엾은 제페토는 그것을 잘라내느라 지쳤다

but the more he cut, the longer the nose grew!
하지만 자르면 깎을수록 코가 길어졌습니다!

The mouth was not even completed yet
입은 아직 완성되지도 않았다

but it already began to laugh and deride him
그러나 그것은 이미 그를 비웃고 비웃기 시작했다

"Stop laughing!" said Geppetto, provoked
"그만 웃어!" 제페토가 화가 나서 말했다

but he might as well have spoken to the wall
하지만 그는 벽에 대고 말하는 편이 나았을지도 모른다

"Stop laughing, I say!" he roared in a threatening tone
"그만 웃어마!" 그가 위협적인 어조로 고함을 질렀다

The mouth then ceased laughing
그러자 입이 웃음을 멈췄다

but the face put out its tongue as far as it would go
그러나 얼굴은 혀를 최대한 멀리 내밀었다

Geppetto did not want to spoil his handiwork
제페토는 자신의 작품을 망치고 싶지 않았습니다

so he pretended not to see, and continued his labours
그래서 그는 못 본 척하고 일을 계속했다

After the mouth he fashioned the chin
입 다음에 그는 턱을 만들었다

then the throat and then the shoulders
그 다음은 목구멍, 그 다음은 어깨입니다
then he carved the stomach and made the arms hands
그런 다음 그는 배를 조각하고 팔을 손으로 만들었습니다
now Geppetto worked on making hands for his puppet
이제 제페토는 꼭두각시를 위한 손을 만드는 일을 하고 있었다
and in a moment he felt his wig snatched from his head
그리고 순식간에 그는 머리에서 가발이 벗겨지는 것을 느꼈다
He turned round, and what did he see?
그는 돌아서서 무엇을 보았는가?
He saw his yellow wig in the puppet's hand
그는 인형의 손에 들려 있는 노란 가발을 보았다
"Pinocchio! Give me back my wig instantly!"
"피노키오! 당장 내 가발을 돌려줘!"
But Pinocchio did anything but return him his wig
그러나 피노키오는 그에게 가발을 돌려주는 것 외에는 아무것도 하지 않았습니다
Pinocchio put the wig on his own head instead!

피노키오는 대신 자신의 머리에 가발을 썼어요!
Geppetto didn't like this insolent and derisive behaviour
제페토는 이런 무례하고 조롱적인 행동이 마음에 들지 않았다

he felt sadder and more melancholy than he had ever felt
그는 그 어느 때보다도 더 슬프고 우울한 기분이 들었다
turning to Pinocchio, he said "You young rascal!"
그는 피노키오를 돌아보며 말했다.
"I have not even completed you yet"
"나는 아직 너를 완성하지도 못했어"
"and you are already failing to respect to your father!"
"그리고 너는 이미 네 아버지를 존경하지 않고 있구나!"
"That is bad, my boy, very bad!"
"그건 나쁘다, 얘야, 정말 나쁘다!"
And he dried a tear from his cheek
그리고 그는 뺨에서 눈물을 닦았다
The legs and the feet remained to be done
다리와 발은 아직 해야 할 일이 남아 있었다
but he soon regretted giving Pinocchio feet
그러나 그는 곧 피노키오에게 발을 내준 것을 후회했다
as thanks he received a kick on the point of his nose
고맙다는 의미로 그는 코끝을 걷어찼다
"I deserve it!" he said to himself
"난 그럴 자격이 있어!" 그는 혼잣말을 했다
"I should have thought of it sooner!"
"진작 생각했어야 했는데!"
"Now it is too late to do anything about it!"
"이제 아무것도 할 수 없기에는 너무 늦었어!"
He then took the puppet under the arms
그런 다음 그는 인형을 겨드랑이에 끼웠다
and he placed him on the floor to teach him to walk
그리고 그는 걸음마를 가르치기 위해 그를 바닥에 눕혔다
Pinocchio's legs were stiff and he could not move
피노키오는 다리가 뻣뻣해서 움직일 수 없었어요
but Geppetto led him by the hand
그러나 제페토는 그의 손을 잡았다

and he showed him how to put one foot before the other
그리고 한 발을 다른 발보다 먼저 내딛는 방법을 보여주었다
eventually Pinocchio's legs became limber
결국 피노키오의 다리는 탄력을 받게 되었습니다
and soon he began to walk by himself
곧 그는 혼자 걷기 시작하였다
and he began to run about the room
그리고 그는 방 안을 뛰어다니기 시작했다
then he got out of the house door
그런 다음 그는 집 문을 나섰습니다
and he jumped into the street and escaped
그리고 그는 거리로 뛰어들어 도망쳤다
poor Geppetto rushed after him
가엾은 제페토가 그를 쫓아갔다
of course he was not able to overtake him
물론 그는 그를 따라잡을 수 없었다
because Pinocchio leaped in front of him like a hare
피노키오가 토끼처럼 그의 앞에서 뛰어 들었기 때문입니다
and he knocked his wooden feet against the pavement
그리고 그는 나무 발을 길바닥에 부딪혔다
it made as much clatter as twenty pairs of peasants' clogs
그것은 농부들의 나막신 스무켤레만큼이나 덜컹거리는 소리를 냈다
"Stop him! stop him!" shouted Geppetto
"저놈을 멈춰라! 그만둬!" 제페토가 소리쳤다
but the people in the street stood still in astonishment
그러나 거리에 있던 사람들은 놀라서 멈춰 섰다
they had never seen a wooden puppet running like a horse
그들은 나무 인형이 말처럼 달리는 것을 본 적이 없었다
and they laughed and laughed at Geppetto's misfortune
그리고 그들은 제페토의 불행을 비웃고 또 웃었다
At last, as good luck would have it, a soldier arrived
마침내, 행운을 빌어 한 군인이 도착했다
the soldier had heard the uproar

병사는 그 소란을 들었다
he imagined that a colt had escaped from his master
그는 망아지 한 마리가 주인에게서 도망쳤다고 상상했다
he planted himself in the middle of the road
그는 길 한복판에 자리를 잡았다
he waited with the determined purpose of stopping him
그는 그를 막겠다는 단호한 목적을 가지고 기다렸다
thus he would prevent the chance of worse disasters
그렇게 하심으로 그분은 더 나쁜 재난이 닥칠 가능성을 막으실 것입니다
Pinocchio saw the soldier barricading the whole street
피노키오는 군인이 거리 전체에 바리케이드를 치는 것을 보았습니다
so he endeavoured to take him by surprise
그래서 그는 그를 놀라게 하려고 애썼다
he planned to run between his legs
그는 다리 사이로 달릴 계획이었다
but the soldier was too clever for Pinocchio
하지만 그 병사는 피노키오에게 너무 영리했습니다
The soldier caught him cleverly by the nose
군인은 영리하게 그의 코를 잡았다
and he gave Pinocchio back to Geppetto
그리고 그는 피노키오를 제페토에게 돌려주었다
Wishing to punish him, Geppetto intended to pull his ears
그를 벌하고 싶었던 제페토는 그의 귀를 잡아당길 작정이었다
But he could not find Pinocchio's ears!
하지만 그는 피노키오의 귀를 찾을 수 없었습니다!
And do you know the reason why?
그리고 그 이유를 아십니까?
he had forgotten to make him any ears
그는 귀를 만드는 것을 잊어버렸다
so then he took him by the collar
그래서 그는 그의 옷깃을 잡았습니다
"We will go home at once," he threatened him
"우리는 즉시 집으로 돌아갈 것입니다"라고 그는 그를

위협했습니다
"as soon as we arrive we will settle our accounts"
"우리가 도착하자마자 우리는 우리의 결산을 할 것입니다"
At this information Pinocchio threw himself on the ground
이 정보를 듣고 피노키오는 땅에 엎드렸다
he refused to go another step
그는 한 걸음도 물러서지 않았다
a crowd of inquisitive people began to assemble
호기심 많은 사람들이 모여들기 시작했다
they made a ring around them
그들은 그들 주위에 고리를 만들었습니다
Some of them said one thing, some another
그들 중 일부는 한 가지를 말했고, 다른 일부는 다른 것을 말했습니다
"Poor puppet!" said several of the onlookers
"불쌍한 꼭두각시!" 구경꾼 몇 명이 말했다
"he is right not to wish to return home!"
"집으로 돌아가고 싶어 하지 않는 것이 옳다!"
"Who knows how Geppetto will beat him!"
"제페토가 어떻게 그를 이길 수 있을지 누가 알겠습니까!"
"Geppetto seems a good man!"
"제페토는 좋은 사람인 것 같아!"
"but with boys he is a regular tyrant!"
"하지만 남자애들한테는 그냥 폭군이야!"
"don't leave that poor puppet in his hands"
"그 불쌍한 꼭두각시를 그의 손에 맡기지 마"
"he is quite capable of tearing him to pieces!"
"그는 그를 갈기갈기 찢어놓을 수 있는 능력이 있습니다!"
from what was said the soldier had to step in again
그 말에 의하면 그 군인은 다시 끼어들어야 했다
the soldier gave Pinocchio his freedom
군인은 피노키오에게 자유를 주었습니다
and the soldier led Geppetto to prison
그리고 그 군인은 제페토를 감옥으로 끌고 갔다
The poor man was not ready to defend himself with words
그 가난한 사람은 말로 자신을 변호할 준비가 되어 있지

앉았습니다

he cried like a calf "Wretched boy!"
그는 송아지처럼 울부짖었다: "가련한 소년!"

"to think how I laboured to make him a good puppet!"
"내가 그를 좋은 꼭두각시로 만들기 위해 얼마나 노력했는지 생각해봐!"

"But all I have done serves me right!"
"하지만 내가 한 모든 일은 내게 옳은 일이다!"

"I should have thought of it sooner!"
"진작 생각했어야 했는데!"

The Talking Little Cricket Scolds Pinocchio
말하는 작은 귀뚜라미는 피노키오를 꾸짖습니다.

poor Geppetto was being taken to prison
가엾은 제페토는 감옥에 끌려가고 있었다

all of this was not his fault, of course
물론 이 모든 것이 그의 잘못은 아니었다

he had not done anything wrong at all
그는 아무 잘못도 하지 않았다

and that little imp Pinocchio found himself free
그리고 그 꼬마 도깨비 피노키오는 자유의 몸이 되었습니다

he had escaped from the clutches of the soldier
그는 병사의 손아귀에서 벗어난 것이었다

and he ran off as fast as his legs could carry him
그리고 그는 다리가 지탱할 수 있는 한 빨리 달아났다

he wanted to reach home as quickly as possible
그는 가능한 한 빨리 집에 가고 싶었다

therefore he rushed across the fields
그래서 그는 들판을 가로질러 달려갔다

in his mad hurry he jumped over thorny hedges
그는 미친 듯이 서둘러 가시덤불을 뛰어넘었다

and he jumped across ditches full of water
그리고 그는 물이 가득 찬 도랑을 뛰어 넘었습니다

Arriving at the house, he found the door ajar
집에 도착했을 때, 그는 문이 열려 있는 것을 발견했다

He pushed it open, went in, and fastened the latch
그는 문을 밀어 열고 들어가 걸쇠를 잠갔다

he threw himself on the floor of his house
그는 자기 집 바닥에 엎드렸습니다

and he gave a great sigh of satisfaction
그리고 그는 만족의 한숨을 내쉬었다

But soon he heard someone in the room
하지만 얼마 지나지 않아 방 안에서 누군가의 목소리가 들렸다

something was making a sound like "Cri-cri-cri!"
무언가가 "크리-크리-크리!" 같은 소리를 내고 있었다.

"Who calls me?" said Pinocchio in a fright
"누가 나를 부르지?" 피노키오가 겁에 질려 말했다

"It is I!" answered a voice
"나다!" 목소리가 대답했다

Pinocchio turned round and saw a little cricket
피노키오는 뒤를 돌아보니 작은 귀뚜라미 한 마리가 있었어요

the cricket was crawling slowly up the wall
귀뚜라미는 벽을 타고 천천히 기어오르고 있었다

"Tell me, little cricket, who may you be?"
"말해봐, 꼬마 귀뚜라미야, 너는 누구야?"

"who I am is the talking cricket"
"나는 누구인가 말하는 귀뚜라미"

"and I have lived in this room a hundred years or more"
"그리고 나는 이 방에서 백 년 이상 살았어"

"Now, however, this room is mine," said the puppet
"하지만 이제 이 방은 내 방이야." 인형이 말했다

"if you would do me the pleasure, go away at once"
"그대가 내게 즐거움을 주려거든 즉시 가버리라"

"and when you're gone, please never come back"
"그리고 당신이 떠난 후에는 다시는 오지 마십시오"

"I will not go until I have told you a great truth"
"내가 너희에게 위대한 진리를 말해 주기 전에는 가지

않겠다"
"Tell it me, then, and be quick about it"
"그러니 내게 말하고 속히 말하라"
"Woe to those boys who rebel against their parents"
"부모를 반역하는 소년들에게 화가 있다"
"and woe to boys who run away from home"
"가출하는 소년들에게는 화가 있을진저"
"They will never come to any good in the world"
"그들은 세상에서 결코 아무 유익도 얻지 못할 것이다"
"and sooner or later they will repent bitterly"
"조만간 그들이 통렬히 회개하리라"
"Sing all you want you little cricket"
"원하는 모든 것을 노래해, 작은 크리켓아"
"and feel free to sing as long as you please"
"그리고 원하는만큼 자유롭게 노래하십시오"
"For me, I have made up my mind to run away"
"나는 도망가기로 결심했어"
"tomorrow at daybreak I will run away for good"
"내일 동틀 녘에 나는 영원히 도망칠 것이다"
"if I remain I shall not escape my fate"
"내가 남는다면 내 운명을 피할 수 없을 것이다"
"it is the same fate as all other boys"
"다른 모든 소년들과 같은 운명입니다"
"if I stay I shall be sent to school"
"내가 남아있으면 학교에 보내질 거야"
"and I shall be made to study by love or by force"
"나는 사랑으로나 힘으로나 공부하게 될 것이요"
"I tell you in confidence, I have no wish to learn"
"자신 있게 말하건대, 나는 배우고자 하는 생각이 전혀 없다"
"it is much more amusing to run after butterflies"
"나비를 쫓는 것이 훨씬 더 재미있다"
"I prefer climbing trees with my time"
"나는 내 시간을 가지고 나무에 오르는 것을 선호합니다."
"and I like taking young birds out of their nests"
"그리고 나는 어린 새들을 둥지에서 꺼내는 것을

좋아한다"
"Poor little goose" interjected the talking cricket
"불쌍한 작은 거위"가 말하는 귀뚜라미에 끼어들었다
"don't you know you will grow up a perfect donkey?"
"너는 완벽한 당나귀로 자랄 줄 모르니?"
"and every one will make fun of you"
"모두가 너를 비웃으리라"
Pinocchio was not pleased with what he heard
피노키오는 자기가 들은 것이 마음에 들지 않았습니다
"Hold your tongue, you wicked, ill-omened croaker!"
"입 다물고 있어, 이 사악하고 불길한 민어야!"
But the little cricket was patient and philosophical
그러나 그 작은 귀뚜라미는 인내심이 강하고 철학적이었다
he didn't become angry at this impertinence
그는 이 무례한 행동에 화를 내지 않았다
he continued in the same tone as he had before
그는 전과 같은 어조로 말을 이었다
"perhaps you really do not wish to go to school"
"아마 당신은 정말로 학교에 가고 싶지 않을지도 모릅니다"
"so why not at least learn a trade?"
"그럼, 최소한 장사를 배워보는 건 어떨까요?"
"a job will enable you to earn a piece of bread!"
"직업을 가지면 빵 한 조각을 벌 수 있습니다!"
"What do you want me to tell you?" replied Pinocchio
"내가 너에게 무엇을 말해 주길 원하니?" 피노키오가 대답했다
he was beginning to lose patience with the little cricket
그는 작은 귀뚜라미에 대한 인내심을 잃기 시작했습니다
"there are many trades in the world I could do"
"세상에는 내가 할 수 있는 많은 거래가 있습니다"
"but only one calling really takes my fancy"
"하지만 단 한 번의 부름만이 내 마음을 사로잡습니다."
"And what calling is it that takes your fancy?"
"그리고 당신의 마음을 사로잡는 부름은 무엇입니까?"

"to eat, and to drink, and to sleep"
"먹고 마시고 자며"
"I am called to amuse myself all day"
"나는 하루 종일 나 자신을 즐겁게 하도록 부름 받았다"
"to lead a vagabond life from morning to night"
"아침부터 밤까지 방랑 생활을 하는 것"
the talking little cricket had a reply for this
말하는 작은 귀뚜라미는 이에 대한 대답을 가지고 있었습니다
"most who follow that trade end in hospital or prison"
"그 거래를 따르는 대부분의 사람들은 병원이나 교도소에서 생을 마감한다"
"Take care, you wicked, ill-omened croaker"
"조심해라, 이 사악하고 불길한 민어야"
"Woe to you if I fly into a passion!"
"내가 격정에 빠지면 너희에게 화가 있으리로다!"
"Poor Pinocchio I really pity you!"
"불쌍한 피노키오, 정말 불쌍해!"
"Why do you pity me?"
"왜 나를 불쌍히 여기십니까?"
"I pity you because you are a puppet"
"당신이 꼭두각시이기 때문에 불쌍합니다"
"and I pity you because you have a wooden head"
"네가 나무 머리를 가졌으므로 내가 너를 불쌍히 여긴다"
At these last words Pinocchio jumped up in a rage
이 마지막 말에 피노키오는 화가 나서 벌떡 일어났다
he snatched a wooden hammer from the bench
그는 벤치에서 나무 망치를 낚아챘다

and he threw the hammer at the talking cricket
그리고 그는 말하는 귀뚜라미에게 망치를 던졌습니다
Perhaps he never meant to hit him
어쩌면 그를 때릴 생각은 전혀 없었을지도 모른다
but unfortunately it struck him exactly on the head
그러나 불행히도 그것은 그의 머리를 정확히 맞았습니다
the poor Cricket had scarcely breath to cry "Cri-cri-cri!"
가엾은 귀뚜라미는 숨을 쉴 겨를도 없이 "크리-크리-크리!"
he remained dried up and flattened against the wall
그는 바싹 말라 벽에 납작 엎드린 채로 있었다

The Flying Egg
날아다니는 달걀

The night was quickly catching up with Pinocchio
밤은 빠르게 피노키오를 따라잡고 있었다
he remembered that he had eaten nothing all day
그는 하루 종일 아무것도 먹지 않았다는 것을 기억했다
he began to feel a gnawing in his stomach
그는 뱃속을 갉아먹는 것을 느끼기 시작했다
the gnawing very much resembled appetite
갉아먹는 것은 식욕과 매우 흡사했다
After a few minutes his appetite had become hunger
몇 분이 지나자 그의 식욕은 배고픔으로 변했다
and in little time his hunger became ravenous
얼마 지나지 않아 그의 배고픔은 굶주리게 되었다
Poor Pinocchio ran quickly to the fireplace
가엾은 피노키오는 재빨리 벽난로로 달려갔어요
the fireplace where a saucepan was boiling
냄비가 끓고 있던 벽난로
he was going to take off the lid
그는 뚜껑을 벗기려고했다
then he could see what was in it
그제야 그는 그 안에 무엇이 들어 있는지 볼 수 있었다
but the saucepan was only painted on the wall
그러나 냄비는 벽에만 그려져 있었습니다
You can imagine his feelings when he discovered this
그가 이 사실을 알았을 때 어떤 심정이었을지 상상할 수 있을 것입니다
His nose, which was already long, became even longer
이미 길었던 코는 더욱 길어졌다
it must have grown by at least three inches
적어도 3인치는 자랐어야 합니다
He then began to run about the room
그러고는 방 안을 뛰어다니기 시작했다
he searched in the drawers and every imaginable place
그는 서랍 속과 상상할 수 있는 모든 장소를 뒤졌다

he hoped to find a bit of bread or crust
그는 약간의 빵이나 빵 껍질을 찾기를 바랐습니다
perhaps he could find a bone left by a dog
어쩌면 개가 남긴 뼈를 찾을 수 있을지도 모른다
a little moldy pudding of Indian corn
인도 옥수수의 약간 곰팡이가 핀 푸딩
somewhere someone might have left a fish bone
어딘가에 물고기 뼈를 남겨 두었을 수도 있습니다.
even a cherry stone would be enough
체리 스톤으로도 충분합니다.
if only there was something that he could gnaw
그가 갉아먹을 수 있는 것이 있다면 얼마나 좋을까
But he could find nothing to get his teeth into
그러나 그는 이빨을 넣을 수 있는 것을 찾을 수 없었다
And in the meanwhile his hunger grew and grew
그러는 동안 그의 배고픔은 점점 더 커져만 갔다
Poor Pinocchio had no other relief than yawning
가엾은 피노키오는 하품을 하는 것 외에는 다른 안도감이 없었습니다
his yawns were so big his mouth almost reached his ears
그의 하품은 너무 커서 입이 거의 귀에 닿을 정도였다
and felt as if he were going to faint
기절할 것만 같았다
Then he began to cry desperately
그러고는 필사적으로 울기 시작했다
"The talking little cricket was right"
"말하는 작은 귀뚜라미가 옳았다"
"I did wrong to rebel against my papa"
"나는 아버지에게 반항한 것이 잘못이었다"
"I should not have ran away from home"
"가출하지 말았어야 했는데"
"If my papa were here I wouldn't be dying of yawning!"
"아빠가 여기 계셨다면 하품으로 죽지 않았을 텐데!"
"Oh! what a dreadful illness hunger is!"
"아! 굶주림은 얼마나 무서운 병인가!"
Just then he thought he saw something in the dust-heap

바로 그때 그는 먼지 더미 속에서 무언가를 보았다고
생각했다

something round and white that looked like a hen's egg
암탉의 달걀처럼 보이는 동그랗고 하얀 무언가

he sprung up to his feet and seized hold of the egg
그는 벌떡 일어나 알을 움켜쥐었다

It was indeed a hen's egg, as he thought
그가 생각한 대로라면 그것은 정말로 암탉의 알이었다

Pinocchio's joy was beyond description
피노키오의 기쁨은 말로 표현할 수 없었습니다

he had to make sure that he wasn't just dreaming
그는 자신이 단지 꿈을 꾸고 있는 것이 아니라는 것을
확실히 해야 했다

so he kept turning the egg over in his hands
그래서 그는 자기 손에 있는 달걀을 계속 뒤집어 놓았다

he felt and kissed the egg
그는 달걀을 만져보고 입을 맞췄다

"And now, how shall I cook it?"
"그럼 이제, 어떻게 요리해야 할까요?"

"Shall I make an omelet?"
"오믈렛을 만들어 볼까요?"

"it would be better to cook it in a saucer!"
"접시에 요리하는 것이 좋습니다!"

"Or would it not be more savory to fry it?"
"아니면 볶는 것이 더 맛있지 않을까요?"

"Or shall I simply boil the egg?"
"아니면 그냥 달걀을 삶을까?"

"No, the quickest way is to cook it in a saucer"
"아니요, 가장 빠른 방법은 접시에 요리하는 것입니다."

"I am in such a hurry to eat it!"
"너무 급하게 먹으려고!"

Without loss of time he got an earthenware saucer
그는 시간을 허비하지 않고 토기 접시를 얻었다

he placed the saucer on a brazier full of red-hot embers
그는 빨갛게 달궈진 불씨가 가득한 화로 위에 접시를
올려놓았다

he didn't have any oil or butter to use
그는 사용할 기름이나 버터가 없었습니다
so he poured a little water into the saucer
그래서 그는 접시에 약간의 물을 부었습니다
and when the water began to smoke, crack!
그리고 물이 연기를 내기 시작했을 때, 갈라지다!
he broke the egg-shell over the saucer
그는 접시 위의 달걀 껍질을 깨뜨렸다
and he let the contents of the egg drop into the saucer
그리고 그는 달걀의 내용물을 접시에 떨어뜨렸다
but the egg was not full of white and yolk
그러나 달걀은 흰자와 노른자로 가득 차 있지 않았습니다
instead, a little chicken popped out the egg
대신 작은 닭이 달걀을 튀어 나왔습니다

it was a very gay and polite little chicken
그것은 매우 게이적이고 예의 바른 작은 닭이었습니다
the little chicken made a beautiful courtesy
작은 닭은 아름다운 예의를 갖추었습니다
"A thousand thanks, Master. Pinocchio"
"천 감사합니다, 스승님. 피노키오"
"you have saved me the trouble of breaking the shell"
"당신은 나에게 껍질을 깨는 수고를 덜어주었습니다"
"Adieu, until we meet again" the chicken said
"안녕, 다시 만날 때까지." 닭이 말했다
"Keep well, and my best compliments to all at home!"
"잘 지내세요, 그리고 집에 있는 모든 분들께 최고의 칭찬을 드립니다!"
the little chicken spread its little wings
작은 닭은 작은 날개를 펼쳤습니다
and the little chicken darted through the open window
그리고 작은 닭이 열린 창문을 통해 쏜살같이 달려왔다
and then the little chicken flew out of sight
그리고 작은 닭은 시야에서 사라졌습니다
The poor puppet stood as if he had been bewitched
가엾은 꼭두각시는 마치 마법에 걸린 것처럼 서 있었다
his eyes were fixed, and his mouth was open
그의 눈은 고정되어 있었고 입은 열려 있었다
and he still had the egg-shell in his hand
그리고 그의 손에는 여전히 달걀 껍데기가 들려 있었다
slowly he Recovered from his stupefaction
그는 서서히 혼미에서 회복되었다
and then he began to cry and scream
그러고는 울면서 비명을 지르기 시작했다
he stamped his feet on the floor in desperation
그는 필사적으로 발을 바닥에 쿵쿵 밟았다
amidst his sobs he gathered his thoughts
흐느끼는 와중에도 그는 생각을 추스르고 있었다
"Ah, indeed, the talking little cricket was right"
"아, 정말이지, 말하는 작은 귀뚜라미가 옳았어"
"I should not have run away from home"

"가출하지 말았어야 했는데"
"then I would not now be dying of hunger!"
"그랬다면 나는 지금 굶어 죽지 않았을 텐데!"
"and if my papa were here he would feed me"
"아빠가 여기 계셨다면 나를 먹여 주셨을 텐데"
"Oh! what a dreadful illness hunger is!"
"아! 굶주림은 얼마나 무서운 병인가!"
his stomach cried out more than ever
뱃속은 그 어느 때보다도 더 울부짖었다
and he did not know how to quiet his hunger
그는 배고픔을 어떻게 달래야 할지 몰랐다
he thought about leaving the house
그는 집을 나갈까 생각했다
perhaps he could make an excursion in the neighborhood
어쩌면 그는 이웃을 소풍할 수 있을지도 모른다
he hoped to find some charitable person
그는 자선을 베푸는 사람을 찾기를 바랐다
maybe they would give him a piece of bread
어쩌면 그들은 그에게 빵 한 조각을 줄지도 모른다

Pinocchio's Feet Burn to Cinders
피노키오의 발이 잿더미로 타다

It was an especially wild and stormy night
유난히 거칠고 폭풍우가 몰아치는 밤이었다
The thunder was tremendously loud and fearful
천둥소리는 엄청나게 컸고 무서웠다
the lightning was so vivid that the sky seemed on fire
번개가 너무나 선명해서 하늘에 불이 붙은 것 같았다
Pinocchio had a great fear of thunder
피노키오는 천둥을 무서워했습니다
but hunger can be stronger than fear
그러나 굶주림은 두려움보다 더 강할 수 있습니다
so he closed the door of the house
그래서 그는 그 집의 문을 닫았다

and he made a desperate rush for the village
그리고 그는 필사적으로 마을로 달려갔다
he reached the village in a hundred bounds
그는 백 가지 만에 마을에 도착했다
his tongue was hanging out of his mouth
그의 혀는 입 밖으로 튀어나와 있었다
and he was panting for breath like a dog
그리고 그는 개처럼 숨을 헐떡이고 있었다
But he found the village all dark and deserted
하지만 그는 마을이 온통 어둡고 황량하다는 것을 알았다
The shops were closed and the windows were shut
상점들은 문을 닫았고 창문들은 닫혀 있었다
and there was not so much as a dog in the street
그리고 거리에는 개 한 마리도 없었다
It seemed like he had arrived in the land of the dead
마치 죽음의 땅에 도착한 것 같았다
Pinocchio was urged on by desperation and hunger
피노키오는 절망과 배고픔에 시달렸다
he took hold of the bell of a house
그는 어느 집의 종을 잡았다
and he began to ring the bell with all his might
그리고 그는 온 힘을 다해 종을 울리기 시작했다
"That will bring somebody," he said to himself
"그건 누군가를 데려오겠지." 그는 혼잣말을 했다
And it did bring somebody!
그리고 그것은 누군가를 데려 왔습니다!
A little old man appeared at a window
작은 노인이 창가에 나타났습니다
the little old man still had a night-cap on his head
작은 노인은 여전히 머리에 나이트캡을 쓰고 있었다
he called to him angrily
그는 화를 내며 그를 불렀다
"What do you want at such an hour?"
"이런 시간에 뭘 원하니?"
"Would you be kind enough to give me a little bread?"
"제게 빵 조금 주시겠어요?"

the little old man was very obliging
작은 노인은 매우 의무적이었습니다
"Wait there, I will be back directly"
"거기서 기다리세요, 바로 돌아올게요"
he thought it was one of the local rascals
그는 그것이 그 지역의 악당들 중 하나라고 생각했다
they amuse themselves by ringing the house-bells at night
그들은 밤에 집 종을 울리는 것으로 즐거워한다
After half a minute the window opened again
30분 후에 창문이 다시 열렸다
the voice of the same little old man shouted to Pinocchio
같은 작은 노인의 목소리가 피노키오에게 소리쳤다
"Come underneath and hold out your cap"
"밑으로 들어와서 모자를 내밀어봐"
Pinocchio pulled off his cap and held it out
피노키오는 모자를 벗어 내밀었다
but Pinocchio's cap was not filled with bread or food
그러나 피노키오의 모자에는 빵이나 음식이 가득 들어 있지 않았습니다
an enormous basin of water was poured down on him
거대한 물동이가 그에게 쏟아졌다
the water soaked him from head to foot
물은 그의 머리부터 발끝까지 흠뻑 적셨다
as if he had been a pot of dried-up geraniums
마치 말라버린 제라늄이 담긴 화분이라도 된 것처럼 말이다
He returned home like a wet chicken
그는 젖은 닭처럼 집으로 돌아왔다
he was quite exhausted with fatigue and hunger
그는 피로와 배고픔으로 몹시 지쳐 있었다
he no longer had the strength to stand
그는 더 이상 서 있을 힘이 없었다
so he sat down and rested his damp and muddy feet
그래서 그는 앉아서 축축하고 진흙투성이가 된 발을 쉬게 했다
he put his feet on a brazier full of burning embers

그는 타오르는 불씨로 가득 찬 화로에 발을 올려놓았다
and then he fell asleep, exhausted from the day
그리고 그는 낮에 지쳐 잠이 들었다
we all know that Pinocchio has wooden feet
우리 모두는 피노키오가 나무 발을 가지고 있다는 것을 알고 있습니다
and we know what happens to wood on burning embers
그리고 우리는 불타는 불씨에 나무가 어떻게 되는지 알고 있습니다
little by little his feet burnt away and became cinders
그의 발은 조금씩 타서 잿더미가 되었다
Pinocchio continued to sleep and snore
피노키오는 계속 잠을 자고 코를 골았다
his feet might as well have belonged to someone else
그의 발은 다른 사람의 것이었을지도 모른다
At last he awoke because someone was knocking at the door
마침내 그는 누군가가 문을 두드리는 바람에 잠에서 깼습니다
"Who is there?" he asked, yawning and rubbing his eyes
"거기 누구야?" 그는 하품을 하고 눈을 비비며 물었다
"It is I!" answered a voice
"나다!" 목소리가 대답했다
And Pinocchio recognized Geppetto's voice
그리고 피노키오는 제페토의 목소리를 알아챘다

Geppetto Gives his own Breakfast to Pinocchio
제페토는 피노키오에게 자신의 아침 식사를 제공합니다.

Poor Pinocchio's eyes were still half shut from sleep
가엾은 피노키오의 눈은 아직 잠에서 반쯤 감겨 있었다
he had not yet discovered what had happened
그는 무슨 일이 일어났는지 아직 발견하지 못했다
his feet had were completely burnt off
그의 발은 완전히 타버린 상태였다
he heard the voice of his father at the door

그는 문 앞에서 아버지의 목소리를 들었습니다
and he jumped off the chair he had slept on
그리고 그는 잠을 자던 의자에서 뛰어내렸다
he wanted to run to the door and open it
그는 문으로 달려가 문을 열고 싶었다
but he stumbled around and fell on the floor
그러나 그는 비틀거리며 바닥에 쓰러졌다
imagine having a sack of wooden ladles
나무 국자 자루가 있다고 상상해 보십시오
imagine throwing the sack off the balcony
자루를 발코니에서 던져 버린다고 상상해 보십시오
that is was the sound of Pinocchio falling to the floor
그것은 피노키오가 바닥에 떨어지는 소리였습니다
"Open the door!" shouted Geppetto from the street
"문 열어!" 거리에서 제페토가 소리쳤다
"Dear papa, I cannot," answered the puppet
"친애하는 아빠, 그럴 수 없어요." 꼭두각시가 대답했다
and he cried and rolled about on the ground
그는 울면서 땅바닥에 뒹굴었다
"Why can't you open the door?"
"왜 문을 열 수 없습니까?"
"Because my feet have been eaten"
"내 발을 먹었기 때문에"
"And who has eaten your feet?"
"누가 네 발을 먹었느냐?"
Pinocchio looked around for something to blame
피노키오는 주위를 둘러보며 탓할 일을 찾았다
eventually he answered "the cat ate my feet"
결국 그는 "고양이가 내 발을 먹었다"고 대답했다.
"Open the door, I tell you!" repeated Geppetto
"문을 열어봐, 내가 말해!" 제페토가 되풀이했다
"If you don't open it, you shall have the cat from me!"
"열지 않으면 나한테 고양이를 빼앗길 거야!"
"I cannot stand up, believe me"
"나는 참을 수 없어, 나를 믿어"
"Oh, poor me!" lamented Pinocchio

"오, 불쌍한 나!" 피노키오가 한탄했다
"I shall have to walk on my knees for the rest of my life!"
"나는 평생 무릎을 꿇고 걸어야 할 것이다!"
Geppetto thought this was another one of the puppet's tricks
제페토는 이것이 꼭두각시의 또 다른 속임수 중 하나라고 생각했다

he thought of a means of putting an end to his tricks
그는 자신의 속임수를 끝낼 방법을 생각해 냈다

he climbed up the wall and got in through the window
그는 벽을 타고 올라가 창문을 통해 안으로 들어갔다

He was very angry when he first saw Pinocchio
그는 피노키오를 처음 보았을 때 매우 화가 났습니다

and he did nothing but scold the poor puppet
그리고 그는 불쌍한 꼭두각시를 꾸짖는 것 외에는 아무것도 하지 않았다

but then he saw Pinocchio really was without feet
하지만 그는 피노키오가 정말로 발이 없다는 것을 알게 되었습니다

and he was quite overcome with sympathy again

그리고 그는 다시 동정심에 휩싸였다
Geppetto took his puppet in his arms
제페토는 꼭두각시를 품에 안았다
and he began to kiss and caress him
그리고 그는 그에게 입맞추고 애무하기 시작하였다
he said a thousand endearing things to him
그는 그에게 사랑스러운 말을 천 번이나 했습니다
big tears ran down his rosy cheeks
굵은 눈물이 그의 장밋빛 뺨을 타고 흘러내렸다
"My little Pinocchio!" he comforted him
"나의 작은 피노키오!" 그는 그를 위로했습니다
"how did you manage to burn your feet?"
"어떻게 발에 화상을 입혔어?"
"I don't know how I did it, papa"
"어떻게 했는지 모르겠어요, 아빠"
"but it has been such a dreadful night"
"하지만 그날 밤은 정말 끔찍했습니다"
"I shall remember it as long as I live"
"내가 살아 있는 동안 그것을 기억할 것입니다"
"there was thunder and lightning all night"
"밤새도록 천둥과 번개가 쳤다"
"and I was very hungry all night"
"나는 밤새도록 몹시 배가 고팠다"
"and then the talking cricket scolded me"
"그리고 말하는 귀뚜라미가 나를 꾸짖었습니다"
"the talking cricket said 'it serves you right'"
"말하는 귀뚜라미는 '그것은 당신에게 옳은 일을 제공합니다'라고 말했습니다."
"he said; 'you have been wicked and deserve it'"
"그는 말했다.' 너는 악했으니 마땅히 악하구나.'"
"and I said to him: 'Take care, little Cricket!'"
"그래서 나는 그에게 '조심해, 작은 크리켓아!' 하고 말했어요."
"and he said; 'You are a puppet'"
"그가 말하되 ' 넌 꼭두각시야'"
"and he said; 'you have a wooden head'"

"그가 말하되 ' 너는 나무로 된 머리를 가졌구나'"
"and I threw the handle of a hammer at him"
"내가 망치 손잡이를 그에게 던졌더라"
"and then the talking little cricket died"
"그리고 나서 말하는 작은 귀뚜라미가 죽었다"
"but it was his fault that he died"
"그러나 그가 죽은 것은 그의 잘못이었다"
"because I didn't wish to kill him"
"나는 그를 죽이고 싶지 않았기 때문에"
"and I have proof that I didn't mean to"
"그리고 나는 내가 의도하지 않았다는 증거를 가지고 있습니다."
"I had put an earthenware saucer on burning embers"
"나는 타오르는 불씨 위에 질그릇을 올려 놓았다"
"but a chicken flew out of the egg"
"그러나 닭 한 마리가 알에서 나왔다"
"the chicken said; 'Adieu, until we meet again'"
"닭이 말했다. ' 안녕, 우리 다시 만날 때까지'"
'send my compliments to all at home'
'집에 있는 모든 사람에게 칭찬을 보내세요'
"and then I got even more hungry"
"그리고 나는 더 배가 고팠다"
"then there was that little old man in a night-cap"
"그때 나이트캡을 쓴 작은 노인이 있었어"
"he opened the window up above me"
"그가 내 위에 있는 창문을 열었어"
"and he told me to hold out my hat"
"그리고 그는 나에게 내 모자를 내밀라고 말했다"
"and he poured a basinful of water on me"
"그가 물 한 대야를 내게 부으시고"
"asking for a little bread isn't a disgrace, is it?"
"빵을 조금 달라는 건 치욕이 아니잖아요, 그렇죠?"
"and then I returned home at once"
"그리고 나서 나는 즉시 집으로 돌아갔다"
"I was hungry and cold and tired"
"나는 배고프고 춥고 피곤했다"

"and I put my feet on the brazier to dry them"
"나는 그들을 말리기 위해 화로에 발을 올려 놓았다"
"and then you returned in the morning"
"그리고 아침에 돌아왔어"
"and I found my feet were burnt off"
"그리고 나는 내 발이 화상을 입었다는 것을 알았다"
"and I am still hungry"
"아직도 배가 고프다"
"but I no longer have any feet!"
"하지만 나는 더 이상 발이 없어!"
And poor Pinocchio began to cry and roar
그리고 불쌍한 피노키오는 울고 포효하기 시작했습니다
he cried so loudly that he was heard five miles off
그는 너무나 큰 소리로 울었기 때문에 5마일 떨어진 곳에서도 그의 목소리가 들렸다
Geppetto, only understood one thing from all this
제페토는 이 모든 것에서 단 한 가지만 이해했습니다.
he understood that the puppet was dying of hunger
그는 꼭두각시가 굶어 죽어가고 있다는 것을 이해했다
so he drew from his pocket three pears
그래서 그는 주머니에서 배 세 개를 꺼냈다
and he gave the pears to Pinocchio
그리고 그는 배를 피노키오에게 주었다
"These three pears were intended for my breakfast"
"이 세 개의 배는 내 아침 식사를 위한 것입니다."
"but I will give you my pears willingly"
"그러나 나는 기꺼이 내 배를 네게 주겠다"
"Eat them, and I hope they will do you good"
"그것들을 먹어라, 그러면 그것들이 너희에게 유익하기를 바란다"
Pinocchio looked at the pears distrustfully
피노키오는 믿을 수 없다는 듯이 배를 바라보았다
"but you can't expect me to eat them like that"
"하지만 내가 그렇게 먹을 거라고 기대할 수는 없잖아"
"be kind enough to peel them for me"
"나를 위해 껍질을 벗길 만큼 친절하십시오"

"Peel them?" said Geppetto, astonished
"껍질을 벗기시요?" 제페토가 깜짝 놀라며 말했다
"I didn't know you were so dainty and fastidious"
"너가 이렇게 우아하고 까다로울 줄 몰랐어"
"These are bad habits to have, my boy!"
"이건 나쁜 습관이야, 얘야!"
"we must accustom ourselves to like and to eat everything"
"우리는 모든 것을 좋아하고 먹는 것에 익숙해져야 한다"
"there is no knowing to what we may be brought"
"우리가 무엇을 가져갈지 알 수 없느니라"
"There are so many chances!"
"기회는 정말 많아요!"
"You are no doubt right," interrupted Pinocchio
"의심할 여지 없이 네 말이 맞아." 피노키오가 끼어들었다
"but I will never eat fruit that has not been peeled"
"그러나 껍질을 벗기지 않은 과일은 결코 먹지 않을 것입니다"
"I cannot bear the taste of rind"
"껍질의 맛을 참을 수 없다"
So good Geppetto peeled the three pears
너무 좋은 제페토는 세 개의 배를 껍질을 벗겼습니다.
and he put the pear's rinds on a corner of the table
그리고 그는 배의 껍질을 식탁 구석에 놓았다
Pinocchio had eaten the first pear
피노키오가 첫 번째 배를 먹었던 것이다
he was about to throw away the pear's core
그는 배의 속을 버리려고 했다
but Geppetto caught hold of his arm
하지만 제페토는 그의 팔을 붙잡았다
"Do not throw the core of the pear away"
"배의 응어리를 버리지 말라"
"in this world everything may be of use"
"이 세상에서는 모든 것이 쓸모가 있을지 모릅니다"
But Pinocchio refused to see the sense in it
그러나 피노키오는 그 안에 있는 의미를 보려고 하지 않았다

"I am determined I will not eat the core of the pear"
"나는 배의 속을 먹지 않기로 결심한다"
and Pinocchio turned upon him like a viper
그리고 피노키오는 독사처럼 그에게 돌아섰다
"Who knows!" repeated Geppetto
"누가 알겠어요!" 제페토가 되풀이했다
"there are so many chances," he said
"기회는 정말 많습니다
and Geppetto never lost his temper even once
그리고 제페토는 단 한 번도 화를 내지 않았습니다
And so the three pear cores were not thrown out
그래서 세 개의 배심은 버려지지 않았습니다
they were placed on the corner of the table with the rinds
그들은 껍질과 함께 테이블 모서리에 놓였습니다
after his small feast Pinocchio yawned tremendously
작은 잔치가 끝난 후 피노키오는 엄청나게 하품을 했습니다
and he spoke again in a fretful tone
그리고 그는 다시 초조한 어조로 말했다
"I am as hungry as ever!"
"나는 그 어느 때보다도 배가 고프다!"
"But, my boy, I have nothing more to give you!"
"하지만, 얘야, 나는 너에게 더 이상 줄 것이 없다!"
"You have nothing? Really? Nothing?"
"가진 게 하나도 없다고? 정말로? 아무것도?"
"I have only the rind and the cores of the pears"
"나는 배의 껍질과 속만 가지고 있습니다"
"One must have patience!" said Pinocchio
"인내심을 가져야 해!" 피노키오가 말했다
"if there is nothing else I will eat the pear's rind"
"다른 것이 없다면 나는 배의 껍질을 먹을 것이다"
And he began to chew the rind of the pear
그리고 그는 배의 껍질을 씹기 시작했다
At first he made a wry face
처음에 그는 씁쓸한 표정을 지었다
but then, one after the other, he quickly ate them

그러나 그는 재빨리 그것들을 하나씩 먹어 치웠다
and after the pear's rinds he even ate the cores
그리고 배의 껍질을 먹은 다음에는 속까지 먹었다
when he had eaten everything he rubbed his belly
그는 모든 것을 먹은 후에 배를 문질렀다
"Ah! now I feel comfortable again"
"아! 이제 다시 편안함을 느낍니다."
"Now you see I was right," smiled Gepetto
"이제 내가 옳았다는 걸 알겠지." 제페토가 미소를 지었다
"it's not good to accustom ourselves to our tastes"
"자신의 입맛에 익숙해지는 것은 좋지 않다"
"We can never know, my dear boy, what may happen to us"
"얘야, 우리에게 무슨 일이 일어날지 우리는 결코 알 수 없어"
"There are so many chances!"
"기회는 정말 많아요!"

Geppetto Makes Pinocchio New Feet
제페토, 피노키오에게 새로운 발을 만들어줘

the puppet had satisfied his hunger
꼭두각시는 허기를 달랬다
but he began to cry and grumble again
그러나 그는 다시 울고 투덜거리기 시작했다
he remembered he wanted a pair of new feet
그는 새 발을 갖고 싶었던 것을 기억했다
But Geppetto punished him for his naughtiness
그러나 제페토는 그의 장난꾸러기 때문에 그를 벌했습니다
he allowed him to cry and to despair a little
그는 그가 울고 조금 절망하도록 허락했습니다
Pinocchio had to accept his fate for half the day
피노키오는 반나절 동안 자신의 운명을 받아들여야 했습니다
at the end of the day he said to him:

하루가 끝날 무렵 그분은 그에게 이렇게 말씀하셨습니다.
"Why should I make you new feet?"
"왜 내가 너에게 새 발을 만들어주어야 하지?"
"To enable you to escape again from home?"
"네가 다시 집에서 도망칠 수 있게 해주기 위해서?"
Pinocchio sobbed at his situation
피노키오는 자신의 상황에 흐느꼈다
"I promise you that for the future I will be good"
"장래에는 선한 사람이 되리라는 것을 약속합니다"
but Geppetto knew Pinocchio's tricks by now
하지만 제페토는 이제 피노키오의 속임수를 알고 있었다
"All boys who want something say the same thing"
"뭔가를 원하는 모든 남자는 같은 말을 한다"
"I promise you that I will go to school"
"학교에 다닐 것을 약속합니다"
"and I will study and bring home a good report"
"나는 연구하고 좋은 보고서를 집으로 가져오겠다"
"All boys who want something repeat the same story"
"뭔가를 원하는 모든 남자는 같은 이야기를 반복한다"
"But I am not like other boys!" Pinocchio objected
"하지만 나는 다른 애들과는 달라!" 피노키오는 이의를 제기했다
"I am better than all of them," he added
"나는 그들 모두보다 낫다"고 그는 덧붙였다
"and I always speak the truth," he lied
"그리고 나는 항상 진실을 말한다"고 그는 거짓말을 했다
"I promise you, papa, that I will learn a trade"
"아빠, 저는 장사를 배울 거라고 약속해요"
"I promise that I will be the consolation of your old age"
"당신의 노년의 위로가 될 것을 약속합니다"
Geppetto's eyes filled with tears on hearing this
이 말을 들은 제페토의 눈에는 눈물이 가득 고였다
his heart was sad at seeing his son like this
이런 아들을 보니 마음이 슬펐습니다
Pinocchio was in such a pitiable state
피노키오는 그런 비참한 상태에 있었다

He did not say another word to Pinocchio
그는 피노키오에게 더 이상 아무 말도 하지 않았다
he got his tools and two small pieces of seasoned wood
그는 연장과 노련한 나무 두 조각을 가져왔다
he set to work with great diligence
그는 매우 부지런히 일하기 시작했다
In less than an hour the feet were finished
한 시간도 채 안 되어 발이 완성되었습니다
They might have been modelled by an artist of genius
그들은 천재적인 예술가에 의해 모델링되었을 수 있습니다
Geppetto then spoke to the puppet
제페토는 인형에게 말을 걸었다
"Shut your eyes and go to sleep!"
"눈 감고 자!"
And Pinocchio shut his eyes and pretended to sleep
그리고 피노키오는 눈을 감고 자는 척했다
Geppetto got an egg-shell and melted some glue in it
제페토는 달걀 껍질을 가져와서 접착제를 녹였습니다
and he fastened Pinocchio's feet in their place
그리고 그는 피노키오의 발을 그 자리에 고정시켰다
it was masterfully done by Geppetto
그것은 Geppetto에 의해 훌륭하게 이루어졌습니다
not a trace could be seen of where the feet were joined
발이 합쳐진 곳의 흔적은 전혀 보이지 않았다
Pinocchio soon realized that he had feet again
피노키오는 곧 자신에게 다시 발이 생겼다는 것을 깨달았습니다
and then he jumped down from the table
그러고는 탁자에서 뛰어내렸다
he jumped around the room with energy and joy
그는 에너지와 기쁨으로 방 안을 뛰어다녔다
he danced as if he had gone mad with his delight
그는 기쁨에 미쳐버린 것처럼 춤을 췄다
"thank you for all you have done for me"
"저를 위해 해 주신 모든 것에 감사드립니다"

"I will go to school at once," Pinocchio promised
"당장 학교에 갈게요." 피노키오가 약속했다
"but to go to school I shall need some clothes"
"하지만 학교에 가려면 옷이 필요해요"
by now you know that Geppetto was a poor man
지금쯤이면 제페토가 가난한 사람이었다는 것을 알 것입니다
he had not so much as a penny in his pocket
그의 주머니에는 동전 한 푼도 없었다
so he made him a little dress of flowered paper
그래서 그는 꽃이 핀 종이로 작은 옷을 만들어 주었다
a pair of shoes from the bark of a tree
나무 껍질에서 만든 신발 한 켤레
and he made a hat out of the bread
그는 그 빵으로 모자를 만들었다

Pinocchio ran to look at himself in a crock of water
피노키오는 달려가 물그릇 속에 있는 자신을 바라보았어요

he was ever so pleased with his appearance
그는 언제나 자신의 외모를 매우 기뻐하였다

and he strutted about the room like a peacock
그리고 그는 공작새처럼 방 안을 휘젓고 다녔다

"I look quite like a gentleman!"
"나는 꽤 신사처럼 보인다!"

"Yes, indeed," answered Geppetto
"네, 맞아요." 제페토가 대답했다

"it is not fine clothes that make the gentleman"
"신사를 만드는 것은 좋은 옷이 아니다"

"rather, it is clean clothes that make a gentleman"
"오히려, 신사를 만드는 것은 깨끗한 옷이다"

"By the way," added the puppet
"그건 그렇고," 인형이 덧붙였다

"to go to school there's still something I need"
"학교에 가려면 아직 필요한 것이 있습니다"

"I am still without the best thing"
"나는 아직도 가장 좋은 것이 없다"

"it is the most important thing for a school boy"
"남학생에게는 가장 중요한 일이다"

"And what is it?" asked Geppetto
"그게 뭐죠?" 제페토가 물었다

"I have no spelling-book"
"나는 철자법이 없어요"

"You are right" realized Geppetto
"당신 말이 맞아요." 제페토가 깨달았습니다

"but what shall we do to get one?"
"하지만 그걸 얻으려면 어떻게 해야 할까요?"

Pinocchio comforted Geppetto, "It is quite easy"
피노키오는 제페토를 위로했다.

"all we have to do is go to the bookseller's"
"우리가해야 할 일은 서점에 가는 것뿐입니다."

"all I have to do is buy from them"

"내가해야 할 일은 그들에게서 사는 것뿐입니다."
"but how do we buy it without money?"
"하지만 돈 없이 어떻게 살 수 있지?"
"I have got no money," said Pinocchio
"나는 돈이 없어." 피노키오가 말했다
"Neither have I," added the good old man, very sadly
"나도 마찬가지야." 노인이 매우 슬픈 목소리로 덧붙였다
although he was a very merry boy, Pinocchio became sad
그는 매우 명랑한 소년이었지만 피노키오는 슬퍼졌습니다
poverty, when it is real, is understood by everybody
가난이 실재할 때, 모든 사람은 가난을 이해한다
"Well, patience!" exclaimed Geppetto, rising to his feet
"그래, 인내심!" 제페토가 벌떡 일어서며 외쳤다
and he put on his old corduroy jacket
그리고 그는 낡은 코듀로이 재킷을 입었다
and he ran out of the house into the snow
그는 집 밖으로 뛰쳐나가 눈밭으로 들어갔다
He returned back to the house soon after
그는 얼마 지나지 않아 집으로 돌아왔다
in his hand he held a spelling-book for Pinocchio
그의 손에는 피노키오의 철자법이 들려 있었다
but the old jacket he had left with was gone
하지만 그가 가지고 있던 낡은 재킷은 사라져 있었다
The poor man was in his shirt-sleeves
그 가난한 남자는 셔츠 소매를 입고 있었다
and outdoors it was cold and snowing
그리고 야외는 춥고 눈이 내렸습니다
"And your jacket, papa?" asked Pinocchio
"아빠, 재킷은요?" 피노키오가 물었다
"I have sold it," confirmed old Geppetto
"팔았어." 늙은 제페토가 확인했다
"Why did you sell it?" asked Pinocchio
"왜 팔았어?" 피노키오가 물었다
"Because I found my jacket was too hot"
"내 재킷이 너무 뜨거워서"
Pinocchio understood this answer in an instant

피노키오는 이 대답을 순식간에 이해했습니다

Pinocchio was unable to restrain the impulse of his heart
피노키오는 마음의 충동을 억제할 수 없었다

Because Pinocchio did have a good heart after all
어쨌든 피노키오는 선한 마음을 가지고 있었기 때문입니다

he sprang up and threw his arms around Geppetto's neck
그는 벌떡 일어나 제페토의 목에 팔을 두르었다

and he kissed him again and again a thousand times
그리고 그는 그에게 천 번도 더 입맞춤을 했다

Pinocchio Goes to See a Puppet Show
인형극을 보러 가는 피노키오

eventually it stopped snowing outside
결국 밖에는 눈이 내리지 않았습니다

and Pinocchio set out to go to school
그리고 피노키오는 학교에 가기 위해 길을 나섰다

and he had his fine spelling-book under his arm
그리고 그는 팔 밑에 훌륭한 철자법을 가지고 있었다

he walked along with a thousand ideas in his head
그는 머릿속으로 수천 가지 아이디어를 떠올리며 걸었다

his little brain thought of all the possibilities
그의 작은 뇌는 모든 가능성을 생각했다

and he built a thousand castles in the air
그는 공중에 천 개의 성을 세웠다

each castle was more beautiful than the other
각 성은 다른 성보다 더 아름다웠습니다.

And, talking to himself, he said;
그리고 혼잣말로 말했다.

"Today at school I will learn to read at once"
"오늘 학교에서 나는 즉시 읽는 법을 배울 거야"

"then tomorrow I will begin to write"
"그럼 내일 나는 쓰기 시작할 것이다"

"and the day after tomorrow I will learn the numbers"

"그리고 내일 모레 나는 숫자를 배울 것이다"
"all of these things will prove very useful"
"이 모든 것이 매우 유용할 것입니다"
"and then I will earn a great deal of money"
"그러면 나는 많은 돈을 벌 것입니다"
"I already know what I will do with the first money"
"나는 첫 번째 돈으로 무엇을 할 것인지 이미 알고 있습니다"
"I will immediately buy a beautiful new cloth coat"
"나는 즉시 아름다운 새 천 코트를 살 것입니다."
"my papa will not have to be cold anymore"
"우리 아빠는 더 이상 추울 필요가 없을 거야"
"But what am I saying?" he realized
"하지만 내가 무슨 말을 하고 있는 거지?" 그는 깨달았다
"It shall be all made of gold and silver"
"그것은 모두 금과 은으로 만들어졌을 것이다"
"and it shall have diamond buttons"
"그것은 다이아몬드 단추를 가지리라"
"That poor man really deserves it"
"그 불쌍한 사람은 정말로 그것을 받을 자격이 있습니다"
"he bought me books and is having me taught"
"그분은 나에게 책을 사주셨고 나를 가르치고 계십니다"
"and to do so he has remained in a shirt"
"그리고 그렇게 하기 위해 그는 셔츠를 입고 있었다"
"he has done all this for me in such cold weather"
"그분은 이렇게 추운 날씨에 나를 위해 이 모든 일을 해주셨습니다"
"only papas are capable of such sacrifices!"
"이런 희생은 아빠만이 할 수 있어!"
he said all this to himself with great emotion
그는 이 모든 것을 큰 감격으로 혼잣말로 말했다
but in the distance he thought he heard music
하지만 멀리서 음악이 들렸다고 생각했다
it sounded like pipes and the beating of a big drum
그것은 파이프와 큰 북을 치는 소리처럼 들렸다
He stopped and listened to hear what it could be

그는 멈춰 서서 그것이 무엇인지 듣기 위해 귀를
기울였습니다

The sounds came from the end of a street
그 소리는 거리의 끝에서 들려왔다

and the street led to a little village on the seashore
그리고 그 거리는 바닷가에 있는 작은 마을로 이어졌다

"What can that music be?" he wondered
"저 음악은 무엇일까?" 그는 궁금해했다

"What a pity that I have to go to school"
"학교에 가야 한다는 것이 얼마나 유감입니까?"

"if only I didn't have to go to school..."
"학교에 가지 않아도 되었더라면..."

And he remained irresolute
그리고 그는 단호한 태도를 유지했다

It was, however, necessary to come to a decision
하지만 결정을 내릴 필요가 있었습니다

"Should I go to school?" he asked himself
"학교에 가야 할까?" 그는 스스로에게 물었다

"or should I go after the music?"
"아니면 음악을 쫓아가야 할까요?"

"Today I will go and hear the music" he decided
"오늘은 음악을 들으러 가야겠다"고 그는 결심했다

"and tomorrow I will go to school"
"그리고 내일 나는 학교에 갈 거야"

the young scapegrace of a boy had decided
소년의 어린 스케이프우아가 결정한 것이다

and he shrugged his shoulders at his choice
그리고 그는 자신의 선택에 어깨를 으쓱했다

The more he ran the nearer came the sounds of the music
달리면 달릴수록 음악 소리가 점점 더 가까이 들려왔다

and the beating of the big drum became louder and louder
그리고 큰 북의 소리는 점점 더 커졌다

At last he found himself in the middle of a town square
마침내 그는 마을 광장 한복판에 있는 자신을 발견했다

the square was quite full of people
광장은 꽤 사람들로 가득했습니다

all the people were all crowded round a building
모든 사람들이 건물 주위에 모여 있었습니다
and the building was made of wood and canvas
건물은 나무와 캔버스로 만들어졌습니다
and the building was painted a thousand colours
그리고 건물은 천 가지 색으로 칠해졌습니다
"What is that building?" asked Pinocchio
"저 건물은 뭐야?" 피노키오가 물었다
and he turned to a little boy
그리고 그는 어린 소년에게로 돌아섰다
"Read the placard," the boy told him
"플래카드를 읽어봐." 소년이 말했다
"it is all written there," he added
"모든 것이 거기에 쓰여 있다"고 그는 덧붙였다
"read it and and then you will know"
"그것을 읽으면 알게 될 것입니다"
"I would read it willingly," said Pinocchio
"기꺼이 읽겠습니다." 피노키오가 말했어요
"but it so happens that today I don't know how to read"
"하지만 오늘은 글을 읽을 줄 몰라요"
"Bravo, blockhead! Then I will read it to you"
"브라보, 막무가내야! 그럼 읽어 드릴게요"
"you see those words as red as fire?"
"그 말들이 불처럼 빨갛게 보이나?"
"The Great Puppet Theatre," he read to him
"위대한 인형극"이라고 그는 그에게 읽어 주었다
"Has the play already begun?"
"연극은 벌써 시작되었나요?"
"It is beginning now," confirmed the boy
"이제 시작이야." 소년이 말했다
"How much does it cost to go in?"
"들어가는 데 비용이 얼마나 드나요?"
"A dime is what it costs you"
"한 푼도 안 되는 돈입니다"
Pinocchio was in a fever of curiosity
피노키오는 호기심의 열병에 휩싸여 있었다
full of excitement he lost all control of himself

흥분으로 가득 찬 그는 자신에 대한 모든 통제력을 잃었다
and Pinocchio lost all sense of shame
그리고 피노키오는 모든 수치심을 잃었다
"Would you lend me a dime until tomorrow?"
"내일까지 한 푼이라도 빌려주실 수 있나요?"
"I would lend it to you willingly," said the boy
"기꺼이 빌려주겠어." 소년이 말했다
"but unfortunately today I cannot give it to you"
"그러나 불행히도 오늘은 당신에게 줄 수 없습니다"
Pinocchio had another idea to get the money
피노키오는 돈을 얻기 위해 또 다른 생각이 있었습니다
"I will sell you my jacket for a dime"
"내 재킷을 한 푼이라도 팔겠다"
"but your jacket is made of flowered paper"
"하지만 당신의 겉옷은 꽃이 핀 종이로 만들어졌어요"
"what use could I have for such a jacket?"
"내가 그런 재킷을 무슨 쓸모로 쓸 수 있겠어?"
"imagine it rained and the jacket got wet"
"비가 와서 재킷이 젖었다고 상상해 보세요"
"it would be impossible to get it off my back"
"내 등에서 그것을 떼어내는 것은 불가능할 것입니다"
"Will you buy my shoes?" tried Pinocchio
"내 신발 사줄래?" 피노키오가 시도했다
"They would only be of use to light the fire"
"그것들은 불을 피우는 데만 쓸모가 있을 것이다"
"How much will you give me for my cap?"
"제 모자로 얼마를 주실 건가요?"
"That would be a wonderful acquisition indeed!"
"정말 멋진 인수가 될 것입니다!"
"A cap made of bread crumb!" joked the boy
"빵 부스러기로 만든 모자요!" 소년이 농담을 던졌어요
"There would be a risk of the mice coming to eat it"
"쥐가 먹으러 올 위험이 있습니다."
"they might eat it whilst it was still on my head!"
"내 머리 위에 있을 때 먹을지도 몰라!"
Pinocchio was on thorns about his predicament
피노키오는 자신이 처한 곤경에 대해 가시 돋친 끝에

있었습니다
He was on the point of making another offer
그는 또 다른 제안을 할 지경에 이르렀다
but he had not the courage to ask him
그러나 그는 그에게 물어볼 용기가 없었다
He hesitated, felt irresolute and remorseful
그는 머뭇거렸고, 단호하지 못했으며, 후회했다
At last he raised the courage to ask
마침내 그는 용기를 내어 물었다
"Will you give me a dime for this new spelling-book?"
"이 새로운 맞춤법 책을 살 돈 한 푼이라도 주시겠어요?"
but the boy declined this offer too
그러나 소년은 이 제안도 거절했다
"I am a boy and I don't buy from boys"
"나는 소년이고 소년에게서 사지 않는다"
a hawker of old clothes had overheard them
낡은 옷을 파는 행상인이 그 말을 엿듣던 것이다
"I will buy the spelling-book for a dime"
"나는 한 푼이라도 맞춤법 책을 살 것이다"
And the book was sold there and then
그리고 그 책은 거기서 팔렸습니다
poor Geppetto had remained at home trembling with cold
가엾은 제페토는 추위에 떨며 집에 남아 있었다
in order that his son could have a spelling-book
그의 아들이 철자법을 가질 수 있도록

The Puppets Recognize their Brother Pinocchio
꼭두각시들은 그들의 형제 피노키오를 알아본다

Pinocchio was in the little puppet theatre
피노키오는 작은 인형 극장에 있었다
an incident occurred that almost produced a revolution
거의 혁명을 일으킬 뻔한 사건이 일어났다
The curtain had gone up and the play had already begun
막은 올라갔고 연극은 이미 시작되었다
Harlequin and Punch were quarrelling with each other

할리퀸과 펀치는 서로 다투고 있었다
every moment they were threatening to come to blows
매 순간 그들은 주먹을 휘두르겠다고 위협하고 있었다
All at once Harlequin stopped and turned to the public
할리퀸은 갑자기 멈춰 서서 대중을 향해 돌아섰다
he pointed with his hand to someone far down in the pit
그는 손으로 구덩이 저 아래에 있는 누군가를 가리켰다
and he exclaimed in a dramatic tone
그리고 그는 극적인 어조로 외쳤다
"Gods of the firmament!"
"궁창의 신들이여!"
"Do I dream or am I awake?"
"나는 꿈을 꾸고 있는가, 아니면 깨어 있는가?"
"But, surely that is Pinocchio!"
"하지만, 그건 분명 피노키오야!"
"It is indeed Pinocchio!" cried Punch
"정말 피노키오야!" 펀치가 소리쳤다
And Rose peeped out from behind the scenes
그리고 로즈는 무대 뒤에서 엿보았다
"It is indeed himself!" screamed Rose
"정말로 자기 자신이다!" 로즈가 소리쳤다
and all the puppets shouted in chorus
그리고 모든 꼭두각시들이 합창으로 외쳤다
"It is Pinocchio! it is Pinocchio!"
"피노키오다! 피노키오다!"
and they leapt from all sides onto the stage
그리고 그들은 사방에서 무대 위로 뛰어 올랐다
"It is Pinocchio!" all the puppets exclaimed
"피노키오다!" 모든 인형들이 외쳤다
"It is our brother Pinocchio!"
"우리 동생 피노키오야!"
"Long live Pinocchio!" they cheered together
"피노키오 만세!" 그들은 함께 환호했다
"Pinocchio, come up here to me," cried Harlequin
"피노키오, 이리 나한테 와." 할리퀸이 소리쳤다
"throw yourself into the arms of your wooden brothers!"
"너의 나무 형제들의 품에 몸을 던져라!"

Pinocchio couldn't decline this affectionate invitation
피노키오는 이 애정 어린 초대를 거절할 수 없었다

he leaped from the end of the pit into the reserved seats
그는 구덩이 끝에서 뛰어내려 지정석으로 들어갔다

another leap landed him on the head of the drummer
또 한 번의 도약으로 그는 드럼 연주자의 머리에 떨어졌다

and he then sprang upon the stage
그러고는 무대 위로 뛰어올랐다

The embraces and the friendly pinches
포옹과 친근한 꼬집음

and the demonstrations of warm brotherly affection
그리고 따뜻한 형제 애정의 표현

Pinocchio reception from the puppets was beyond description
꼭두각시로부터의 피노키오 반응은 설명 할 수 없었습니다

The sight was doubtless a moving one
그 광경은 의심할 여지 없이 감동적인 것이었다

but the public in the pit had become impatient
그러나 구덩이 속의 대중은 참을성이 없어졌다

they began to shout, "we came to watch a play"
그들은 "우리는 연극을 보러 왔다"고 소리치기 시작했다.

"go on with the play!" they demanded
"연극을 계속하라!" 하고 그들은 요구했다

but the puppets didn't continue the recital
그러나 인형들은 낭독회를 계속하지 않았다

the puppets doubled their noise and outcries
꼭두각시들의 소음과 울부짖음이 두 배로 늘어났다

they put Pinocchio on their shoulders
그들은 피노키오를 어깨에 짊어졌습니다

and they carried him in triumph before the footlights
그들은 의기양양하게 그를 발등등 앞으로 데리고 갔다

At that moment the ringmaster came out
그 순간 주모자가 나왔다

He was a big and ugly man
그는 덩치가 크고 못생긴 사람이었습니다

the sight of him was enough to frighten anyone
그를 보는 것만으로도 누구라도 겁에 질리기에 충분했다

His beard was as black as ink and long
그의 턱수염은 먹물처럼 검고 길었다
and his beard reached from his chin to the ground
턱수염이 턱에서 땅까지 닿았다
and he trod upon his beard when he walked
그는 걸을 때 수염을 밟았다
His mouth was as big as an oven
그의 입은 오븐처럼 컸다
and his eyes were like two lanterns of burning red glass
그의 눈은 불타는 붉은 유리의 두 등불 같았다
He carried a large whip of twisted snakes and foxes' tails
그는 꼬인 뱀과 여우의 꼬리로 만든 커다란 채찍을 들고 있었다
and he cracked his whip constantly
그는 끊임없이 채찍을 휘둘렀다.
At his unexpected appearance there was a profound silence
그의 예상치 못한 등장에 깊은 침묵이 흘렀다
no one dared to even breathe
아무도 숨을 쉴 엄두조차 내지 못했다
A fly could have been heard in the stillness
고요함 속에서 파리 소리가 들릴 수 있었다
The poor puppets of both sexes trembled like leaves
남녀의 불쌍한 꼭두각시들이 나뭇잎처럼 떨렸다
"have you come to raise a disturbance in my theatre?"
"내 극장에 소란을 피우러 왔나?"
he had the gruff voice of a goblin
그는 고블린의 거친 목소리를 가지고 있었다
a goblin suffering from a severe cold
심한 감기에 시달리는 고블린
"Believe me, honoured sir, it it not my fault!"
"저를 믿으십시오, 존경하는 각하, 제 잘못이 아닙니다!"
"That is enough from you!" he blared
"그걸로 충분해!" 그가 소리쳤다
"Tonight we will settle our accounts"
"오늘 밤에 우리는 결산을 할 것입니다"
soon the play was over and the guests left
이윽고 연극이 끝나고 손님들은 떠났다
the ringmaster went into the kitchen

단장은 부엌으로 들어갔다
a fine sheep was being prepared for his supper
훌륭한 양 한 마리가 그의 저녁 식사를 위해 준비되고 있었다
it was turning slowly on the fire
불이 서서히 타오르고 있었다
there was not enough wood to finish roasting the lamb
양고기를 다 굽기에 나무가 충분하지 않았습니다
so he called for Harlequin and Punch
그래서 그는 할리퀸과 펀치를 불렀다
"Bring that puppet here," he ordered them
"그 꼭두각시를 이리로 가져오라." 그는 그들에게 명령했다
"you will find him hanging on a nail"
"너는 그가 못에 매달려 있는 것을 발견할 것이다"
"It seems to me that he is made of very dry wood"
"내가 보기에는 그는 매우 마른 나무로 만들어진 것 같다"
"I am sure he would make a beautiful blaze"
"나는 그가 아름다운 불꽃을 만들 것이라고 확신한다"
At first Harlequin and Punch hesitated
처음에 할리퀸과 펀치는 망설였다
but they were appalled by a severe glance from their master
그러나 그들은 주인의 엄한 눈길에 소름이 끼쳤다
and they had no choice but to obey his wishes
그리고 그들은 그의 소원에 복종할 수밖에 없었다
In a short time they returned to the kitchen
잠시 후 그들은 부엌으로 돌아왔다
this time they were carrying poor Pinocchio
이번에는 불쌍한 피노키오를 데리고 있었다
he was wriggling like an eel out of water
그는 물 밖으로 나온 뱀장어처럼 꿈틀거리고 있었다
and he was screaming desperately
그리고 그는 필사적으로 비명을 지르고 있었다
"Papa! papa! save me! I will not die!"
"아빠! 아빠! 살려 주세요! 나는 죽지 않을 것이다!"

The Fire-Eater Sneezes and Pardons Pinocchio
불을 먹는 자는 재채기를 하고 피노키오를 용서한다

The ringmaster looked like a wicked man
두목은 악인처럼 보였다

and he was known by all as Fire-eater
그리고 그는 모두에게 불을 먹는 자로 알려졌다

his black beard covered his chest and legs
검은 턱수염이 가슴과 다리를 덮고 있었다

it was like he was wearing an apron
마치 앞치마를 두르고 있는 것 같았다

and this made him look especially wicked
그리고 이것은 그를 특히 사악하게 보이게 만들었습니다

On the whole, however, he did not have a bad heart
하지만 전체적으로 볼 때 그의 마음은 나쁘지 않았습니다

he saw poor Pinocchio brought before him
그는 불쌍한 피노키오가 자기 앞에 끌려오는 것을 보았다

he saw the puppet struggling and screaming
그는 꼭두각시가 몸부림치며 비명을 지르는 것을 보았다

"I will not die, I will not die!"
"나는 죽지 않을 것이다, 나는 죽지 않을 것이다!"

and he was quite moved by what he saw
그리고 그는 자기가 본 것에 매우 감동을 받았습니다

he felt very sorry for the helpless puppet
그는 그 무력한 꼭두각시가 몹시 불쌍했다

he tried to hold his sympathies within himself
그는 마음속으로 동정심을 간직하려고 애썼다

but after a little they all came out
그러나 잠시 후에 그들은 모두 나왔습니다

he could contain his sympathy no longer
그는 더 이상 동정심을 억누를 수 없었다

and he let out an enormous violent sneeze
그리고 그는 엄청나게 격렬한 재채기를 내뱉었다

up until that moment Harlequin had been worried
그때까지만 해도 할리퀸은 걱정하고 있었다

he had been bowing down like a weeping willow
그는 수양버들처럼 몸을 굽히고 있었다

but when he heard the sneeze he became cheerful

그러나 재채기 소리를 듣자 그는 기운을 차렸다
he leaned towards Pinocchio and whispered;
그는 피노키오에게 몸을 기울이며 속삭였다.
"Good news, brother, the ringmaster has sneezed"
"좋은 소식입니다, 형제님, 주모자가 재채기를 했습니다"
"that is a sign that he pities you"
"그것은 그분이 너를 불쌍히 여기신다는 표징이니라"
"and if he pities you, then you are saved"
"그가 너를 불쌍히 여기면 네가 구원을 받았느니라"
most men weep when they feel compassion
대부분의 남자들은 동정심을 느낄 때 눈물을 흘린다
or at least they pretend to dry their eyes
아니면 적어도 그들은 눈을 말리는 척합니다
Fire-Eater, however, had a different habit
하지만 불을 먹는 자는 다른 습관을 가지고 있었다
when moved by emotion his nose would tickle him
감정에 휩싸일 때면 코가 간지럽히곤 했다
the ringmaster didn't stop acting the ruffian
두목은 악당의 연기를 멈추지 않았다
"are you quite done with all your crying?"
"울음은 다 끝났어?"
"my stomach hurts from your lamentations"
"너의 애통함 때문에 내 배가 아프다"
"I feel a spasm that almost..."
"나는 거의 경련을 느낀다."
and the ringmaster let out another loud sneeze
그리고 주모자는 다시 큰 재채기를 했다
"Bless you!" said Pinocchio, quite cheerfully
"축복이 있기를!" 피노키오가 아주 쾌활하게 말했다
"Thank you! And your papa and your mamma?"
"고맙습니다! 그리고 네 아빠와 네 엄마는?"
"are they still alive?" asked Fire-Eater
"아직 살아 있나?" 불을 먹는 자가 물었다
"My papa is still alive and well," said Pinocchio
"아빠는 아직 살아계시고 건강하셔." 피노키오가 말했어요
"but my mamma I have never known," he added
"하지만 엄마는 전혀 알지 못한다"고 그는 덧붙였다

"good thing I did not have you thrown on the fire"
"너를 불에 던지지 않은 것이 다행이야"
"your father would have lost all who he still had"
"너의 아버지는 아직 가지고 있던 모든 사람을 잃었을 것이다"
"Poor old man! I pity him!"
"불쌍한 늙은이! 불쌍하구나!"
"Etchoo! etchoo! etchoo!" Fire-eater sneezed
"엣츄! 에츄! 에츄!" 불을 먹는 자는 재채기를 했다
and he sneezed again three times
그리고 그는 다시 세 번 재채기를 했다
"Bless you," said Pinocchio each time
"축복이 있기를." 피노키오가 매번 말했다
"Thank you! Some compassion is due to me"
"고맙습니다! 어느 정도의 동정심은 나 덕분이야"
"as you can see I have no more wood"
"보시다시피 내게는 더 이상 나무가 없습니다"
"so I will struggle to finish roasting my mutton"
"그래서 나는 양고기를 굽는 것을 끝내기 위해 고군분투할 것입니다"
"you would have been of great use to me!"
"넌 나한테 큰 도움이 됐을 텐데!"
"However, I have had pity on you"
"그러나 나는 너를 불쌍히 여겼노라"
"so I must have patience with you"
"그러므로 나도 너희에게 참음을 가져야 하노라"
"Instead of you I will burn another puppet"
"너 대신 다른 꼭두각시를 태울 거야"
At this call two wooden gendarmes immediately appeared
이 부름을 받고 즉시 두 명의 나무 헌병이 나타났다
They were very long and very thin puppets
그들은 매우 길고 매우 얇은 꼭두각시였습니다
and they had wonky hats on their heads
그리고 그들은 머리에 이상한 모자를 쓰고 있었다
and they held unsheathed swords in their hands
그들은 손에 칼집을 뽑지 않은 칼을 들고 있었다
The ringmaster said to them in a hoarse voice:
주모자는 쉰 목소리로 그들에게 말했다.

"Take Harlequin and bind him securely"
"할리퀸을 잡아 단단히 묶어라"
"and then throw him on the fire to burn"
"그리고 그를 불에 던져 태워 죽여라"
"I am determined that my mutton shall be well roasted"
"나는 내 양고기를 잘 구울 것이라고 결심한다"
imagine how poor Harlequin must have felt!
할리퀸의 심정이 얼마나 불쑥했을지 상상해 보세요!
His terror was so great that his legs bent under him
그의 공포는 너무나 커서 그의 다리가 구부러질 정도였다
and he fell with his face on the ground
그리고 그는 얼굴을 땅에 대고 엎드렸다
Pinocchio was agonized by what he was seeing
피노키오는 자신이 보고 있는 것에 괴로워했습니다
he threw himself at the ringmaster's feet
그는 주모자의 발 앞에 몸을 던졌다
he bathed his long beard with his tears
그는 긴 수염을 눈물로 적셨다
and he tried to beg for Harlequin's life
그리고 그는 할리퀸의 목숨을 구걸하려 했다
"Have pity, Sir Fire-Eater!" Pinocchio begged
"불쌍히 여기소서, 불을 먹는 자여!" 피노키오는 애원했다
"Here there are no sirs," the ringmaster answered severely
"여긴 선생님이 없습니다." 주모자가 엄하게 대답했다
"Have pity, Sir Knight!" Pinocchio tried
"불쌍히 여기소서, 기사님!" 피노키오가 시도했다
"Here there are no knights!" the ringmaster answered
"여긴 기사가 없어요!" 깃발대장이 대답했다
"Have pity, Commander!" Pinocchio tried
"불쌍히 여기소서, 사령관님!" 피노키오가 시도했다
"Here there are no commanders!"
"여긴 사령관이 없어!"
"Have pity, Excellence!" Pinocchio pleaded
"불쌍히 여기소서, 탁월함이여!" 피노키오가 간청했다
Fire-eater quite liked what he had just heard
불을 먹는 자는 방금 들은 것이 꽤 마음에 들었다
Excellence was something he did aspire to

탁월함은 그가 열망하는 것이었다
and the ringmaster began to smile again
그리고 두목은 다시 미소를 짓기 시작했다
and he became at once kinder and more tractable
그리고 그는 즉시 더 친절해졌고 더 다루기 쉬워졌다
Turning to Pinocchio, he asked:
그는 피노키오를 돌아보며 물었다.
"Well, what do you want from me?"
"그럼, 나한테 뭘 원하는 거야?"
"I implore you to pardon poor Harlequin"
"불쌍한 할리퀸을 용서해 주시기를 간청합니다."
"For him there can be no pardon"
"그에게는 용서가 있을 수 없다"
"I have spared you, if you remember"
"네가 기억한다면, 나는 너를 살려 두었다"
"so he must be put on the fire"
"그러므로 그를 불에 태워야 한다"
"I am determined that my mutton shall be well roasted"
"나는 내 양고기를 잘 구울 것이라고 결심한다"
Pinocchio stood up proudly to the ringmaster
피노키오는 자랑스럽게 주역에게 맞섰다
and he threw away his cap of bread crumb
그리고 그는 빵 부스러기가 든 모자를 던져 버렸다
"In that case I know my duty"
"그럴 경우 나는 내 의무를 알고 있습니다"
"Come on, gendarmes!" he called the soldiers
"이리 오시오, 헌병들이여!" 그는 군인들을 불렀다
"Bind me and throw me amongst the flames"
"나를 묶어 불길 속에 던져 주소서"
"it would not be just for Harlequin to die for me!"
"할리퀸이 나를 위해 죽는 건 정당한 일이 아니야!"
"he has been a true friend to me"
"그분은 제게 진정한 친구였습니다"
Pinocchio had spoken in a loud, heroic voice
피노키오는 크고 영웅적인 목소리로 말했다
and his heroic actions made all the puppets cry
그리고 그의 영웅적인 행동은 모든 꼭두각시들을 울게

만들었습니다

Even though the gendarmes were made of wood
헌병들이 나무로 만들어졌는데도

they wept like two newly born lambs
그들은 갓 태어난 두 마리의 어린 양처럼 울었습니다

Fire-eater at first remained as hard and unmoved as ice
불을 먹는 자는 처음에는 얼음처럼 굳어있고 움직이지 않았다

but little by little he began to melt and sneeze
그러나 조금씩 그는 녹기 시작했고 재채기를 하기 시작했다

he sneezed again four or five times
그는 다시 네다섯 번 재채기를 했다

and he opened his arms affectionately
그리고 그는 다정하게 두 팔을 벌렸다

"You are a good and brave boy!" he praised Pinocchio
"너는 착하고 용감한 아이야!" 그는 피노키오를 칭찬했다

"Come here and give me a kiss"
"이리 와서 키스해줘"

Pinocchio ran to the ringmaster at once
피노키오는 즉시 두목에게 달려갔다

he climbed up the ringmaster's beard like a squirrel
그는 다람쥐처럼 두목의 수염을 타고 올라갔다

and he deposited a hearty kiss on the point of his nose
그리고 그는 코끝에 진심 어린 키스를 했다

"Then the pardon is granted?" asked poor Harlequin
"그럼 사면이 허락되는 건가요?" 가엾은 할리퀸이 물었다

in a faint voice that was scarcely audible
거의 들리지 않는 희미한 목소리로

"The pardon is granted!" answered Fire-Eater
"용서가 허락되었습니다!" 불을 먹는 자가 대답했다

he then added, sighing and shaking his head:
그러고는 한숨을 쉬며 고개를 저으며 덧붙였다.

"I must have patience with my puppets!"
"나는 내 꼭두각시들에게 인내심을 가져야 해!"

"Tonight I shall have to eat the mutton half raw;"
"오늘 밤 나는 양고기를 반쯤 날로 먹어야 할 것이다."

"but another time, woe to him who displeases me!"
"그러나 또 한 번에는, 나를 불쾌하게 하는 자에게 화가

있으리로다!"
At the news of the pardon the puppets all ran to the stage
사면 소식에 인형들은 모두 무대로 달려갔다
they lit all the lamps and chandeliers of the show
그들은 쇼의 모든 램프와 샹들리에에 불을 붙였습니다
it was as if there was a full-dress performance
마치 정장 공연이 있는 것 같았습니다
they began to leap and to dance merrily
그들은 펄쩍펄쩍 뛰며 즐겁게 춤을 추기 시작했다
when dawn had come they were still dancing
동이 틀 때에도 그들은 여전히 춤을 추고 있었다

Pinocchio Receives Five Gold Pieces
피노키오는 5개의 금화를 받습니다.

The following day Fire-eater called Pinocchio over
다음 날, 불을 먹는 자는 피노키오를 불렀다
"What is your father's name?" he asked Pinocchio
"네 아버지 성함이 무엇이니?" 그가 피노키오에게 물었다
"My father is called Geppetto," Pinocchio answered
"제 아버지는 제페토라고 불립니다." 피노키오가 대답했습니다
"And what trade does he follow?" asked Fire-eater
"그럼 그는 어떤 직업을 따르는 거지?" 불을 먹는 자가 물었다

"He has no trade, he is a beggar"
"그는 직업이 없고 거지입니다"
"Does he earn much?" asked Fire-eater
"돈을 많이 버나요?" 불을 먹는 자가 물었다
"No, he has never a penny in his pocket"
"아뇨, 그는 주머니에 한 푼도 없어요"
"once he bought me a spelling-book"
"한번은 아버지가 나에게 맞춤법 책을 사주셨어요"
"but he had to sell the only jacket he had"
"하지만 그는 자신이 가진 유일한 재킷을 팔아야 했습니다."
"Poor devil! I feel almost sorry for him!"
"불쌍한 악마! 정말 불쌍할 따름입니다!"
"Here are five gold pieces for him"
"여기 그를 위한 다섯 개의 금화가 있습니다"
"Go at once and take the gold to him"
"즉시 가서 금을 그에게 가져가라"
Pinocchio was overjoyed by the present
피노키오는 현재에 너무 기뻤다
he thanked the ringmaster a thousand times
그는 주목에게 천 번도 더 감사를 표했다
He embraced all the puppets of the company
그는 부대의 모든 꼭두각시를 껴안았다
he even embraced the troop of gendarmes
그는 심지어 헌병대를 받아들이기까지 했다
and then he set out to return straight home
그러고 나서 그는 곧장 집으로 돌아가기 시작하였다
But Pinocchio didn't get very far
하지만 피노키오는 그리 멀리 가지 못했어요
on the road he met a Fox with a lame foot
길에서 그는 절름발이 여우를 만났습니다
and he met a Cat blind in both eyes
그리고 그는 두 눈이 보이지 않는 고양이를 만났다
they were going along helping each other
그들은 서로 도우며 함께 가고 있었다
they were good companions in their misfortune
그들은 불행 속에서 좋은 동반자였다
The Fox, who was lame, walked leaning on the Cat

절름발이가 된 여우는 고양이에게 기대어 걸었다
and the Cat, who was blind, was guided by the Fox
눈먼 고양이는 여우의 인도를 받았습니다
the Fox greeted Pinocchio very politely
여우는 피노키오를 매우 정중하게 인사했습니다
"Good-day, Pinocchio," said the Fox
"안녕, 피노키오." 여우가 말했다
"How do you come to know my name?" asked the puppet
"내 이름을 어떻게 알게 된 거지?" 인형이 물었다
"I know your father well," said the fox
"나는 네 아버지를 잘 안다." 여우가 말했다
"Where did you see him?" asked Pinocchio
"어디서 봤니?" 피노키오가 물었다
"I saw him yesterday, at the door of his house"
"나는 어제 그의 집 문 앞에서 그를 보았다"
"And what was he doing?" asked Pinocchio
"그럼 그는 뭘 하고 있었지?" 피노키오가 물었다
"He was in his shirt and shivering with cold"
"그는 셔츠를 입고 추위에 떨고 있었다"
"Poor papa! But his suffering is over now"
"불쌍한 아빠! 그러나 그의 고통은 이제 끝났습니다"
"in the future he shall shiver no more!"
"장차 그가 다시는 떨지 아니하리라!"
"Why will he shiver no more?" asked the fox
"왜 더 이상 떨지 않는 거죠?" 여우가 물었다
"Because I have become a gentleman" replied Pinocchio
"나는 신사가 되었으니까요." 피노키오가 대답했다
"A gentleman—you!" said the Fox
"신사, 너!" 여우가 말했다
and he began to laugh rudely and scornfully
그는 무례하고 경멸적으로 웃기 시작하였다
The Cat also began to laugh with the fox
고양이도 여우와 함께 웃기 시작했다
but she did better at concealing her laughter
하지만 그녀는 웃음을 감추는 데 더 능숙했다
and she combed her whiskers with her forepaws
그녀는 앞발로 수염을 빗었다

"There is little to laugh at," cried Pinocchio angrily
"웃을 일이 별로 없어요." 피노키오가 화가 나서 소리쳤다
"I am really sorry to make your mouth water"
"정말 죄송합니다"
"if you know anything then you know what these are"
"당신이 무엇이든 안다면 이것이 무엇인지 알 것입니다"
"you can see that they are five pieces of gold"
"보시다시피 금 다섯 닢이니라"
And he pulled out the money that Fire-eater had given him
그리고 그는 불을 먹는 자가 준 돈을 꺼냈다
for a moment the fox and the cat did a strange thing
순간 여우와 고양이는 이상한 일을 했다
the jingling of the money really got their attention
돈의 딸깍거리는 소리는 정말로 그들의 주의를 끌었습니다
the Fox stretched out the paw that seemed crippled
여우는 절름발이처럼 보이는 앞발을 뻗었다
and the Cat opened wide her two eyes
고양이는 두 눈을 크게 떴다
her eyes looked like two green lanterns
그녀의 눈은 두 개의 녹색 등불처럼 보였다

it is true that she shut her eyes again
그녀가 다시 눈을 감은 것은 사실이다
she was so quick that Pinocchio didn't notice
그녀는 너무 빨라서 피노키오가 눈치채지 못했습니다
the Fox was very curious about what he had seen
여우는 자기가 본 것에 대해 매우 궁금해했다
"what are you going to do with all that money?"
"그 많은 돈으로 뭘 할 건가요?"
Pinocchio was all too proud to tell them his plans
피노키오는 너무나 자랑스러워서 그들에게 자신의 계획을 말했어요
"First of all, I intend to buy a new jacket for my papa"
"우선은 아빠를 위해 새 재킷을 사려고 합니다"
"the jacket will be made of gold and silver"
"재킷은 금색과 은색으로 만들 것입니다."
"and the coat will come with diamond buttons"
"그리고 코트에는 다이아몬드 단추가 함께 제공됩니다."
"and then I will buy a spelling-book for myself"
"그리고 나서 나는 나 자신을 위해 철자법을 살 것입니다"
"You will buy a spelling book for yourself?"
"너 혼자 맞춤법 책을 사겠다고?"
"Yes indeed, for I wish to study in earnest"
"그렇다, 나는 열심히 공부하고 싶기 때문이다"
"Look at me!" said the Fox
"날 봐!" 여우가 말했다
"Through my foolish passion for study I have lost a leg"
"공부에 대한 어리석은 열정 때문에 나는 한쪽 다리를 잃었다"
"Look at me!" said the Cat
"나 좀 봐!" 고양이가 말했다
"Through my foolish passion for study I have lost my eyes"
"공부에 대한 어리석은 열정 때문에 나는 눈을 잃었다"
At that moment a white Blackbird began his usual song
그 순간 흰 찌르레기 한 마리가 평소와 같이 노래를 부르기 시작했다
"Pinocchio, don't listen to the advice of bad companions"
"피노키오, 나쁜 동료의 충고를 듣지 마라"
"if you listen to their advice you will repent it!"

"그들의 충고에 귀를 기울인다면 회개하게 될 것입니다!"
Poor Blackbird! If only he had not spoken!
불쌍한 찌르레기! 그가 말하지 않았더라면 좋았을 텐데!
The Cat, with a great leap, sprang upon him
고양이는 크게 뛰어올라 그에게 달려들었다
she didn't even give him time to say "Oh!"
그녀는 그에게 "오!"라고 말할 시간조차 주지 않았다.
she ate him in one mouthful, feathers and all
그녀는 그를 한 입에 먹어 치웠고, 깃털과 모든 것을 먹었다
Having eaten him, she cleaned her mouth
그를 먹은 후, 그녀는 입을 닦았다
and then she shut her eyes again
그리고는 다시 눈을 감았다
and she feigned blindness just as before
그리고 그녀는 전과 마찬가지로 눈먼 척했다
"Poor Blackbird!" said Pinocchio to the Cat
"불쌍한 찌르레기야!" 피노키오가 고양이에게 말했다
"why did you treat him so badly?"
"왜 그렇게 심하게 대했어?"
"I did it to give him a lesson"
"나는 그에게 교훈을 주기 위해 그랬다"
"He will learn not to meddle in other people's affairs"
"그는 다른 사람의 일에 참견하지 않는 법을 배울 것이다"
by now they had gone almost half-way home
이제 그들은 집으로 거의 절반 정도 돌아간 후였다
the Fox, halted suddenly, and spoke to the puppet
여우는 갑자기 멈춰 서서 꼭두각시에게 말을 걸었다
"Would you like to double your money?"
"돈을 두 배로 늘리고 싶습니까?"
"In what way could I double my money?"
"어떻게 하면 돈을 두 배로 늘릴 수 있을까?"
"Would you like to multiply your five miserable coins?"
"당신의 비참한 동전 다섯 개를 곱하고 싶습니까?"
"I would like that very much! but how?"
"나는 그것을 매우 좋아한다! 하지만 어떻게?"
"The way to do it is easy enough"
"그것을하는 방법은 충분히 쉽습니다"

"Instead of returning home you must go with us"
"집으로 돌아가는 대신 우리와 함께 가야 합니다"

"And where do you wish to take me?"
"그러면 나를 어디로 데려가고 싶으십니까?"

"We will take you to the land of the Owls"
"우리는 너를 올빼미의 땅으로 데려갈 것이다"

Pinocchio reflected a moment to think
피노키오는 잠시 생각에 잠겼다

and then he said resolutely "No, I will not go"
그리고 그는 단호하게 "아니오, 나는 가지 않을 것입니다"라고 말했습니다.

"I am already close to the house"
"나는 이미 집에서 가깝다"

"and I will return home to my papa"
"그리고 나는 아빠가 계신 집으로 돌아갈 것이다"

"he has been waiting for me in the cold"
"그는 추위 속에서 나를 기다리고 있었다"

"all day yesterday I did not come back to him"
"어제 하루 종일 내가 그에게 돌아오지 않았다"

"Who can tell how many times he sighed!"
"그가 얼마나 많이 한숨을 쉬었는지 누가 알 수 있겠는가!"

"I have indeed been a bad son"
"나는 참으로 나쁜 아들이었습니다"

"and the talking little cricket was right"
"그리고 말하는 작은 귀뚜라미가 옳았습니다"

"Disobedient boys never come to any good"
"순종하지 않는 소년은 결코 유익을 얻지 못한다"

"what the talking little cricket said is true"
"말하는 작은 귀뚜라미가 말한 것은 사실입니다"

"many misfortunes have happened to me"
"내게는 많은 불행이 일어났다"

"Even yesterday in fire-eater's house I took a risk"
"어제 불을 먹는 사람의 집에서도 나는 위험을 무릅썼다"

"Oh! it makes me shudder to think of it!"
"아! 생각만 해도 몸서리가 쳐져요!"

"Well, then," said the Fox, "you've decided to go home?"
"그럼," 여우가 말했다, "집에 가기로 결정했어?"

"Go, then, and so much the worse for you"
"그럼, 가거라, 그러면 너희에게 훨씬 더 나쁜 일이 닥칠 것이다"
"So much the worse for you!" repeated the Cat
"너한테는 훨씬 더 나쁜 일이야!" 고양이가 되풀이했다
"Think well of it, Pinocchio," they advised him
"잘 생각해봐, 피노키오." 그들은 그에게 충고했다
"because you are giving a kick to fortune"
"당신이 행운에 킥을 주고 있기 때문에"
"a kick to fortune!" repeated the Cat
"행운을 빌었어!" 고양이가 되풀이했다
"all it would have taken would have been a day"
"하루만 있었어도 좋았을 텐데"
"by tomorrow your five coins could have multiplied"
"내일쯤이면 네 동전 다섯 개가 몇 배로 늘어날 수 있을 거야"
"your five coins could have become two thousand"
"당신의 동전 5개는 2,000개가 될 수 있습니다"
"Two thousand sovereigns!" repeated the Cat
"이천 명의 군주!" 고양이가 되풀이했다
"But how is it possible?" asked Pinocchio
"하지만 어떻게 그게 가능할까요?" 피노키오가 물었다
and he remained with his mouth open from astonishment
그는 놀라서 입을 벌리고 있었다
"I will explain it to you at once," said the Fox
"당장 설명해 주겠다." 여우가 말했다
"in the land of the Owls there is a sacred field"
"올빼미의 땅에는 신성한 밭이 있습니다"
"everybody calls it the field of miracles"
"모두가 그것을 기적의 밭이라고 부릅니다"
"In this field you must dig a little hole"
"이 밭에서는 작은 구멍을 파야 합니다"
"and you must put a gold coin into the hole"
"너는 그 구멍에 금화를 넣어야 한다"
"then you cover up the hole with a little earth"
"그런 다음 작은 흙으로 구멍을 덮으십시오"
"you must get water from the fountain nearby"
"근처 분수대에서 물을 가져와야합니다."
"you must water they hole with two pails of water"

"두 개의 물통으로 그들의 구멍에 물을 주어야 한다"
"then sprinkle the hole with two pinches of salt"
"그런 다음 소금 두 꼬집을 구멍에 뿌립니다."
"and when night comes you can go quietly to bed"
"그리고 밤이 오면 조용히 잠자리에 들 수 있습니다"
"during the night the miracle will happen"
"밤중에 기적이 일어날 것이다"
"the gold pieces you planted will grow and flower"
"당신이 심은 금 조각은 자라서 꽃을 피울 것입니다"
"and what do you think you will find in the morning?"
"그럼 아침에 뭘 찾을 수 있을 것 같아?"
"You will find a beautiful tree where you planted it"
"당신이 심은 곳에서 아름다운 나무를 찾을 것입니다"
"they tree will be laden with gold coins"
"그들의 나무에는 금화가 가득 실릴 것이다"
Pinocchio grew more and more bewildered
피노키오는 점점 더 어리둥절해졌다
"let's suppose I bury my five coins in that field"
"내가 그 밭에 동전 다섯 개를 묻었다고 가정해 봅시다."
"how many coins might I find the following morning?"
"다음 날 아침에 얼마나 많은 동전을 찾을 수 있을까요?"
"That is an exceedingly easy calculation," replied the Fox
"그건 아주 쉬운 계산이네." 여우가 대답했다
"a calculation you can make with your hands"
"손으로 할 수 있는 계산"
"Every coin will give you an increase of five-hundred"
"모든 동전은 당신에게 500의 증가를 줄 것입니다"
"multiply five hundred by five and you have your answer"
"500에 5를 곱하면 답이 나옵니다."
"you will find two-thousand-five-hundred shining gold pieces"
"너는 이천 오백 개의 빛나는 금 조각을 찾을 것이다"
"Oh! how delightful!" cried Pinocchio, dancing for joy
"아! 얼마나 즐거운가!" 피노키오가 기뻐서 춤을 추며 외쳤습니다
"I will keep two thousand for myself"
"내가 나를 위하여 이천 명을 간직하리라"

"and the other five hundred I will give you two"
"그리고 나머지 오백 명은 내가 두 개를 네게 주겠다"

"A present to us?" cried the Fox with indignation
"우리에게 주는 선물이라고?" 여우가 분개하며 소리쳤다

and he almost appeared offended at the offer
그리고 그는 그 제안에 거의 기분이 상한 것처럼 보였다

"What are you dreaming of?" asked the Fox
"무슨 꿈을 꾸고 있니?" 여우가 물었다

"What are you dreaming of?" repeated the Cat
"무슨 꿈을 꾸고 있니?" 고양이가 되물었다

"We do not work to accumulate interest"
"우리는 이자를 모으기 위해 일하지 않는다"

"we work solely to enrich others"
"우리는 오로지 다른 사람들을 부유하게 하기 위해 일한다"

"to enrich others!" repeated the Cat
"다른 사람들을 부유하게 하기 위해서요!" 고양이가 되풀이했다

"What good people!" thought Pinocchio to himself
"정말 좋은 사람들이야!" 피노키오는 속으로 생각했다

and he forgot all about his papa and the new jacket
그리고 그는 아버지와 새 재킷에 대한 모든 것을 잊어 버렸습니다

and he forgot about the spelling-book
그리고 그는 철자법을 잊어 버렸습니다

and he forgot all of his good resolutions
그리고 그는 그의 모든 좋은 결심을 잊어 버렸습니다

"Let us be off at once" he suggested
"당장 떠나자"고 그는 제안했다

"I will go with you two to the field of Owls"
"나는 너희 둘과 함께 올빼미 밭으로 가겠다"

The Inn of the Red Craw-Fish
붉은 가재의 여관

They walked, and walked, and walked
그들은 걷고, 걷고, 또 걸었다
all tired out, they finally arrived at an inn
모두 지친 그들은 마침내 여관에 도착했다
The Inn of The Red Craw-Fish
붉은 가재의 여관
"Let us stop here a little," said the Fox
"여기서 조금 멈추자." 여우가 말했다
"we should have something to eat," he added
"우리는 먹을 것이 있어야 합니다"라고 그는 덧붙였다
"we need to rest ourselves for an hour or two"
"한두 시간 쉬어야 해"
"and then we will start again at midnight"
"그리고 우리는 자정에 다시 시작할 것입니다"
"we'll arrive at the Field of Miracles in the morning"
"우리는 아침에 기적의 들판에 도착할 것입니다"
Pinocchio was also tired from all the walking
피노키오도 걷는 내내 피곤했어
so he was easily convinced to go into the inn
그래서 그는 쉽게 여관에 들어갈 수 있었다
all three of them sat down at a table
세 사람 모두 탁자에 앉았다
but none of them really had any appetite
그러나 그들 중 아무도 실제로 식욕이 없었습니다

The Cat was suffering from indigestion
고양이는 소화불량을 앓고 있었다
and she was feeling seriously indisposed
그리고 그녀는 심각하게 기분이 나빴다
she could only eat thirty-five fish with tomato sauce
그녀는 토마토 소스를 곁들인 서른다섯 마리의 생선만 먹을 수 있었다
and she had just four portions of noodles with Parmesan
그녀는 파마산 치즈를 곁들인 국수를 4인분만 먹었습니다
but she thought the noodles weres not seasoned enough
그러나 그녀는 국수가 충분히 양념되지 않았다고 생각했습니다
so she asked three times for the butter and grated cheese!
그래서 그녀는 버터와 강판 치즈를 세 번이나 요청했습니다!
The Fox could also have gone without eating
여우는 먹지 않고 갈 수도 있었다
but his doctor had ordered him a strict diet
그러나 의사는 그에게 엄격한 식단을 지시했다
so he was forced to content himself simply with a hare
그래서 그는 그저 토끼 한 마리로 만족할 수밖에 없었다
the hare was dressed with a sweet and sour sauce
토끼는 새콤달콤한 소스로 옷을 입었습니다
it was garnished lightly with fat chickens
그것은 뚱뚱한 닭으로 가볍게 장식되었습니다
then he ordered a dish of partridges and rabbits
그런 다음 그는 자고새와 토끼 요리를 주문했습니다
and he also ate some frogs, lizards and other delicacies
그리고 그는 또한 개구리, 도마뱀 및 기타 진미를 먹었습니다
he really could not eat anything else
그는 정말로 다른 어떤 것도 먹을 수 없었다
He cared very little for food, he said
그는 음식에 대해서는 거의 신경 쓰지 않았다고 말했다
and he said he struggled to put it to his lips
그리고 그는 그것을 입에 올리기 위해 애썼다고 말했다
The one who ate the least was Pinocchio
가장 적게 먹은 사람은 피노키오였습니다
He asked for some walnuts and a hunch of bread
그는 호두 몇 개와 빵 한 덩어리를 달라고 했다

and he left everything on his plate
그리고 그는 모든 것을 접시에 남겨 두었습니다
The poor boy's thoughts were not with the food
가엾은 소년의 생각은 음식에 있지 않았습니다
he continually fixed his thoughts on the Field of Miracles
그는 계속해서 기적의 분야에 대한 자신의 생각을 고정시켰다
When they had supped, the Fox spoke to the host
그들이 술을 마셨을 때, 여우는 주인에게 말했다
"Give us two good rooms, dear inn-keeper"
"좋은 방 두 개를 주세요, 여관 주인님"
"please provide us one room for Mr. Pinocchio"
"피노키오 씨를 위한 방 하나를 제공해 주세요."
"and I will share the other room with my companion"
"그리고 나는 동반자와 다른 방을 공유할 것입니다."
"We will snatch a little sleep before we leave"
"떠나기 전에 잠깐 자야겠다"
"Remember, however, that we wish to leave at midnight"
"그러나 우리는 자정에 떠나기를 원한다는 것을 기억하십시오"
"so please call us, to continue our journey"
"그러니 여행을 계속하려면 전화주세요"
"Yes, gentlemen," answered the host
"네, 신사 여러분." 주인이 대답했다
and he winked at the Fox and the Cat
그리고 그는 여우와 고양이에게 윙크를 했다
it was as if he said "I know what you are up to"
그것은 마치 그가 "나는 당신이 무엇을 하고 있는지 알고 있습니다"라고 말하는 것 같았습니다
the wink seemed to say, "we understand one another!"
그 윙크는 "우리는 서로를 이해한다"고 말하는 것 같았다.
Pinocchio was very tired from the day
피노키오는 그날 매우 피곤했습니다
he fell asleep as soon as he got into his bed
그는 침대에 들어가자마자 잠이 들었다
and as soon as he started sleeping he started to dream
그리고 잠을 자자마자 그는 꿈을 꾸기 시작했다
he dreamed that he was in the middle of a field
그는 자신이 들판 한가운데에 있는 꿈을 꾸었습니다

the field was full of shrubs as far as the eye could see
들판은 눈으로 볼 수 있는 한 관목으로 가득했다
the shrubs were covered with clusters of gold coins
관목은 금화 뭉치로 덮여 있었다
the gold coins swung in the wind and rattled
금화가 바람에 흔들리며 덜컹거렸다
and they made a sound like, "tzinn, tzinn, tzinn"
그리고 그들은 "쯧쯧, 쯧쯧, 쯧쯧" 같은 소리를 냈습니다.
they sounded as if they were speaking to Pinocchio
마치 피노키오에게 말하는 것 같았다
"Let who whoever wants to come and take us"
"누구든지 오고 싶은 사람은 우리를 데려가라"
Pinocchio was just about to stretch out his hand
피노키오는 막 손을 뻗으려고 했다
he was going to pick handfuls of those beautiful gold pieces
그는 그 아름다운 금 조각들을 한 움큼 따려고 했다
and he almost was able to put them in his pocket
그리고 그는 그것들을 거의 주머니에 넣을 수 있었습니다
but he was suddenly awakened by three knocks on the door
그러나 그는 갑자기 문을 세 번 두드리는 소리에 잠이 깼습니다
It was the host who had come to wake him up
그를 깨우러 온 것은 주인이었다
"I have come to let you know it's midnight"
"나는 너에게 지금이 자정임을 알리러 왔다"
"Are my companions ready?" asked the puppet
"동료들은 준비됐나?" 인형이 물었다
"Ready! Why, they left two hours ago"
"준비됐어! 왜냐면, 그들은 두 시간 전에 떠났어요."
"Why were they in such a hurry?"
"왜 그렇게 서두르는 걸까?"
"Because the Cat had received a message"
"고양이가 메시지를 받았기 때문에"
"she got news that her eldest kitten was ill"
"큰고양이가 아프다는 소식을 들었어요"
"Did they pay for the supper?"
"그들이 저녁 식사 비용을 지불했는가?"
"What are you thinking of?"

"무슨 생각을 하고 있니?"
"They are too well educated to dream of insulting you"
"그들은 당신을 모욕하는 꿈을 꾸기에는 너무 잘
교육받았습니다"
"a gentleman like you would not let his friends pay"
"당신 같은 신사는 친구들이 돈을 내게 하지 않을 것입니다"
"What a pity!" thought Pinocchio
"참 안타깝구나!" 피노키오는 생각했다
"such an insult would have given me much pleasure!"
"그런 모욕을 당했어도 나는 큰 기쁨을 느꼈을 거야!"
"And where did my friends say they would wait for me?"
"친구들이 어디서 나를 기다린다고 했지?"
"At the Field of Miracles, tomorrow morning at daybreak"
"기적의 밭에서, 내일 아침 동틀 녘에"
Pinocchio paid a coin for the supper of his companions
피노키오는 동료들의 저녁 식사를 위해 동전을 지불했습니다
and then he left for the field of Miracles
그런 다음 그는 기적의 현장으로 떠났습니다
Outside the inn it was almost pitch black
여관 밖은 거의 칠흑같이 어두웠다
Pinocchio could only make progress by groping his way
피노키오는 길을 더듬어야만 앞으로 나아갈 수 있었다
it was impossible to see his hand's in front of him
그의 손이 눈앞에 있는 것을 보는 것은 불가능했다
Some night-birds flew across the road
밤새 몇 마리가 길 건너편으로 날아갔다
they brushed Pinocchio's nose with their wings
그들은 날개로 피노키오의 코를 문질렀습니다
it caused him a terrible fright
그것은 그에게 끔찍한 공포를 안겨 주었다
springing back, he shouted: "who goes there?"
그는 벌떡 일어나 "누가 거기 가요?" 하고 소리쳤다.
and the echo in the hills repeated in the distance
그리고 언덕의 메아리는 멀리서 반복되었다
"Who goes there?" - "Who goes there?" - "Who goes there?"
"누가 거기 가?" - "누가 거기 가?" - "누가 거기 가?"
on the trunk of the tree he saw a little light

그는 나무 둥치에서 작은 빛을 보았다
it was a little insect he saw shining dimly
그는 희미하게 빛나는 작은 곤충을 보았다
like a night-light in a lamp of transparent china
투명한 중국의 램프에 비친 야간 조명처럼
"Who are you?" asked Pinocchio
"넌 누구냐?" 피노키오가 물었다
the insect answered in a low voice;
곤충은 낮은 목소리로 대답했다.
"I am the ghost of the talking little cricket"
"나는 말하는 작은 귀뚜라미의 유령이다"
the voice was fainter than can be described
그 목소리는 말로 표현할 수 없을 정도로 희미했다
the voice seemed to come from the other world
그 목소리는 다른 세계에서 온 것 같았다
"What do you want with me?" said the puppet
"나한테 뭘 원하니?" 인형이 말했다
"I want to give you some advice"
"몇 가지 조언을 해주고 싶습니다"
"Go back and take the four coins that you have left"
"돌아가서 남은 동전 네 닢을 가져가라"
"take your coins to your poor father"
"가난한 아버지께 동전을 가져가라"
"he is weeping and in despair at home"
"그는 집에서 울며 절망하고 있다"
"because you have not returned to him"
"너희가 그분께 돌아오지 아니하였음이니라"
but Pinocchio had already thought of this
그러나 피노키오는 이미 이것을 생각했다
"By tomorrow my papa will be a gentleman"
"내일쯤이면 아빠는 신사가 될 거야"
"these four coins will become two thousand"
"이 네 개의 동전은 이천 개가 될 것입니다"
"Don't trust those who promise to make you rich in a day"
"하루 만에 부자가 되겠다고 약속하는 사람들을 믿지 마십시오"
"Usually they are either mad or rogues!"
"보통 그들은 미쳤거나 도적들이야!"

"Give ear to me, and go back, my boy"
"내 말에 귀를 기울이고 돌아가라, 내 아들아"
"On the contrary, I am determined to go on"
"그와는 반대로, 나는 계속 가기로 결심하였습니다"
"The hour is late!" said the cricket
"시간이 늦었어!" 귀뚜라미가 말했다
"I am determined to go on"
"나는 계속 가기로 결심하였습니다"
"The night is dark!" said the cricket
"밤이 어두워요!" 귀뚜라미가 말했다
"I am determined to go on"
"나는 계속 가기로 결심하였습니다"
"The road is dangerous!" said the cricket
"길은 위험해!" 귀뚜라미가 말했다
"I am determined to go on"
"나는 계속 가기로 결심하였습니다"
"boys are bent on following their wishes"
"소년들은 자신의 소원을 따르려고 한다"
"but remember, sooner or later they repent it"
"그러나 기억하라, 조만간 그들이 그것을 회개하리라"
"Always the same stories. Good-night, little cricket"
"항상 같은 이야기입니다. 안녕히 주무세요, 꼬마 크리켓아"
The Cricket wished Pinocchio a good night too
귀뚜라미도 피노키오에게 좋은 밤을 보내길 바랐어요
"may Heaven preserve you from dangers and assassins"
"하늘이 당신을 위험과 암살자로부터 보호해 주시기를 바랍니다"
then the talking little cricket vanished suddenly
그러더니 말하는 작은 귀뚜라미가 갑자기 사라졌습니다
like a light that has been blown out
꺼진 빛처럼
and the road became darker than ever
그리고 길은 그 어느 때보다도 어두워졌다

Pinocchio Falls into the Hands of the Assassins
암살자의 손에 떨어진 피노키오

Pinocchio resumed his journey and spoke to himself
피노키오는 여행을 다시 시작하며 혼잣말을 했다
"how unfortunate we poor boys are"
"우리 불쌍한 소년들은 얼마나 불행한가"
"Everybody scolds us and gives us good advice"
"모두가 우리를 꾸짖고 좋은 조언을 해줍니다"
"but I don't choose to listen to that tiresome little cricket"
"하지만 나는 그 귀찮은 작은 귀뚜라미를 듣는 것을 선택하지 않습니다"
"who knows how many misfortunes are to happen to me!"
"내게 얼마나 많은 불행이 일어날지 누가 알겠는가!"
"I haven't even met any assassins yet!"
"난 아직 암살자를 만나본 적도 없어!"
"That is, however, of little consequence"
"그러나 그것은 별로 중요하지 않다"
"for I don't believe in assassins"
"나는 암살자의 존재를 믿지 않기 때문이다"
"I have never believed in assassins"
"나는 암살자의 존재를 결코 믿지 않는다"
"I think that assassins have been invented purposely"
"암살자는 의도적으로 발명된 것 같아요"
"papas use them to frighten little boys"
"아빠들은 어린아이들을 겁주기 위해 그것들을 사용한다"
"and then little boys are scared of going out at night"
"그리고 어린 소년들은 밤에 외출하는 것을 무서워합니다"
"Anyway, let's suppose I was to come across assassins"
"어쨌든, 내가 암살자를 만나게 된다면 어쩌겠냐."
"do you imagine they would frighten me?"
"그들이 나를 놀라게 할 거라고 생각해?"
"they would not frighten me in the least"
"그들은 나를 조금도 놀라게 하지 않을 것입니다"
"I will go to meet them and call to them"
"내가 가서 그들을 만나고 그들을 부르리라"
'Gentlemen assassins, what do you want with me?'

'암살자 여러분, 저와 함께 무엇을 원하십니까?'
'Remember that with me there is no joking'
'나에게는 농담이 없다는 것을 기억하세요'
'Therefore, go about your business and be quiet!'
'그러니 네 일을 하고 조용히 있으라!'
"At this speech they would run away like the wind"
"이 연설을 듣고 그들은 바람처럼 달아날 것이다"
"it could be that they are badly educated assassins"
"어쩌면 그들은 교육을 제대로 받지 못한 암살자들일지도 모른다"
"then the assassins might not run away"
"그러면 암살자들이 도망가지 않을지도 몰라"
"but even that isn't a great problem"
"하지만 그것조차도 큰 문제가 아닙니다."
"then I would just run away myself"
"그럼 나 혼자 도망가겠어"
"and that would be the end of that"
"그리고 그것이 끝일 것입니다"
But Pinocchio had no time to finish his reasoning
하지만 피노키오는 추리를 끝낼 시간이 없었다
he thought that he heard a slight rustle of leaves
그는 나뭇잎이 살짝 바스락거리는 소리를 들었다고 생각했다
He turned to look where the noise had come from
그는 고개를 돌려 어디서 소리가 났는지 살펴보았다
and he saw in the gloom two evil-looking black figures
그리고 그는 어둠 속에서 사악하게 생긴 두 명의 검은 형체를 보았다
they were completely enveloped in charcoal sacks
그들은 완전히 숯 자루에 싸여 있었습니다
They were running after him on their tiptoes
그들은 발끝으로 그를 뒤쫓고 있었다
and they were making great leaps like two phantoms
그리고 그들은 두 유령처럼 큰 도약을 하고 있었다
"Here they are in reality!" he said to himself
"여기 그들이 실제로 있구나!" 그는 혼잣말을 했다
he didn't have anywhere to hide his gold pieces
그는 자신의 금 조각을 숨길 곳이 없었습니다

so he put them in his mouth, under his tongue
그래서 그는 그것들을 자기 입 속에, 자기 혀 밑에 넣었다
Then he turned his attention to escaping
그런 다음 그는 탈출에 관심을 돌렸습니다
But he did not manage to get very far
그러나 그는 그리 멀리 가지 못했습니다
he felt himself seized by the arm
그는 자신의 팔에 붙잡히는 것을 느꼈다

and he heard two horrid voices threatening him
그리고 그는 자신을 위협하는 두 가지 끔찍한 목소리를 들었다
"Your money or your life!" they threatened
그들은 "돈이 아니면 목숨이 아니면 목숨을 잃을 것"이라고 위협했다
Pinocchio was not able to answer in words
피노키오는 말로 대답할 수 없었습니다
because he had put his money in his mouth
그가 돈을 입에 넣었기 때문입니다
so he made a thousand low bows
그래서 그는 천 번의 낮은 절을 했다
and he offered a thousand pantomimes
그리고 그는 천 개의 무언극을 제공했다
He tried to make the two figures understand
그는 두 인물을 이해시키려고 노력했다

he was just a poor puppet without any money
그는 돈 하나 없는 가난한 꼭두각시일 뿐이었다
he had not as much as a nickel in his pocket
그의 주머니에는 니켈 한 닢도 없었다
but the two robbers were not convinced
그러나 두 강도는 확신하지 못했다
"Less nonsense and out with the money!"
"말도 안 되는 소리는 줄이고 돈으로 나가!"
And the puppet made a gesture with his hands
그리고 꼭두각시는 손으로 손짓을 했다
he pretended to turn his pockets inside out
그는 주머니를 뒤집는 시늉을 했다
Of course Pinocchio didn't have any pockets
물론 피노키오에게는 주머니가 없었습니다
but he was trying to signify, "I have no money"
그러나 그는 "나는 돈이 없다"는 것을 나타내려고 했다
slowly the robbers were losing their patience
강도들은 서서히 인내심을 잃어가고 있었다
"Deliver up your money or you are dead," said the taller one
"돈을 내놓지 않으면 죽는다." 키가 큰 남자가 말했다
"Dead!" repeated the smaller one
"죽었어!" 작은 놈이 되풀이했다
"And then we will also kill your father!"
"그럼 우리도 네 아비지를 죽일 거야!"
"Also your father!" repeated the smaller one again
"네 아버지도!" 작은 아이가 다시 말했다
"No, no, no, not my poor papa!" cried Pinocchio in despair
"안 돼, 안 돼, 안 돼, 안 돼, 내 불쌍한 아빠!" 피노키오가 절망에 빠져 울부짖었다
and as he said it the coins clinked in his mouth
그리고 그가 그렇게 말하자 그의 입 안에서 동전들이 딸깍 소리를 냈다
"Ah! you rascal!" realized the robbers
"아! 이 나쁜 놈아!" 강도들이 깨달았다
"you have hidden your money under your tongue!"
"너는 네 돈을 네 혀 밑에 숨겼구나!"
"Spit it out at once!" he ordered him

"당장 뱉어버려!" 그가 명령했다
"spit it out," repeated the smaller one
"뱉어놔." 작은 놈이 되풀이했다
Pinocchio was obstinate to their commands
피노키오는 그들의 명령에 완고했다
"Ah! you pretend to be deaf, do you?"
"아! 귀먹은 척 하는 거지?"
"leave it to us to find a means"
"방법을 찾기 위해 우리에게 맡기십시오"
"we will find a way to make you give up your money"
"우리는 당신이 돈을 포기하게 만들 방법을 찾을 것입니다"
"We will find a way," repeated the smaller one
"우린 방법을 찾을 거야." 작은 아이가 다시 말했다
And one of them seized the puppet by his nose
그리고 그들 중 한 명이 인형의 코를 붙잡았다
and the other took him by the chin
다른 한 명은 그의 턱을 잡았다
and they began to pull brutally
그들은 잔인하게 잡아당기기 시작하였다
one pulled up and the other pulled down
하나는 위로 당기고 다른 하나는 아래로 당깁니다.
they tried to force him to open his mouth
그들은 강제로 입을 열게 하려고 했습니다
But it was all to no purpose
그러나 아무 소용이 없었다
Pinocchio's mouth seemed to be nailed together
피노키오의 입은 꽉 막힌 것 같았다
Then the shorter assassin drew out an ugly knife
그러더니 키가 작은 암살자가 흉측한 칼을 뽑았다
and he tried to put it between his lips
그리고 그는 그것을 자기 입술 사이에 넣으려고 했다
But Pinocchio, as quick as lightning, caught his hand
하지만 피노키오는 번개처럼 빠르게 그의 손을 잡았다
and he bit him with his teeth
그는 이빨로 그를 물었다
and with one bite he bit the hand clean off
그리고 한 입 베어 물고는 손을 깨끗이 물어뜯었다

but it wasn't a hand that he spat out
하지만 그가 내뱉은 것은 손이 아니었다
it was hairier than a hand, and had claws
그것은 손보다 털이 많았고, 발톱이 있었다
imagine Pinocchio's astonishment when saw a cat's paw
피노키오가 고양이의 발을 보고 얼마나 놀랐을지 상상해 보세요
or at least that's what he thought he saw
적어도 그는 자신이 보았다고 생각했다
Pinocchio was encouraged by this first victory
피노키오는 이 첫 번째 승리에 고무되었다
now he used his fingernails to break free
이제 그는 손톱으로 탈출했다
he succeeded in liberating himself from his assailants
그는 자신을 공격하는 사람들로부터 자신을 해방시키는 데 성공했습니다
he jumped over the hedge by the roadside
그는 길가에 있는 울타리를 뛰어넘었다
and began to run across the fields
그리고 들판을 가로질러 달리기 시작했다
The assassins ran after him like two dogs chasing a hare
암살자들은 토끼를 쫓는 개 두 마리처럼 그를 뒤쫓았다
and the one who had lost a paw ran on one leg
그리고 한쪽 발을 잃은 사람은 한쪽 다리로 달렸다
and no one ever knew how he managed it
그리고 아무도 그가 어떻게 그것을 관리했는지 알지 못했습니다
After a race of some miles Pinocchio could run no more
몇 킬로미터의 경주 후에 피노키오는 더 이상 달릴 수 없었습니다
he thought his situation was lost
그는 자신의 상황이 길을 잃었다고 생각했다
he climbed the trunk of a very high pine tree
그는 매우 높은 소나무의 줄기를 기어올랐다
and he seated himself in the topmost branches
그리고 그는 가장 높은 나뭇가지에 앉았다
The assassins attempted to climb after him
암살자들은 그의 뒤를 쫓으려 했다
when they reached half-way up the tree they slid down again

나무 위로 반쯤 올라갔을 때, 그들은 다시 미끄러져 내려왔다
and they arrived on the ground with their skin grazed
그리고 그들은 살갗을 스친 채 땅에 도착했다
But they didn't give up so easily
하지만 그들은 쉽게 포기하지 않았습니다
they piled up some dry wood beneath the pine
그들은 소나무 아래에 마른 나무를 쌓아 놓았다
and then they set fire to the wood
그리고 그들은 나무에 불을 질렀습니다
very quickly the pine began to burn higher
순식간에 소나무는 더 높이 타오르기 시작했다
like a candle blown by the wind
바람에 날리는 촛불처럼
Pinocchio saw the flames rising higher and higher
피노키오는 불길이 점점 더 높이 치솟는 것을 보았다
he did not wish to end his life like a roasted pigeon
그는 불에 구운 비둘기처럼 목숨을 끊고 싶지 않았다
so he made a stupendous leap from the top of the tree
그래서 그는 나무 꼭대기에서 엄청나게 뛰어내렸습니다
and he ran across the fields and vineyards
그는 들판과 포도원을 가로질러 달렸다
The assassins followed him again
암살자들은 다시 그를 뒤쫓았다
and they kept behind him without giving up
그들은 포기하지 않고 그의 뒤를 따랐다
The day began to break and they were still pursuing him
날이 밝아오기 시작했고 그들은 여전히 그를 쫓고 있었다
Suddenly Pinocchio found his way barred by a ditch
갑자기 피노키오는 도랑으로 길이 막혀 있는 것을 발견했습니다
it was full of stagnant water the colour of coffee
그것은 커피 색의 고인 물로 가득 차 있었습니다
What was our Pinocchio to do now?
우리의 피노키오는 이제 무엇을 해야 할까요?
"One! two! three!" cried the puppet
"하나! 2! 셋!" 꼭두각시가 소리쳤다
making a rush, he sprang to the other side
그는 서둘러 반대편으로 뛰어갔다

The assassins also tried to jump over the ditch
암살자들은 또한 도랑을 뛰어넘으려고 했습니다
but they had not measured the distance
그러나 그들은 거리를 측정하지 않았다
splish splash! they fell into the middle of the ditch
스피시 스플래쉬! 그들은 도랑 한가운데로 떨어졌습니다

Pinocchio heard the plunge and the splashing
피노키오는 뛰어들고 물이 튀는 소리를 들었습니다
"A fine bath to you, gentleman assassins"
"신사 암살자들이여, 당신에게 훌륭한 목욕을"
And he felt convinced that they were drowned
그리고 그는 그들이 물에 빠져 죽었다고 확신했다
but it's good that Pinocchio did look behind him
하지만 피노키오가 뒤를 돌아본 것은 좋은 일이다
because his two assassins had not drowned
그의 두 암살자가 익사하지 않았기 때문입니다
the two assassins had got out the water again

두 암살자는 다시 물 밖으로 나왔다
and they were both still running after him
그리고 그들은 둘 다 여전히 그를 뒤쫓고 있었다
they were still enveloped in their sacks
그들은 여전히 자루에 싸여 있었다
and the water was dripping from them
그리고 그들에게서 물이 뚝뚝 떨어지고 있었다
as if they had been two hollow baskets
마치 두 개의 속이 빈 바구니인 것처럼

The Assassins Hang Pinocchio to the Big Oak Tree
암살자들은 피노키오를 큰 떡갈나무에 매달아 놓는다

At this sight, the puppet's courage failed him
이 광경을 본 꼭두각시의 용기는 꺾이고 말았다
he was on the point of throwing himself on the ground
그는 땅바닥에 몸을 던질 지경에 이르렀다
and he wanted to give himself over for lost
그리고 그는 잃어버린 자신을 위해 자신을 내어주고 싶었습니다
he turned his eyes in every direction
그는 눈을 사방으로 돌렸다
he saw a small house as white as snow
그는 눈처럼 하얗게 된 작은 집을 보았다
"If only I had breath to reach that house"
"그 집에 닿을 수 있는 숨이 있었더라면"
"perhaps then I might be saved"
"어쩌면 그때 나는 구원받을 수 있을지도 몰라"
without delaying an instant he recommenced running
그는 한 순간도 지체하지 않고 다시 달리기 시작했다
poor little Pinocchio was running for his life
가엾은 꼬마 피노키오는 목숨을 걸고 달리고 있었다
he ran through the wood with the assassins after him
그는 암살자들과 함께 숲 속을 달렸다
there was a desperate race of nearly two hours
거의 두 시간에 걸친 필사적인 경주가 있었습니다
and finally he arrived quite breathless at the door

그리고 마침내 그는 숨을 죽이고 문 앞에 도착했습니다
he desperately knocked on the door of the house
그는 필사적으로 그 집의 문을 두드렸습니다
but no one answered Pinocchio's knock
그러나 피노키오의 노크에 아무도 대답하지 않았다
He knocked at the door again with great violence
그는 다시 큰 소리로 문을 두드렸다
because he heard the sound of steps approaching him
그에게 다가오는 발걸음 소리를 들었기 때문입니다
and he heard the the heavy panting of his persecutors
그리고 그는 자기를 박해하는 자들이 심하게 헐떡이는 소리를 들었다
there was the same silence as before
전과 같은 침묵이 흘렀다
he saw that knocking was useless
그는 문을 두드리는 것이 아무 소용이 없다는 것을 알았다
so he began in desperation to kick and pommel the door
그래서 그는 필사적으로 문을 발로 차고 쿵쿵 두드리기 시작했습니다
The window next to the door then opened
그때 문 옆의 창문이 열렸다
and a beautiful Child appeared at the window
그리고 예쁜 아이가 창가에 나타났다
the beautiful child had blue hair
예쁜 아이는 파란 머리를 하고 있었다
and her face was as white as a waxen image
그녀의 얼굴은 밀랍 조각상처럼 하얗게 질려 있었다
her eyes were closed as if she was asleep
그녀의 눈은 잠든 것처럼 감겨 있었다
and her hands were crossed on her breast
그리고 그녀의 가슴에 손을 얹었다
Without moving her lips in the least, she spoke
그녀는 입술을 조금도 움직이지 않고 말했다
"In this house there is no one, they are all dead"
"이 집에는 아무도 없고 모두 죽었어"
and her voice seemed to come from the other world
그녀의 목소리는 다른 세계에서 온 것 같았다
but Pinocchio shouted and cried and implored

그러나 피노키오는 소리치고 울고 애원했다
"Then at least open the door for me"
"그럼 적어도 나를 위해 문을 열어줘"
"I am also dead," said the waxen image
"나도 죽었어." 밀랍 이미지가 말했다
"Then what are you doing there at the window?"
"그럼 창가에서 뭐 하고 계세요?"
"I am waiting to be taken away"
"나는 빼앗기만을 기다리고 있습니다"
Having said this she immediately disappeared
이렇게 말하고 그녀는 즉시 사라졌다
and the window was closed again without the slightest noise
창문은 조금의 소리도 없이 다시 닫혔습니다
"Oh! beautiful Child with blue hair," cried Pinocchio"
"아! 파란 머리를 가진 아름다운 아이"라고 피노키오가 외쳤다.
"open the door, for pity's sake!"
"문을 열어라, 불쌍히 여겨라!"
"Have compassion on a poor boy pursued..."
"쫓기는 불쌍한 소년을 불쌍히 여기십시오..."
But he could not finish the sentence
그러나 그는 문장을 끝맺을 수 없었다
because he felt himself seized by the collar
옷깃에 붙잡힌 것 같았기 때문이다
the same two horrible voices said to him threateningly:
똑같은 두 가지 끔찍한 목소리가 그에게 위협적으로 말했다.
"You shall not escape from us again!"
"다시는 우리에게서 도망칠 수 없다!"
"You shall not escape," panted the little assassin
"넌 도망쳐서는 안 된다." 꼬마 암살자가 헐떡였다
The puppet saw death was staring him in the face
죽음을 본 인형은 그의 얼굴을 빤히 쳐다보고 있었다
he was taken with a violent fit of trembling
그는 격렬한 떨림으로 끌려갔다
the joints of his wooden legs began to creak
나무로 된 다리의 관절이 삐걱거리기 시작했다
and the coins hidden under his tongue began to clink
그러자 그의 혀 밑에 숨겨져 있던 동전들이 딸깍거리기

시작했다

"will you open your mouth—yes or no?" demanded the assassins
"입을 열 것인가, 그렇다, 아니다할 것인가?" 암살자들이 물었다

"Ah! no answer? Leave it to us"
"아! 답이 없습니까? 우리에게 맡겨주세요"

"this time we will force you to open it!"
"이번에는 억지로 열어 버립니다!"

"we will force you," repeated the second assassin
"우리가 너를 강요할 것이다." 두 번째 암살자가 되풀이했다

And they drew out two long, horrid knives
그리고 그들은 길고 무서운 칼 두 자루를 뽑았다

and the knifes were as sharp as razors
칼은 면도날처럼 날카로웠다

they attempted to stab him twice
그들은 그를 두 번이나 찌르려고 했다

but the puppet was lucky in one regard
하지만 꼭두각시는 한 가지 면에서 운이 좋았다

he had been made from very hard wood
그는 매우 단단한 나무로 만들어졌다

the knives broke into a thousand pieces
칼은 수천 조각으로 부서졌다

and the assassins were left with just the handles
그리고 암살자들은 손잡이만 남았습니다

for a moment they could only stare at each other
잠시 동안 그들은 서로를 바라볼 수밖에 없었다

"I see what we must do," said one of them
"우리가 뭘 해야 하는지 알겠어." 그들 중 한 명이 말했다

"He must be hung! Let us hang him!"
"그는 교수형에 처해져야 한다! 그를 교수형에 처하자!"

"Let us hang him!" repeated the other
"그를 교수형에 처하자!" 다른 쪽이 되풀이했다

Without loss of time they tied his arms behind him
그들은 시간을 지체하지 않고 그의 팔을 뒤로 묶었다

and they passed a running noose round his throat
그리고 그들은 그의 목에 올가미를 걸었다

and they hung him to the branch of the Big Oak

그들은 그를 떡갈나무의 가지에 매달아 놓았다
They then sat down on the grass watching Pinocchio
그런 다음 그들은 풀밭에 앉아서 피노키오를 보았습니다
and they waited for his struggle to end
그리고 그들은 그의 투쟁이 끝나기를 기다렸다
but three hours had already passed
그러나 벌써 세 시간이 지났다
the puppet's eyes were still open
인형의 눈은 여전히 뜨고 있었다
his mouth was closed just as before
그의 입은 전과 마찬가지로 닫혀 있었다
and he was kicking more than ever
그리고 그는 그 어느 때보다 더 많이 차고 있었다
they had finally lost their patience with him
그들은 마침내 그에 대한 인내심을 잃었다
they turned to Pinocchio and spoke in a bantering tone
그들은 피노키오를 돌아보며 농담조로 말했다
"Good-bye Pinocchio, see you again tomorrow"
"안녕 피노키오, 내일 다시 만나요"
"hopefully you'll be kind enough to be dead"
"바라건대 당신은 죽을 수 있을 만큼 친절할 것입니다"
"and hopefully you will have your mouth wide open"
"그리고 바라건대 당신은 입을 크게 벌리게 될 것입니다"
And they walked off in a different direction
그리고 그들은 다른 방향으로 걸어갔다
In the meantime a northerly wind began to blow and roar
그러는 동안 북풍이 불기 시작하더니 포효하기 시작했다
and the wind beat the poor puppet from side to side
그리고 바람은 불쌍한 인형을 좌우로 때렸다

the wind made him swing about violently
바람은 그를 격렬하게 흔들었다
like the clatter of a bell ringing for a wedding
결혼식을 위해 울리는 종소리처럼
And the swinging gave him atrocious spasms
그리고 휘두르는 것은 그에게 끔찍한 경련을 일으켰다
and the noose became tighter and tighter around his throat
그리고 올가미는 그의 목을 점점 더 조여왔다
and finally it took away his breath
그리고 마침내 그것은 그의 숨을 멎게 했다
Little by little his eyes began to grow dim
조금씩 눈이 어두워지기 시작했다
he felt that death was near
그는 죽음이 가까웠다고 느꼈다
but Pinocchio never gave up hope
그러나 피노키오는 결코 희망을 버리지 않았습니다
"perhaps some charitable person will come to my assistance"
"어쩌면 어떤 자선가가 나를 도와주러 올지도 몰라"
But he waited and waited and waited

그러나 그는 기다리고, 기다리고, 또 기다렸다
and in the end no one came, absolutely no one
그리고 결국 아무도 오지 않았습니다.
then he remembered his poor father
그때 그는 가난한 아버지를 떠올렸다
thinking he was dying, he stammered out
그는 자신이 죽어가고 있다고 생각하고는 더듬거리며 말을 꺼냈다
"Oh, papa! papa! if only you were here!"
"오, 아빠! 아빠! 너만 여기 있었더라면!"
His breath failed him and he could say no more
숨이 턱턱 막혔고, 더 이상 아무 말도 할 수 없었다
He shut his eyes and opened his mouth
그는 눈을 감고 입을 열었다 했다
and he stretched out his arms and legs
그리고 그는 팔과 다리를 뻗었다
he gave one final long shudder
그는 마지막으로 긴 몸서리를 쳤다
and then he hung stiff and insensible
그리고는 뻣뻣하고 무감각하게 매달렸다

The Beautiful Child Rescues the Puppet
예쁜 아이가 꼭두각시를 구한다

poor Pinocchio was still suspended from the Big Oak tree
불쌍한 피노키오는 여전히 큰 떡갈나무에 매달려 있었습니다
but apparently Pinocchio was more dead than alive
그러나 분명히 피노키오는 산 것보다 죽은 것이 더 많았습니다
the beautiful Child with blue hair came to the window again
파란 머리의 예쁜 아이가 다시 창가로 왔다
she saw the unhappy puppet hanging by his throat
그녀는 불행한 인형이 그의 목에 매달려 있는 것을 보았다
she saw him dancing up and down in the gusts of the wind
그녀는 그가 돌풍을 타고 오르락내리락하는 것을 보았다
and she was moved by compassion for him
그리고 그 여자는 남편에 대한 동정심으로 감동을 받았습니다

the beautiful child struck her hands together
예쁜 아이는 두 손을 모으고
and she gave three little claps
그리고 그녀는 세 번의 작은 박수를 쳤다
there came a sound of wings flying rapidly
날갯짓하는 소리가 들렸다
a large Falcon flew on to the window-sill
커다란 매 한 마리가 창틀로 날아갔다

"What are your orders, gracious Fairy?" he asked
"당신의 명령은 무엇입니까, 자비로운 요정이여?" 그가 물었다
and he inclined his beak in sign of reverence
그리고 그는 경건의 표시로 부리를 기울였다
"Do you see that puppet dangling from the Big Oak tree?"
"저 인형이 떡갈나무에 매달려 있는 거 보이나?"
"I see him," confirmed the falcon
"그놈이 보여." 매가 확인했다
"Fly over to him at once," she ordered him
"당장 그에게로 날아가라." 그녀가 그에게 명령했다
"use your strong beak to break the knot"
"너의 강한 부리로 매듭을 끊어라"
"lay him gently on the grass at the foot of the tree"
"그를 나무 밑 풀밭에 부드럽게 눕혀라"

The Falcon flew away to carry out his orders
팔콘은 그의 명령을 수행하기 위해 날아갔다
and after two minutes he returned to the child
그리고 2분 후에 그는 다시 아이에게 돌아왔다
"I have done as you commanded"
"나는 당신이 명령하신 대로 행하였습니다"
"And how did you find him?"
"어떻게 그를 찾았습니까?"
"when I first saw him he appeared dead"
"내가 그를 처음 보았을 때, 그는 죽은 것처럼 보였다"
"but he couldn't really have been entirely dead"
"하지만 완전히 죽었을 리가 없잖아요"
"I loosened the noose around his throat"
"나는 그의 목에 감긴 올가미를 풀어 주었다"
"and then he gave soft a sigh"
"그러고 나서 그는 부드러운 한숨을 내쉬었다"
"he muttered to me in a faint voice"
"그는 희미한 목소리로 내게 중얼거렸다"
"'Now I feel better!' he said"
'이제 기분이 좋아졌어요!' 하고 그는 말하였습니다"
The Fairy then struck her hands together twice
그러자 요정은 두 손을 맞잡았다
as soon as she did this a magnificent Poodle appeared
그녀가 이것을 하자마자 웅장한 푸들이 나타났다
the poodle walked upright on his hind legs
푸들은 뒷다리로 똑바로 걸었습니다
it was exactly as if he had been a man
마치 남자가 된 것 같았다
He was in the full-dress livery of a coachman
그는 마부의 정장 차림이었다
On his head he had a three-cornered cap braided with gold
그의 머리에는 금으로 끈 세 귀퉁이가 있는 모자를 쓰고 있었다
his curly white wig came down on to his shoulders
곱슬곱슬한 흰 가발이 어깨까지 내려왔다
he had a chocolate-collared waistcoat with diamond buttons
그는 다이아몬드 단추가 달린 초콜릿 칼라 양복 조끼를 입고 있었습니다

and he had two large pockets to contain bones
그리고 그는 뼈를 담을 수 있는 두 개의 큰 주머니를 가지고 있었다

the bones that his mistress gave him at dinner
그의 여주인이 저녁 식사에서 그에게 준 뼈

he also had a pair of short crimson velvet breeches
그는 또한 짧은 진홍색 벨벳 바지 한 켤레를 가지고 있었습니다

and he wore some silk stockings
그리고 그는 실크 스타킹을 신었다

and he wore smart Italian leather shoes
그리고 그는 똑똑한 이탈리아 가죽 신발을 신었습니다

hanging behind him was a species of umbrella case
그의 뒤에는 우산 케이스가 걸려 있었다

the umbrella case was made of blue satin
우산 케이스는 블루 새틴으로 만들어졌습니다

he put his tail into it when the weather was rainy
그는 비가 오는 날씨에 꼬리를 넣었습니다

"Be quick, Medoro, like a good dog!"
"빨리 해, 메도로, 착한 개처럼!"

and the fairy gave her poodle the commands
그리고 요정은 푸들에게 명령을 내렸다

"get the most beautiful carriage harnessed"
"가장 아름다운 마차 하네스를 얻으십시오"

"and have the carriage waiting in my coach-house"
"그리고 마차를 내 마차 집에서 기다리게 하십시오"

"and go along the road to the forest"
"숲으로 가는 길을 따라"

"When you come to the Big Oak tree you will find a poor puppet"
"빅.오크 나무에 오면 불쌍한 꼭두각시를 찾을 수 있습니다."

"he will be stretched on the grass half dead"
"그는 반쯤 죽은 채로 풀밭에 뻗어 있을 것이다"

"you will have to pick him up gently"
"당신은 그를 부드럽게 데리러 가야 할 것입니다"

"lay him flat on the cushions of the carriage"
"그를 마차의 방석에 평평하게 눕혀라"

"when you have done this bring him here to me"

"네가 이 일을 한 후에 그를 내게로 데려오라"
"Do you understand?" she asked one last time
"이해하니?" 그녀가 마지막으로 물었다
The Poodle showed that he had understood
푸들은 그가 이해했다는 것을 보여주었다
he shook the case of blue satin three or four times
그는 블루 새틴 케이스를 서너 번 흔들었다
and then he ran off like a race-horse
그러고는 경주마처럼 달아났다
soon a beautiful carriage came out of the coach-house
이윽고 아름다운 마차 한 대가 마차에서 나왔다
The cushions were stuffed with canary feathers
방석은 카나리아 깃털로 채워져 있었다
the carriage was lined on the inside with whipped cream
마차 안쪽에는 휘핑크림이 깔려 있었습니다
and custard and vanilla wafers made the seating
그리고 커스터드와 바닐라 웨이퍼가 좌석을 만들었습니다
The little carriage was drawn by a hundred white mice
그 작은 마차는 백 마리의 흰 쥐가 끌었다
and the Poodle was seated on the coach-box
푸들은 코치 박스에 앉아있었습니다
he cracked his whip from side to side
그는 채찍을 좌우로 휘둘렀다
like a driver when he is afraid that he is behind time
시간에 뒤처져 있다는 두려움에 떨 때 운전자처럼
less than a quarter of an hour passed
한 시간 반도 채 지나지 않았다
and the carriage returned to the house
그리고 마차는 집으로 돌아왔다
The Fairy was waiting at the door of the house
요정은 집 문 앞에서 기다리고 있었습니다
she took the poor puppet in her arms
그녀는 그 불쌍한 인형을 품에 안았다
and she carried him into a little room
그리고 그녀는 그를 작은 방으로 데리고 갔다
the room was wainscoted with mother-of-pearl
방은 진주로 웨인스코팅되어 있었습니다
she called for the most famous doctors in the neighbourhood

그녀는 이웃에서 가장 유명한 의사들을 불렀다
They came immediately, one after the other
그들은 즉시 차례차례 왔습니다
a Crow, an Owl, and a talking little cricket
까마귀, 올빼미, 그리고 말하는 작은 귀뚜라미
"I wish to know something from you, gentlemen," said the Fairy
"여러분, 여러분께 알고 싶은 것이 있습니다." 요정이 말했다
"is this unfortunate puppet alive or dead?"
"이 불행한 꼭두각시는 살았을까, 죽었을까?"
the Crow started by feeling Pinocchio's pulse
까마귀는 피노키오의 맥박을 느끼면서 시작되었습니다
he then felt his nose and his little toe
그런 다음 그는 코와 새끼 발가락을 만져보았습니다
he carefully made his diagnosis of the puppet
그는 꼭두각시에 대한 진단을 조심스럽게 내렸다
and then he solemnly pronounced the following words:
그러고 나서 그는 엄숙하게 다음과 같은 말을 하였다:
"To my belief the puppet is already dead"
"내 생각에는 꼭두각시는 이미 죽었다"
"but there is always the chance he's still alive"
"하지만 그가 아직 살아 있을 가능성은 항상 있습니다."
"I regret," said the Owl, "to contradict the Crow"
"후회하네," 올빼미가 말했다, "까마귀의 말에 반박하다니"
"my illustrious friend and colleague"
"나의 저명한 친구이자 동료"
"in my opinion the puppet is still alive"
"내 생각에는 꼭두각시가 아직 살아 있다"
"but there's always a chance he's already dead"
"하지만 그가 이미 죽었을 가능성은 항상 있습니다."
lastly the Fairy asked the talking little Cricket
마지막으로 요정은 말하는 작은 귀뚜라미에게 물었습니다
"And you, have you nothing to say?"
"그럼 너, 할 말이 없니?"
"doctors are not always called upon to speak"
"의사들이 항상 말하도록 요청받는 것은 아니다"
"sometimes the wisest thing is to be silent"

"때때로 가장 지혜로운 일은 침묵하는 것이다"
"but let me tell you what I know"
"하지만 내가 아는 것을 말해 주마"
"that puppet has a face that is not new to me"
"그 꼭두각시는 나에게 새롭지 않은 얼굴을 가지고 있습니다"
"I have known him for some time!"
"나는 그를 꽤 오래 전부터 알고 지냈어!"
Pinocchio had lain immovable up to that moment
피노키오는 그 순간까지 꼼짝도 하지 않고 누워 있었다
he was just like a real piece of wood
그는 진짜 나무 조각과 같았습니다
but then he was seized with a fit of convulsive trembling
그러나 그때 그는 경련을 일으키는 떨림에 사로잡혔다
and the whole bed shook from his shaking
그의 흔들림으로 침대 전체가 흔들렸다
the talking little Cricket continued talking
말하는 작은 귀뚜라미는 계속 이야기했습니다
"That puppet there is a confirmed rogue"
"저기 있는 그 꼭두각시는, 확인된 도적이야"
Pinocchio opened his eyes, but shut them again immediately
피노키오는 눈을 떴지만 곧 다시 눈을 감았다
"He is a good for nothing ragamuffin vagabond"
"그는 아무것도 쓸모가 없다 라가머핀 방랑자"
Pinocchio hid his face beneath the clothes
피노키오는 옷 아래로 얼굴을 숨겼다
"That puppet there is a disobedient son"
"저기 있는 꼭두각시에는 불순종하는 아들이 있다"
"he will make his poor father die of a broken heart!"
"그는 그의 불쌍한 아버지를 실연으로 죽게 할 것이다!"
At that instant everyone could hear something
그 순간 모든 사람이 뭔가를 들을 수 있었다
suffocated sound of sobs and crying was heard
숨이 막혀 흐느끼는 소리와 울부짖는 소리가 들렸다
the doctors raised the sheets a little
의사들은 시트를 조금 들어 올렸다
Imagine their astonishment when they saw Pinocchio
그들이 피노키오를 보았을 때 얼마나 놀랐을지 상상해 보십시오

the crow was the first to give his medical opinion
까마귀는 가장 먼저 의학적 소견을 제시했습니다
"When a dead person cries he's on the road to recovery"
"죽은 사람이 울면 그는 회복의 길에 있는 것입니다"
but the owl was of a different medical opinion
그러나 올빼미의 의학적 소견은 달랐다
"I grieve to contradict my illustrious friend"
"나는 나의 저명한 친구의 말을 반박하게 되어 슬픕니다"
"when the dead person cries it means he's is sorry to die"
"죽은 사람이 울면 죽는 것이 슬프다는 뜻이다"

Pinocchio Refuses to Take his Medicine
약을 먹기를 거부하는 피노키오

The doctors had done all that they could
의사들은 할 수 있는 모든 것을 다했다
so they left Pinocchio with the fairy
그래서 그들은 요정과 함께 피노키오를 떠났습니다
the Fairy touched Pinocchio's forehead
요정은 피노키오의 이마를 만졌어요
she could tell that he had a high fever
그녀는 그가 고열이 있다는 것을 알 수 있었다
the Fairy knew exactly what to give Pinocchio
요정은 피노키오에게 무엇을 주어야 할지 정확히 알고 있었습니다
she dissolved a white powder in some water
그녀는 하얀 가루를 약간의 물에 녹였습니다
and she offered Pinocchio the tumbler of water
그리고 그녀는 피노키오에게 물이 담긴 텀블러를 주었다
and she reassured him that everything would fine
그리고 그녀는 모든 것이 잘 될 것이라고 그를 안심시켰습니다
"Drink it and in a few days you will be cured"
"그것을 마시면 며칠 안에 치료될 것입니다"
Pinocchio looked at the tumbler of medicine
피노키오는 약이 담긴 텀블러를 바라보았다
and he made a wry face at the medicine

그리고 그는 약을 보며 씁쓸한 표정을 지었다
"Is it sweet or bitter?" he asked plaintively
"단맛이냐, 쓴맛이냐?" 그가 무뚝뚝하게 물었다
"It is bitter, but it will do you good"
"그것은 쓰라리나 너희에게 유익을 주리라"
"If it is bitter, I will not drink it"
"쓴 것이 있으면 마시지 않겠다"
"Listen to me," said the Fairy, "drink it"
"내 말을 들어," 요정이 말했다, "마셔라"
"I don't like anything bitter," he objected
"나는 쓴 것을 좋아하지 않는다"고 그는 이의를 제기했다
"I will give you a lump of sugar"
"설탕 한 덩어리를 줄게"
"it will take away the bitter taste"
"쓴 맛이 사라질 것이다"
"but first you have to drink your medicine"
"하지만 먼저 약을 마셔야 합니다"
"Where is the lump of sugar?" asked Pinocchio
"설탕 덩어리는 어디에 있습니까?" 피노키오가 물었습니다
"Here is the lump of sugar," said the Fairy
"여기 설탕 덩어리가 있어." 요정이 말했다
and she took out a piece from a gold sugar-basin
그리고 그녀는 황금 설탕 대야에서 한 조각을 꺼냈다
"please give me the lump of sugar first"
"먼저 설탕 덩어리를 주세요"
"and then I will drink that bad bitter water"
"그 때에 내가 그 나쁜 쓴 물을 마시리라"
"Do you promise me?" she asked Pinocchio
"나한테 약속해?" 그녀가 피노키오에게 물었다
"Yes, I promise," answered Pinocchio
"네, 약속할게요." 피노키오가 대답했다
so the Fairy gave Pinocchio the piece of sugar
그래서 요정은 피노키오에게 설탕 조각을 주었습니다
and Pinocchio crunched up the sugar and swallowed it
그리고 피노키오는 설탕을 씹어 삼켰습니다
he licked his lips and enjoyed the taste
그는 입술을 핥고 그 맛을 즐겼다

"It would be a fine thing if sugar were medicine!"
"설탕이 약이라면 좋겠어!"

"then I would take medicine every day"
"그럼 매일 약을 먹겠어"

the Fairy had not forgotten Pinocchio's promise
요정은 피노키오의 약속을 잊지 않았다

"keep your promise and drink this medicine"
"약속을 지키고 이 약을 마셔라"

"it will restore you back to health"
"그것은 당신이 건강을 회복해 줄 것입니다"

Pinocchio took the tumbler unwillingly
피노키오는 마지못해 텀블러를 가져갔다

he put the point of his nose to the tumbler
그는 코끝을 텀블러에 갖다 댔다

and he lowered the tumbler to his lips
그리고 그는 텀블러를 입술에 가져다 댔다

and then again he put his nose to it
그리고 다시 그는 그것에 코를 갖다 댔습니다

and at last he said, "It is too bitter!"
마침내 그는 "너무 씁쓸하다!" 하고 말하였다.

"I cannot drink anything so bitter"
"그렇게 쓴 것은 마실 수 없다"

"you don't know yet if you can't," said the Fairy
"할 수 없을지 아직 모르잖아." 요정이 말했다

"you have not even tasted it yet"
"너는 아직 그것을 맛보지도 못했어"

"I can imagine how it's going to taste!"
"어떤 맛일지 상상할 수 있어요!"

"I know it from the smell," objected Pinocchio
"냄새로 알아요." 피노키오가 이의를 제기했다

"first I want another lump of sugar please"
"먼저 설탕 한 덩어리를 더 주세요"

"and then I promise that will drink it!"
"그리고 나서 나는 그것이 그것을 마실 것이라고 약속한다!"

The Fairy had all the patience of a good mamma
요정은 착한 엄마의 모든 인내심을 가지고 있었습니다

and she put another lump of sugar in his mouth

그리고 그녀는 또 다른 설탕 덩어리를 그의 입에 넣었다
and again, she presented the tumbler to him
그리고 다시 그녀는 그에게 텀블러를 선물했다
"I still cannot drink it!" said the puppet
"아직도 못 마셔!" 꼭두각시가 말했다
and Pinocchio made a thousand grimaced faces
그리고 피노키오는 수천 개의 찡그린 얼굴을 만들었다
"Why can't you drink it?" asked the fairy
"왜 마실 수 없니?" 요정이 물었다
"Because that pillow on my feet bothers me"
"내 발에 베개가 나를 괴롭히기 때문에"
The Fairy removed the pillow from his feet
요정은 발에서 베개를 벗겼다
Pinocchio excused himself again
피노키오는 다시 변명했다
"I've tried my best but it doesn't help me"
"최선을 다했지만 도움이 되지 않아요"
"Even without the pillow I cannot drink it"
"베개가 없어도 마실 수 없다"
"What is the matter now?" asked the fairy
"무슨 일이야?" 요정이 물었다
"The door of the room is half open"
"방의 문이 반쯤 열려 있습니다"
"it bothers me when doors are half open"
"문이 반쯤 열려 있으면 신경이 쓰입니다"
The Fairy went and closed the door for Pinocchio
요정은 피노키오를 위해 가서 문을 닫았습니다
but this didn't help, and he burst into tears
하지만 소용이 없었고, 그는 울음을 터뜨렸다
"I will not drink that bitter water—no, no, no!"
"나는 그 쓴 물을 마시지 않을 것이다—안 돼, 안 돼, 안 돼!"
"My boy, you will repent it if you don't"
"얘야, 그렇게 하지 않으면 회개할 것이다"
"I don't care if I will repent it," he replied
"제가 회개할지 말지는 상관없습니다." 그가 대답했다
"Your illness is serious," warned the Fairy
"너의 병은 심각하다." 요정이 경고했다

"I don't care if my illness is serious"
"내 병이 심각해도 상관없어"
"The fever will carry you into the other world"
"열병은 너를 다른 세상으로 데려갈 것이다"
"then let the fever carry me into the other world"
"그럼 열병이 나를 다른 세상으로 데려가게 해줘"
"Are you not afraid of death?"
"너는 죽음이 두렵지 않느냐?"
"I am not in the least afraid of death!"
"나는 죽음이 조금도 두렵지 않다!"
"I would rather die than drink bitter medicine"
"쓴 약을 마시느니 차라리 죽겠다"
At that moment the door of the room flew open
그 순간 방의 문이 활짝 열렸다
four rabbits as black as ink entered the room
잉크처럼 새까맣게 변한 토끼 네 마리가 방으로 들어왔다
on their shoulders they carried a little bier
그들은 어깨에 작은 바이어를 짊어지고 있었다

"What do you want with me?" cried Pinocchio
"나한테 뭘 원하니?" 피노키오가 소리쳤다
and he sat up in bed in a great fright
그는 몹시 무서워하며 침대에서 일어나 주저앉았다

"We have come to take you," said the biggest rabbit
"우리는 너를 데려가러 왔어." 가장 큰 토끼가 말했다
"you cannot take me yet; I am not dead"
"너는 아직 나를 데려갈 수 없다. 나는 죽지 않았다"
"where are you planning to take me to?"
"나를 어디로 데려갈 계획이야?"
"No, you are not dead yet," confirmed the rabbit
"아니야, 넌 아직 죽지 않았어." 토끼가 말했다
"but you have only a few minutes left to live"
"하지만 살 날이 몇 분밖에 남지 않았어"
"because you refused the bitter medicine"
"네가 쓴 약을 거절했기 때문에"
"the bitter medicine would have cured your fever"
"쓴 약이 너의 열을 치료했을 것이다"
"Oh, Fairy, Fairy!" the puppet began to scream
"오, 요정, 요정!" 인형이 비명을 지르기 시작했다
"give me the tumbler at once," he begged
"당장 텀블러를 주세요." 그는 애원했다
"be quick, for pity's sake, I do not want die"
"빨리, 불쌍히 여기소서, 나는 죽고 싶지 않습니다"
"no, I will not die today"
"아니, 나는 오늘 죽지 않을 거야"
Pinocchio took the tumbler with both hands
피노키오는 텀블러를 두 손으로 잡았다

and he emptied the water one one big gulp
그리고 그는 물을 한 모금 크게 비웠다
"We must have patience!" said the rabbits
"인내심을 가져야 해!" 토끼들이 말했어요
"this time we have made our journey in vain"
"이번에 우리는 헛된 여행을 하였도다"
they took the little bier on their shoulders again
그들은 다시 작은 바이어를 어깨에 메었다
and they left the room back to where they came from
그리고 그들은 그 방을 떠나 그들이 왔던 곳으로 돌아갔다
and they grumbled and murmured between their teeth
그들은 이를 악물고 투덜거렸다
Pinocchio's recovery did not take long at all
피노키오의 회복은 전혀 오래 걸리지 않았습니다
a few minutes later he jumped down from the bed
몇 분 후 그는 침대에서 뛰어내렸다
wooden puppets have a special privilege
나무 인형에는 특별한 특권이 있습니다
they seldom get seriously ill like us
그들은 우리처럼 심하게 아픈 경우가 거의 없습니다
and they are lucky to be cured very quickly
그리고 그들은 매우 빨리 치료되는 행운을 누리고 있습니다
"has my medicine done you good?" asked the fairy
"내 약이 너에게 좋은 약을 주었니?" 요정이 물었다
"your medicine has done me more than good"
"당신의 약은 제게 유익을 더해 주었습니다"
"your medicine has saved my life"
"당신의 약이 내 생명을 구했습니다"
"why didn't you take your medicine sooner?"
"왜 진작 약을 먹지 않았어?"
"Well, Fairy, we boys are all like that!"
"그래, 요정, 우리 애들은 다 그렇잖아!"
"We are more afraid of medicine than of the illness"
"우리는 병보다 약을 더 무서워한다"
"Disgraceful!" cried the fairy in indignation
"수치스럽다!" 요정이 분개하며 소리쳤다
"Boys ought to know the power of medicine"

"소년들은 의학의 힘을 알아야 한다"
"a good remedy may save them from a serious illness"
"좋은 치료법은 그들을 심각한 병으로부터 구할 수 있다"
"and perhaps it even saves you from death"
"어쩌면 그것이 당신을 죽음에서 구해 줄지도 모릅니다"
"next time I shall not require so much persuasion"
"다음에는 그렇게 많은 설득을 요구하지 않을 것입니다"
"I shall remember those black rabbits"
"나는 그 검은 토끼들을 기억할 것이다"
"and I shall remember the bier on their shoulders"
"내가 그들의 어깨에 메고 있는 바이어를 기억하리라"
"and then I shall immediately take the tumbler"
"그럼 바로 텀블러를 가져갈게요"
"and I will drink all the medicine in one go!"
"그리고 나는 한 번에 모든 약을 마실 것이다!"
The Fairy was happy with Pinocchio's words
요정은 피노키오의 말에 기뻤어요
"Now, come here to me and sit on my lap"
"자, 이리 와서 내 무릎에 앉으세요"
"and tell me all about the assassins"
"그리고 암살자들에 대해 모두 말해줘"
"how did you end up hanging from the big Oak tree?"
"어쩌다 큰 떡갈나무에 매달리게 된 거야?"
And Pinocchio ordered all the events that happened
그리고 피노키오는 일어난 모든 사건을 명령했습니다
"You see, there was a ringmaster; Fire-eater"
"있잖아요, 주모자가 있었어요. 불을 먹는 자"
"Fire-eater gave me some gold pieces"
"불을 먹는 자가 나에게 금 조각을 몇 개 줬어"
"he told me to take the gold to my father"
"그는 나에게 금을 아버지에게 가져가라고 말했다"
"but I didn't take the gold straight to my father"
"하지만 나는 그 금을 아버지에게 직접 가져가지 않았다"
"on the way home I met a Fox and a Cat"
"집으로 돌아오는 길에 여우와 고양이를 만났어요"
"they made me an offer I couldn't refuse"
"거절할 수 없는 제안을 해줬어요"

'Would you like those pieces of gold to multiply?'
'그 금 조각들이 불어나기를 원하십니까?'
"'Come with us and,' they said"
"'우리와 함께 갑시다' 하고 그들이 말하더군요"
'we will take you to the Field of Miracles'
'우리가 너희를 기적의 밭으로 데려갈 것이다'
"and I said, 'Let's go to the Field of Miracles'"
"그리고 나는 '기적의 현장으로 가자'고 말했다."
"And they said, 'Let us stop at this inn'"
"그들이 말하길, '이 여관에 들르자' 하더라"
"and we stopped at the Red Craw-Fish in"
"그리고 우리는 Red Craw-Fish에서 멈춰 섰습니다."
"all of us went to sleep after our food"
"우리 모두는 음식을 먹은 후에 잠이 들었습니다"
"when I awoke they were no longer there"
"내가 깨어났을 때 그들은 더 이상 거기에 없었다"
"because they had to leave before me"
"그들이 나보다 먼저 떠나야 했기 때문에"
"Then I began to travel by night"
"그러고 나서 나는 밤에 여행하기 시작하였다"
"you cannot imagine how dark it was"
"얼마나 어두웠는지 상상도 못 할 거예요"
"that's when I met the two assassins"
"그때 두 명의 암살자를 만났어"
"and they were wearing charcoal sacks"
"그들은 숯 자루를 입고 있었다"
"they said to me: 'Out with your money'"
"그들은 나에게 '돈을 가지고 나가라'고 말하였습니다"
"and I said to them, 'I have no money'"
"내가 그들에게 말하되 나는 돈이 없습니다"
"because I had hidden the four gold pieces"
"내가 네 개의 금 조각을 숨겼기 때문에"
"I had put the money in my mouth"
"나는 그 돈을 내 입에 넣었었다"
"one tried to put his hand in my mouth"
"한 사람이 내 입에 손을 넣으려고 했다"
"and I bit his hand off and spat it out"

"내가 그의 손을 깨물고 뱉어 내었더라"
"but instead of a hand it was a cat's paw"
"하지만 손 대신 고양이 발이었다"
"and then the assassins ran after me"
"그리고 암살자들이 나를 쫓아왔다"
"and I ran and ran as fast as I could"
"나는 내가 할 수 있는 한 빨리 달리고 또 달렸어"
"but in the end they caught me anyway"
"하지만 결국 그들은 어쨌든 나를 잡았습니다."
"and they tied a noose around my neck"
"그들이 내 목에 올가미를 묶었더라"
"and they hung me from the Big Oak tree"
"그리고 그들은 나를 큰 떡갈나무에 매달아 놓았어"
"they waited for me to stop moving"
"그들은 내가 움직이지 않을 때까지 기다렸다"
"but I never stopped moving at all"
"하지만 나는 결코 움직임을 멈추지 않았습니다"
"and then they called up to me"
"그리고 그들이 나를 불렀다"
'Tomorrow we shall return here'
'내일 우리는 여기로 돌아갈 것이다'
'then you will be dead with your mouth open'
'그러면 너는 입을 벌리고 죽을 것이다'
'and we will have the gold under your tongue'
'우리가 네 혀 밑에 금을 가질 것이다'
the Fairy was interested in the story
요정은 이야기에 흥미를 느꼈다
"And where have you put the pieces of gold now?"
"그럼 그 금괴들은 지금 어디에 두었소?"
"I have lost them!" said Pinocchio, dishonestly
"나는 그것들을 잃어버렸어!" 피노키오가 부정직하게 말했다
he had the pieces of gold in his pocket
그는 주머니에 금 조각을 넣고 있었다
as you know Pinocchio already had a long nose
아시다시피 피노키오는 이미 긴 코를 가지고 있었습니다
but lying made his nose grow even longer
하지만 거짓말을 하면 코가 더 길어졌다

and his nose grew another two inches
그리고 그의 코는 2인치가 더 자랐습니다
"And where did you lose the gold?"
"그럼 금은 어디서 잃었어?"
"I lost it in the woods," he lied again
"숲에서 잃어버렸어." 그는 다시 거짓말을 했다
and his nose also grew at his second lie
그리고 두 번째 거짓말에 코도 커졌다
"worry not about the gold," said the fairy
"황금 걱정은 하지 마." 요정이 말했다
"we will go to the woods and find your gold"
"우리는 숲으로 가서 당신의 금을 찾을 것입니다"
"all that is lost in those woods is always found"
"그 숲에서 잃어버린 모든 것은 항상 찾을 수 있습니다"
Pinocchio got quite confused about his situation
피노키오는 자신의 상황에 대해 상당히 혼란스러워했습니다
"Ah! now I remember all about it," he replied
"아! 이제 나는 그 모든 것을 기억한다"고 대답했다
"I didn't lose the four gold pieces at all"
"나는 네 개의 금 조각을 전혀 잃지 않았다"
"I just swallowed your medicine, didn't I?"
"방금 네 약을 삼킨 거지, 안 그래?"
"I swallowed the coins with the medicine"
"나는 약과 함께 동전을 삼켰다"
at this daring lie his nose grew even longer
이 대담한 거짓말에 그의 코는 더욱 길어졌다
now Pinocchio could not move in any direction
이제 피노키오는 어느 방향으로도 움직일 수 없었다
he tried to turn to his left side
그는 왼쪽으로 몸을 돌리려 했다
but his nose struck the bed and window-panes
그러나 그의 코가 침대와 유리창에 부딪혔다
he tried to turn to the right side
그는 오른쪽으로 돌아서려고 했다
but now his nose struck against the walls
하지만 이제 그의 코가 벽에 부딪혔다
and he could not raise his head either

그도 고개를 들 수 없었다
because his nose was long and pointy
그의 코는 길고 뾰족했기 때문입니다
and his nose could have poke the Fairy in the eye
그의 코가 요정의 눈을 찌를 수도 있었다
the Fairy looked at him and laughed
요정은 그를 바라보며 웃었다
Pinocchio was very confused about his situation
피노키오는 자신의 상황에 대해 매우 혼란스러웠습니다
he did not know why his nose had grown
그는 자신의 코가 왜 커졌는지 알지 못했다
"What are you laughing at?" asked the puppet
"뭘 보고 웃는 거야?" 인형이 물었다
"I am laughing at the lies you've told me"
"당신이 나에게 한 거짓말을 비웃고 있어요"
"how can you know that I have told lies?"
"내가 거짓말을 했다는 것을 어떻게 알 수 있소?"
"Lies, my dear boy, are found out immediately"
"얘야, 거짓말은 즉시 밝혀진다"
"in this world there are two sorts of lies"
"이 세상에는 두 종류의 거짓말이 있다"
"There are lies that have short legs"
"다리가 짧은 거짓말이 있다"
"and there are lies that have long noses"
"코가 긴 거짓말이 있다"
"Your lie is one of those that has a long nose"
"너의 거짓말은 코가 긴 거짓말 중 하나야"
Pinocchio did not know where to hide himself
피노키오는 어디에 몸을 숨겨야 할지 몰랐다
he was ashamed of his lies being discovered
그는 자신의 거짓말이 발각되는 것이 부끄러웠다
he tried to run out of the room
그는 방에서 뛰쳐나가려고 했다
but he did not succeed at escaping
그러나 그는 도망치는 데 성공하지 못했다
his nose had gotten too long to escape
코가 너무 길어서 빠져나갈 수 없었다

and he could no longer pass through the door
그는 더 이상 문을 통과할 수 없었다

Pinocchio Meets the Fox and the Cat Again
피노키오가 여우와 고양이를 다시 만나다

the Fairy understood the importance of the lesson
요정은 수업의 중요성을 이해했습니다
she let the puppet to cry for a good half-hour
그녀는 꼭두각시가 30분 동안 울도록 내버려 두었다
his nose could no longer pass through the door
그의 코는 더 이상 문을 통과할 수 없었다
telling lies is the worst thing a boy can do
거짓말을 하는 것은 소년이 할 수 있는 최악의 일이다
and she wanted him to learn from his mistakes
그리고 그녀는 아들이 실수로부터 배우기를 바랐다
but she could not bear to see him weeping
그러나 그녀는 그가 우는 것을 차마 볼 수 없었다
she felt full of compassion for the puppet
그녀는 그 꼭두각시에 대한 연민으로 가득 찼다
so she clapped her hands together again
그래서 그녀는 다시 손뼉을 쳤다
a thousand large Woodpeckers flew in from the window
수천 마리의 큰 딱따구리가 창문으로 날아 들었습니다
The woodpeckers immediately perched on Pinocchio's nose
딱따구리는 즉시 피노키오의 코에 앉았습니다
and they began to peck at his nose with great zeal
그들은 대단한 열정으로 그분의 코를 쪼기 시작하였다
you can imagine the speed of a thousand woodpeckers
딱따구리 천 마리의 속도를 상상할 수 있습니다
within no time at all Pinocchio's nose was normal
순식간에 피노키오의 코는 정상으로 돌아왔다
of course you remember he always had a big nose
물론 당신은 그가 항상 큰 코를 가지고 있었다는 것을
기억합니다
"What a good Fairy you are," said the puppet

"넌 정말 착한 요정이야." 인형이 말했다
and Pinocchio dried his tearful eyes
그리고 피노키오는 눈물 어린 눈을 닦았다
"and how much I love you!" he added
"그리고 나는 너를 얼마나 사랑하는지!" 하고 그는 덧붙였다
"I love you also," answered the Fairy
"나도 너를 사랑해." 요정이 대답했다
"if you remain with me you shall be my little brother"
"네가 나와 함께 있으면 내 동생이 될 것이다"
"and I will be your good little sister"
"내가 너의 착한 여동생이 되겠다"
"I would like to remain very much," said Pinocchio
"나는 매우 머물고 싶다"고 피노키오가 말했다
"but I have to go back to my poor papa"
"하지만 나는 불쌍한 아빠에게 돌아가야 해"
"I have thought of everything," said the fairy
"나는 모든 것을 생각했어." 요정이 말했다
"I have already let your father know"
"나는 이미 네 아버지에게 알렸다"
"and he will come here tonight"
"그리고 그는 오늘 밤 이곳에 올 것이다"
"Really?" shouted Pinocchio, jumping for joy
"정말요?" 피노키오가 기뻐서 펄쩍펄쩍 뛰며 소리쳤다
"Then, little Fairy, I have a wish"
"그럼, 꼬마 요정, 소원이 있어"
"I would very much like to go and meet him"
"나는 그분을 만나러 가고 싶습니다"
"I want to give a kiss to that poor old man"
"그 불쌍한 할아버지에게 키스하고 싶다"
"he has suffered so much on my account"
"그분은 나 때문에 참으로 많은 고통을 겪으셨습니다"
"Go, but be careful not to lose your way"
"가되 길을 잃지 않도록 조심하십시오"
"Take the road that goes through the woods"
"숲 속을 지나는 길을 가라"
"I am sure that you will meet him there"
"당신이 거기서 그분을 만나게 될 것이라고 확신합니다"

Pinocchio set out to go through the woods
피노키오는 숲 속을 걷기 시작했습니다
once in the woods he began to run like a kid
숲에 들어가자마자 그는 어린아이처럼 달리기 시작했다
But then he had reached a certain spot in the woods
하지만 그때 그는 숲 속의 특정 지점에 도착했다
he was almost in front of the Big Oak tree
그는 거의 큰 떡갈나무 앞에 있었다
he thought he heard people amongst the bushes
그는 덤불 사이로 사람들의 목소리를 들었다고 생각했다
In fact, two persons came out on to the road
사실, 두 사람이 길로 나왔다
Can you guess who they were?
그들이 누군지 짐작할 수 있습니까?
they were his two travelling companions
그들은 그의 두 여행 동행자였다
in front of him was the Fox and the Cat
그의 앞에는 여우와 고양이가 있었다
his companions who had taken him to the inn
그를 여관으로 데리고 갔던 동료들

"Why, here is our dear Pinocchio!" cried the Fox
"왜, 여기 우리의 소중한 피노키오가 있잖아!" 여우가 소리쳤다
and he kissed and embraced his old friend
그리고 그는 오랜 친구에게 키스하고 포옹했다
"How came you to be here?" asked the fox
"어쩌다 이곳에 오게 된 거지?" 여우가 물었다
"How come you to be here?" repeated the Cat
"어쩌다 여기까지 온 거야?" 고양이가 되물었다
"It is a long story," answered the puppet
"이야기가 길어졌어요." 인형이 대답했다
"I will tell you the story when I have time"
"시간 있을 때 이야기를 들려줄게"
"but I must tell you what happened to me"
"하지만 내게 무슨 일이 있었는지 말해 주어야 해"
"do you know that the other night I met with assassins?"
"지난밤에 내가 암살자들을 만났던 거 알아?"
"Assassins! Oh, poor Pinocchio!" worried the Fox
"암살자들이여! 오, 불쌍한 피노키오!" 여우는 걱정했다
"And what did they want?" he asked
"그들이 원하는 것은 무엇이었을까요?" 그가 물었다
"They wanted to rob me of my gold pieces"
"그들은 내 금 조각들을 빼앗아 가고 싶어 했습니다"
"Villains!" said the Fox
"악당들!" 여우가 말했다
"Infamous villains!" repeated the Cat
"악명 높은 악당들!" 고양이가 되풀이했다
"But I ran away from them," continued the puppet
"하지만 난 그들로부터 도망쳤어." 꼭두각시가 말을 이었다
"they did their best to catch me"
"그들은 나를 잡으려고 최선을 다했다"
"and after a long chase they did catch me"
"그리고 오랜 추격 끝에 그들은 나를 잡았습니다"
"they hung me from a branch of that oak tree"
"그들은 나를 그 떡갈나무 가지에 매달아 놓았어요"
And Pinocchio pointed to the Big Oak tree
그리고 피노키오는 큰 떡갈나무를 가리켰습니다
the Fox was appalled by what he had heard

여우는 자기가 들은 말에 소름이 끼쳤다
"Is it possible to hear of anything more dreadful?"
"이보다 더 무서운 것이 있다는 소식을 들을 수 있을까요?"
"In what a world we are condemned to live!"
"우리는 참으로 끔찍한 세상에서 살도록 선고를 받았습니다!"
"Where can respectable people like us find a safe refuge?"
"우리처럼 존경할 만한 사람들이 안전한 피난처를 어디서 찾을 수 있겠습니까?"
the conversation went on this way for some time
대화는 한동안 이런 식으로 계속되었다
in this time Pinocchio observed something about the Cat
이때 피노키오는 고양이에 대해 뭔가를 관찰했다
the Cat was lame of her front right leg
고양이는 오른쪽 앞다리를 절뚝거리고 있었다
in fact, she had lost her paw and all its claws
사실, 그녀는 앞발과 발톱을 모두 잃었다
Pinocchio wanted to know what had happened
피노키오는 무슨 일이 있었는지 알고 싶었다
"What have you done with your paw?"
"네 발로 무슨 짓을 했어?"
The Cat tried to answer, but became confused
고양이는 대답하려 했지만 혼란스러워졌다
the Fox jumped in to explain what had happened
여우가 무슨 일이 있었는지 설명하기 위해 뛰어들었습니다
"you must know that my friend is too modest"
"내 친구가 너무 겸손하다는 것을 알아야 해"
"her modesty is why she doesn't usually speak"
"그녀의 겸손은 그녀가 평소에 말하지 않는 이유입니다"
"so let me tell the story for her"
"그러니 내가 그녀를 위해 이야기를 들려줄게"
"an hour ago we met an old wolf on the road"
"한 시간 전에 우리는 길에서 늙은 늑대를 만났습니다."
"he was almost fainting from want of food"
"그는 먹을 것이 없어 거의 기절할 지경이었다"
"and he asked alms of us"
"그가 우리에게 자선을 구하더라"
"we had not so much as a fish-bone to give him"

"우리가 그에게 줄 것은 생선 뼈 한 개도 없었다"
"but what did my friend do?"
"그런데 내 친구는 뭘 했어?"
"well, she really has the heart of a César"
"글쎄, 그녀는 정말로 세자르의 마음을 가지고 있습니다."
"She bit off one of her fore paws"
"그녀는 앞발 하나를 물었다"
"and the threw her paw to the poor beast"
"가엾은 짐승에게 발을 내던지니라"
"so that he might appease his hunger"
"그가 그의 배고픔을 달래기 위함이니라"
And the Fox was brought to tears by his story
그리고 여우는 그의 이야기에 눈물을 흘렸습니다
Pinocchio was also touched by the story
피노키오도 그 이야기에 감동을 받았습니다
approaching the Cat, he whispered into her ear
그는 고양이에게 다가가 그녀의 귀에 대고 속삭였다
"If all cats resembled you, how fortunate the mice would be!"
"모든 고양이가 너를 닮았다면, 그 쥐들은 얼마나 다행일까!"
"And now, what are you doing here?" asked the Fox
"그럼 이제, 여기서 뭘 하고 있는 거야?" 여우가 물었다
"I am waiting for my papa," answered the puppet
"아빠를 기다리고 있어요." 인형이 대답했다
"I am expecting him to arrive at any moment now"
"나는 그가 지금 어느 순간이라도 도착할 것으로 기대하고 있다"
"And what about your pieces of gold?"
"그럼 네 금닢은 어때?"
"I have got them in my pocket," confirmed Pinocchio
"내 주머니에 넣었어." 피노키오가 확인했다
although he had to explain that he had spent one coin
그는 동전 한 닢을 썼다고 설명해야 했지만,
the cost of their meal had come to one piece of gold
그들의 식사 비용은 금 한 닢에 불과했다
but he told them not to worry about that
그러나 그는 그들에게 그것에 대해 걱정하지 말라고 말했습니다
but the Fox and the Cat did worry about it

하지만 여우와 고양이는 걱정이 되었다

"Why do you not listen to our advice?"
"왜 우리의 충고를 듣지 않는 거지?"

"by tomorrow you could have one or two thousand!"
"내일쯤이면 1, 2천 명을 가질 수 있을 거야!"

"Why don't you bury them in the Field of Miracles?"
"왜 그들을 기적의 들판에 묻지 않는가?"

"Today it is impossible," objected Pinocchio
"오늘날에는 불가능하다"고 피노키오는 이의를 제기했다

"but don't worry, I will go another day"
"하지만 걱정하지 마세요, 나는 다른 날 갈 것입니다."

"Another day it will be too late!" said the Fox
"또 다른 날은 너무 늦을 거야!" 여우가 말했다

"Why would it be too late?" asked Pinocchio
"왜 너무 늦었을까요?" 피노키오가 물었다

"Because the field has been bought by a gentleman"
"그 밭은 신사가 샀기 때문에"

"after tomorrow no one will be allowed to bury money there"
"내일 이후에는 아무도 거기에 돈을 묻을 수 없을 것입니다"

"How far off is the Field of Miracles?"
"기적의 밭은 얼마나 멀리 떨어져 있습니까?"

"It is less than two miles from here"
"여기서 2마일도 안 되는 거리에 있습니다."

"Will you come with us?" asked the Fox
"우리와 함께 갈래?" 여우가 물었다

"In half an hour we can be there"
"30 분 안에 우리는 거기에 도착할 수 있습니다."

"You can bury your money straight away"
"당신은 당신의 돈을 바로 묻을 수 있습니다"

"and in a few minutes you will collect two thousand coins"
"그리고 몇 분 안에 당신은 2,000 개의 동전을 모을 것입니다."

"and this evening you will return with your pockets full"
"그리고 오늘 저녁에 당신은 주머니를 가득 가지고 돌아올 것입니다"

"Will you come with us?" the Fox asked again
"우리와 함께 갈래?" 여우가 다시 물었다

Pinocchio thought of the good Fairy
피노키오는 착한 요정을 생각했어요
and Pinocchio thought of old Geppetto
그리고 피노키오는 늙은 제페토를 생각했습니다.
and he remembered the warnings of the talking little cricket
그리고 그는 말하는 작은 귀뚜라미의 경고를 기억했다
and he hesitated a little before answering
그는 대답하기 전에 조금 망설였다
by now you know what kind of boy Pinocchio is
지금쯤이면 피노키오가 어떤 소년인지 알 수 있습니다
Pinocchio is one of those boys without much sense
피노키오는 별다른 감각이 없는 소년 중 한 명입니다
he ended by giving his head a little shake
그는 머리를 살짝 흔들며 말을 마쳤다
and then he told the Fox and the Cat his plans
그런 다음 그는 여우와 고양이에게 자신의 계획을 말했습니다
"Let us go: I will come with you"
"가자: 나도 너와 함께 가겠다"
and they went to the field of miracles
그리고 그들은 기적의 밭으로 갔다
they walked for half a day and reached a town
그들은 반나절을 걸었고 한 마을에 도착했다
the town was the Trap for Blockheads
그 마을은 막무가내들의 덫이었다
Pinocchio noticed something interesting about this town
피노키오는 이 마을에서 흥미로운 점을 발견했습니다
everywhere where you looked there were dogs
어디를 보아도 개들이 있었다
all the dogs were yawning from hunger
모든 개들이 배고픔으로 하품을 하고 있었다
and he saw shorn sheep trembling with cold
그는 털 깎은 양들이 추위에 떨고 있는 것을 보았다
even the cockerels were begging for Indian corn
심지어 수평아리들도 인도산 옥수수를 구걸하고 있었다
there were large butterflies that could no longer fly
더 이상 날 수 없는 큰 나비들이 있었습니다
because they had sold their beautiful coloured wings
그들은 아름다운 색깔의 날개를 팔았기 때문입니다

there were peacocks that were ashamed to be seen
눈에 띄는 것을 부끄러워하는 공작새가 있었습니다
because they had sold their beautiful coloured tails
예쁜 색깔의 꼬리를 팔았기 때문이다
and pheasants went scratching about in a subdued fashion
그리고 꿩들은 차분하게 긁어댔다
they were mourning for their gold and silver feathers
그들은 자기들의 금과 은색 깃털 때문에 슬퍼하고 있었다
most were beggars and shamefaced creatures
대부분은 거지였고 부끄러운 존재였다
but among them some lordly carriage passed
그러나 그들 가운데는 어떤 위엄 있는 마차가 지나갔다
the carriages contained a Fox, or a thieving Magpie
마차에는 여우 또는 도둑질하는 까치가 타고 있었습니다
or the carriage seated some other ravenous bird of prey
또는 마차에 다른 굶주린 맹금류가 앉아 있습니다
"And where is the Field of Miracles?" asked Pinocchio
"기적의 밭은 어디에 있습니까?" 피노키오가 물었습니다
"It is here, not two steps from us"
"그것은 우리로부터 두 걸음이 아니라 여기에 있습니다"
They crossed the town and and went over a wall
그들은 마을을 건너 담을 넘었다
and then they came to a solitary field
그리고 그들은 외딴 밭에 이르렀습니다
"Here we are," said the Fox to the puppet
"여기 있습니다." 여우가 인형에게 말했다
"Now stoop down and dig with your hands a little hole"
"이제 몸을 굽혀 손으로 작은 구멍을 파십시오"
"and put your gold pieces into the hole"
"네 금 조각을 구멍에 넣으라"
Pinocchio obeyed what the fox had told him
피노키오는 여우의 말에 순종했습니다
He dug a hole and put into it the four gold pieces
그는 구덩이를 파고 그 안에 네 개의 금 조각을 넣었습니다
and then he filled up the hole with a little earth
그런 다음 그는 작은 흙으로 구멍을 채웠습니다
"Now, then," said the Fox, "go to that canal close to us"

"자, 그럼," 여우가 말했다, "우리 가까이에 있는 그 운하로 가거라."

"fetch a bucket of water from the canal"
"운하에서 물통을 가져와"

"water the ground where you have sowed the gold"
"네가 금을 뿌린 땅에 물을 주어라"

Pinocchio went to the canal without a bucket
피노키오는 양동이 없이 운하로 갔어요

as he had no bucket, he took off one of his old shoes
양동이가 없었기 때문에 그는 낡은 신발 하나를 벗었습니다

and he filled his shoe with water
그리고 그는 자기 신발에 물을 채웠다

and then he watered the ground over the hole
그런 다음 그는 구멍 위에 물을 뿌렸습니다

He then asked, "Is there anything else to be done?
그런 다음 그는 "다른 할 일이 있습니까?

"you need not do anything else," answered the Fox
"다른 건 할 필요 없어." 여우가 대답했다

"there is no need for us to stay here"
"우리가 여기에 머무를 필요가 없습니다."

"you can return in about twenty minutes"
"20분 후에 돌아올 수 있습니다."

"and then you will find a shrub in the ground"
"그러면 당신은 땅에서 관목을 찾을 것입니다"

"the tree's branches will be loaded with money"
"나뭇가지에는 돈이 가득 실릴 것이다"

The poor puppet was beside himself with joy
가엾은 꼭두각시는 기쁨에 겨워 어쩔 줄 몰랐다

he thanked the Fox and the Cat a thousand times
그는 여우와 고양이에게 천 번도 더 감사했다

and he promised them many beautiful presents
그리고 그분은 그들에게 아름다운 선물을 많이 약속하셨습니다

"We wish for no presents," answered the two rascals
"우리는 선물을 바라지 않습니다." 두 악당이 대답했다

"It is enough for us to have taught you how to enrich yourself"
"우리가 당신에게 자신을 부유하게 하는 방법을 가르쳐 준

것으로 충분합니다."
"there is nothing worse than seeing others do hard work"
"다른 사람들이 열심히 일하는 것을 보는 것보다 더 나쁜 것은 없습니다"
"and we are as happy as people out for a holiday"
"그리고 우리는 휴가를 떠나는 사람들처럼 행복합니다."
Thus saying, they took leave of Pinocchio
그렇게 말하고 그들은 피노키오를 떠났다
and they wished him a good harvest
그리고 그들은 그에게 풍작을 빌었다
and then they went about their business
그런 다음 그들은 일을 하러 갔습니다

Pinocchio is Robbed of his Money
돈을 도둑맞은 피노키오

The puppet returned to the town
꼭두각시는 마을로 돌아왔다
and he began to count the minutes one by one
그리고 그는 분을 하나씩 세기 시작했다
and soon he thought he had counted long enough
그리고 곧 그는 자신이 충분히 오래 세었다고 생각했다
so he took the road leading to the Field of Miracles
그래서 그는 기적의 들판으로 인도하는 길을 택했습니다
And he walked along with hurried steps
그리고 그는 서둘러 발걸음을 옮겼다
and his heart beat fast with great excitement
그리고 그의 심장은 큰 흥분으로 빠르게 뛰었습니다
like a drawing-room clock going very well
마치 응접실 시계가 아주 잘 돌아가는 것처럼
Meanwhile he was thinking to himself:
그러는 동안 그는 속으로 생각했다.
"what if I don't find a thousand gold pieces?"
"천 개의 금화를 찾지 못하면 어떡하지?"
"what if I find two thousand gold pieces instead?"
"대신 2천 개의 금화를 찾으면 어떨까요?"

"but what if I don't find two thousand gold pieces?"
"하지만 만약 내가 2천 개의 금화를 찾지 못한다면 어떡하지?"
"what if I find five thousand gold pieces!"
"만약 내가 5천 개의 금화를 찾는다면 어떨까!"
"what if I find a hundred thousand gold pieces??"
"만약 내가 십만 개의 금 조각을 찾는다면??"
"Oh! what a fine gentleman I should then become!"
"아! 그러면 나는 얼마나 훌륭한 신사가 되어야 합니까!"
"I could live in a beautiful palace"
"나는 아름다운 궁전에서 살 수 있다"
"and I would have a thousand little wooden horses"
"그리고 나는 천 마리의 작은 목마를 가질 것이다"
"a cellar full of currant wine and sweet syrups"
"건포도 와인과 달콤한 시럽으로 가득한 지하실"
"and a library quite full of candies and tarts"
"그리고 사탕과 타르트로 가득한 도서관"
"and I would have plum-cakes and macaroons"
"그리고 나는 자두 케이크와 마카롱을 가질 것입니다"
"and I would have biscuits with cream"
"그리고 나는 크림을 곁들인 비스킷을 먹을 것이다"
he walked along building castles in the sky
그는 하늘에 성을 쌓으며 걸었습니다
and he build many of these castles in the sky
그리고 그는 하늘에 많은 성들을 지었습니다
and eventually he arrived at the edge of the field
그리고 마침내 그는 들판의 가장자리에 도착했다
and he stopped to look about for a tree
그는 멈춰 서서 주위를 둘러보았다
there were other trees in the field
들판에는 다른 나무들도 있었다
but they had been there when he had left
그러나 그가 떠났을 때 그들은 그곳에 있었다
and he saw no money tree in all the field
그는 온 밭에서 돈나무를 못하였다
He walked along the field another hundred steps
그는 들판을 따라 백 걸음을 더 걸었다
but he couldn't find the tree he was looking for

하지만 그는 찾고 있던 나무를 찾을 수 없었습니다
he then entered into the field
그런 다음 그는 밭으로 들어갔다
and he went up to the little hole
그리고 그는 작은 구멍으로 올라갔다
the hole where he had buried his coins
그가 동전을 묻었던 구멍
and he looked at the hole very carefully
그리고 그는 구멍을 매우 주의 깊게 살펴보았습니다
but there was definitely no tree growing there
그러나 그곳에는 분명히 나무가 자라지 않았습니다
He then became very thoughtful
그런 다음 그는 매우 사려 깊어졌습니다
and he forget the rules of society
그리고 그는 사회의 규칙을 잊어버린다
and he didn't care for good manners for a moment
그리고 그는 한 순간도 예의범절에 신경 쓰지 않았다
he took his hands out of his pocket
그는 주머니에서 손을 꺼냈다
and he gave his head a long scratch
그리고 그는 머리를 길게 긁었다
At that moment he heard an explosion of laughter
그 순간 폭발하는 웃음소리가 들렸다
someone close by was laughing himself silly
곁에 있던 누군가가 바보 같이 웃고 있었다
he looked up one of the nearby trees
그는 근처에 있는 나무 한 그루를 올려다보았다
he saw a large Parrot perched on a branch
그는 나뭇가지에 앉아 있는 커다란 앵무새를 보았다
the parrot brushed the few feathers he had left
앵무새는 남은 몇 개의 깃털을 쓸어내렸다
Pinocchio asked the parrot in an angry voice;
피노키오는 앵무새에게 화난 목소리로 물었다.
"Why are you here laughing so loud?"
"왜 여기서 그렇게 크게 웃고 있는 거야?"
"I am laughing because in brushing my feathers"
"나는 내 깃털을 빗질하면서 웃고 있다"

"I was just brushing a little under my wings"
"나는 단지 내 날개 아래를 조금 스치고 있었을 뿐이다"
"and while brushing my feathers I tickled myself"
"그리고 내 깃털을 빗는 동안 나는 나 자신을 간지럽혔다"
The puppet did not answer the parrot
꼭두각시는 앵무새에게 대답하지 않았다
but instead Pinocchio went to the canal
대신 피노키오는 운하로 갔다
he filled his old shoe full of water again
그는 낡은 신발에 다시 물을 가득 채웠다
and he proceeded to water the hole once more
그리고 그는 다시 한 번 구덩이에 물을 주었다
While he was busy doing this he heard more laughter
그가 이 일을 하느라 바쁜 동안, 그는 더 많은 웃음소리를 들었다
the laughter was even more impertinent than before
웃음은 전보다 훨씬 더 무례했다
it rang out in the silence of that solitary place
그 고독한 장소의 침묵 속에서 울려 퍼졌다
Pinocchio shouted out even angrier than before
피노키오는 전보다 더 화가 나서 소리쳤다
"Once for all, may I know what you are laughing at?"
"한 번만, 당신이 무엇을 보고 웃고 있는지 알 수 있을까요?"
"I am laughing at simpletons," answered the parrot
"나는 단순한 아이들을 비웃고 있다." 앵무새가 대답했다
"simpletons who believe in foolish things
"어리석은 것을 믿는 단순한 사람들
"the foolish things that people tell them"
"사람들이 그들에게 말하는 어리석은 것들"
"I laugh at those who let themselves be fooled"
"나는 스스로를 속이는 사람들을 비웃는다"
"fooled by those more cunning than they are"
"그들보다 더 교활한 자들에게 속았다"
"Are you perhaps speaking of me?"
"혹시 나를 말하는 건가?"
"Yes, I am speaking of you, poor Pinocchio"
"그래, 너를 말하는 거야, 불쌍한 피노키오야"
"you have believed a very foolish thing"

"너는 매우 어리석은 것을 믿었도다"
"you believed that money can be grown in fields"
"너는 밭에서 돈이 자랄 수 있다고 믿었어"
"you thought money can be grown like beans"
"너는 돈이 콩처럼 자랄 수 있다고 생각했어"
"I also believed it once," admitted the parrot
"나도 한 번은 믿었어." 앵무새가 인정했다
"and today I am suffering for having believed it"
"오늘 내가 그것을 믿었음으로 말미암아 고난을 당하고 있노라"
"but I have learned my lesson from that trick"
"하지만 나는 그 속임수에서 교훈을 배웠다"
"I turned my efforts to honest work"
"나는 정직하게 일하는 데 노력을 기울였습니다"
"and I have put a few pennies together"
"그리고 나는 동전 몇 닢을 함께 모았습니다"
"it is necessary to know how to earn your pennies"
"동전을 버는 방법을 알아야 합니다"
"you have to earn them either with your hands"
"당신은 당신의 손으로 그것들을 얻어야 합니다"
"or you have to earn them with your brains"
"아니면 머리를 써서 얻어야 해"
"I don't understand you," said the puppet
"이해가 안 돼." 꼭두각시가 말했다
and he was already trembling with fear
그는 이미 두려움으로 떨고 있었다
"Have patience!" rejoined the parrot
"인내심을 가져라!" 앵무새가 다시 말했다
"I will explain myself better, if you let me"
"허락해 주신다면 제 자신을 더 잘 설명하겠습니다"
"there is something that you must know"
"너희가 반드시 알아야 할 것이 있다"
"something happened while you were in the town"
"당신이 마을에 있을 때 무슨 일이 있었어요"
"the Fox and the Cat returned to the field"
"여우와 고양이가 밭으로 돌아왔다"
"they took the money you had buried"
"그들이 당신이 묻은 돈을 가져갔습니다"

"and then they fled from the scene of the crime"
"그리고 그들은 범죄 현장에서 도망쳤다"
"And now he that catches them will be clever"
"이제 그들을 잡는 자는 영리하리라"
Pinocchio remained with his mouth open
피노키오는 입을 벌리고 있었다
and he chose not to believe the Parrot's words
그는 앵무새의 말을 믿지 않기로 했다
he began with his hands to dig up the earth
그는 손으로 땅을 파기 시작했다
And he dug deep into the ground
그리고 그는 땅 속 깊이 파고 들어갔다
a rick of straw could have stood in the hole
짚 한 가닥이 구멍에 서 있을 수 있었습니다
but the money was no longer there
그러나 돈은 더 이상 거기에 없었다
He rushed back to the town in a state of desperation
그는 절망적인 상태로 마을로 달려갔다
and he went at once to the Courts of Justice
그는 즉시 재판소로 갔다
and he spoke directly with the judge
그리고 그는 판사와 직접 이야기했습니다
he denounced the two knaves who had robbed him
그는 자신을 강탈한 두 명의 칼을 비난했다
The judge was a big ape of the gorilla tribe
판사는 고릴라 부족의 큰 원숭이였습니다
an old ape respectable because of his white beard
흰 수염 때문에 존경받는 늙은 원숭이
and he was respectable for other reasons
그리고 그는 다른 이유들로 인해 존경받을 만하였다
because he had gold spectacles on his nose
그는 코에 금색 안경을 썼기 때문입니다
although, his spectacles were without glass
하지만 그의 안경에는 유리가 없었다
but he was always obliged to wear them
그러나 그는 항상 그것들을 착용해야 했다
on account of an inflammation of the eyes
눈의 염증 때문에

Pinocchio told him all about the crime
피노키오는 그에게 범죄에 대한 모든 것을 말했습니다
the crime of which he had been the victim of
그가 희생양이 된 범죄
He gave him the names and the surnames
그는 그에게 이름과 성을 주었다
and he gave all the details of the rascals
그리고 그는 악당들에 대한 모든 세부 사항을 알려주었습니다
and he ended by demanding to have justice
그리고 그는 정의를 요구하며 끝을 맺었습니다
The judge listened with great benignity
판사는 매우 친절하게 귀를 기울였습니다
he took a lively interest in the story
그는 그 이야기에 생생한 관심을 가졌다
he was much touched and moved by what he heard
그는 자신이 들은 내용으로 인해 많은 감동과 감동을 받았습니다
finally the puppet had nothing further to say

결국 꼭두각시는 더 이상 할 말이 없었다
and then the gorilla rang a bell
그리고 고릴라가 종을 울렸습니다
two mastiffs appeared at the door
두 마리의 마스티프가 문 앞에 나타났다
the dogs were dressed as gendarmes
개들은 헌병 복장을 하고 있었다
The judge then pointed to Pinocchio
판사는 그런 다음 피노키오를 가리켰습니다
"That poor devil has been robbed"
"그 불쌍한 마귀가 도둑맞았다"
"rascals took four gold pieces from him"
"악당들이 그에게서 금 네 닢을 가져갔다"
"take him away to prison immediately," he ordered
그는 "즉시 그를 감옥으로 데려가라"고 명령했다
The puppet was petrified on hearing this
인형은 이 말을 듣고 겁에 질렸다
it was not at all the judgement he had expected
그가 기대했던 판단은 전혀 아니었다
and he tried to protest the judge
그리고 그는 판사에게 항의하려고 했다
but the gendarmes stopped his mouth
그러나 헌병들은 그의 입을 막았다
they didn't want to lose any time
그들은 어떤 시간도 허비하고 싶지 않았다
and they carried him off to the prison
그들은 그를 감옥으로 끌고 갔다
And there he remained for four long months
그리고 그는 거기서 4개월이라는 긴 시간 동안 머물렀다
and he would have remained there even longer
그리고 그는 그곳에 더 오래 머물렀을 것이다
but puppets do sometimes have good fortune too
그러나 꼭두각시에도 행운이 있습니다
a young King ruled over the Trap for Blockheads
젊은 왕이 Blockheads의 함정을 다스렸습니다.
he had won a splendid victory in battle
그는 전투에서 눈부신 승리를 거두었다

because of this he ordered great public rejoicings
이 때문에 그분은 대중이 크게 기뻐하도록 명령하셨다
There were illuminations and fireworks
일루미네이션과 불꽃놀이가 있었습니다
and there were horse and velocipede races
그리고 말과 벨로시피드 경주가 있었습니다
the King was so happy he released all prisoners
왕은 너무 기뻐서 모든 죄수를 풀어 주었습니다
Pinocchio was very happy at this news
피노키오는 이 소식을 듣고 매우 기뻤습니다
"if they are freed, then so am I"
"그들이 해방된다면 나도 해방된다"
but the jailor had other orders
그러나 간수는 다른 명령을 내렸다
"No, not you," said the jailor
"아뇨, 당신이 아닙니다." 간수가 말했다
"because you do not belong to the fortunate class"
"너는 운이 좋은 부류에 속하지 않기 때문에"
"I beg your pardon," replied Pinocchio
"용서를 구합니다." 피노키오가 대답했다
"I am also a criminal," he proudly said
"나도 범죄자다"라고 그는 자랑스럽게 말했다
the jailor looked at Pinocchio again
간수는 다시 피노키오를 바라보았다
"In that case you are perfectly right"
"그렇다면, 당신이 완전히 옳습니다"
and he took off his hat
그리고 그는 모자를 벗었다
and he bowed to him respectfully
그리고 그는 그에게 정중하게 절을 했다
and he opened the prison doors
그리고 그는 감옥 문을 열었다
and he let the little puppet escape
그리고 그는 작은 꼭두각시를 도망가게 했다

Pinocchio Goes back to the Fairy's House
요정의 집으로 돌아가는 피노키오

You can imagine Pinocchio's joy
피노키오의 기쁨을 상상할 수 있습니다
finally he was free after four months
마침내 그는 4개월 만에 자유의 몸이 되었다
but he didn't stop in order to celebrate
하지만 그는 축하하기 위해 멈추지 않았습니다
instead, he immediately left the town
오히려 그는 즉시 그 마을을 떠났습니다
he took the road that led to the Fairy's house
그는 요정의 집으로 이어지는 길을 택했다
there had been a lot of rain in recent days
최근 며칠 동안 비가 많이 내렸습니다
so the road had become a went boggy and marsh
그래서 길은 늪지와 늪지가 되어 버렸다
and Pinocchio sank knee deep into the mud
그리고 피노키오는 무릎 깊숙이 진흙탕에 가라앉았다

But the puppet was not one to give up
하지만 꼭두각시는 포기할 수 있는 존재가 아니었다
he was tormented by the desire to see his father
그는 아버지를 보고 싶은 욕망 때문에 괴로워했습니다
and he wanted to see his little sister again too
그리고 그는 여동생도 다시 보고 싶었습니다
and he ran through the marsh like a greyhound
그리고 그는 그레이하운드처럼 습지를 달렸다
and as he ran he was splashed with mud
그가 달리는 동안 그는 진흙으로 튀었다
and he was covered from head to foot
그는 머리부터 발끝까지 덮여 있었다
And he said to himself as he went along:
그리고 그는 가면서 혼잣말로 말했다.
"How many misfortunes have happened to me"
"나에게 얼마나 많은 불행이 일어났던가"
"But I deserved these misfortunes"
"하지만 나는 이런 불행을 겪을 자격이 있었다"
"because I am an obstinate, passionate puppet"
"나는 완고하고 열정적인 꼭두각시이기 때문에"
"I am always bent upon having my own way"
"나는 항상 내 방식대로 하려고 애씁니다"
"and I don't listen to those who wish me well"
"그리고 나는 내가 잘 되길 바라는 사람들의 말을 듣지 않는다"
"they have a thousand times more sense than I!"
"그들은 나보다 천 배는 더 센스가 있어!"
"But from now I am determined to change"
"하지만 이제부터 나는 변화하기로 결심했다"
"I will become orderly and obedient"
"나는 질서 있고 순종적이 될 것입니다"
"because I have seen what happened"
"내가 무슨 일이 일어났는지 보았기 때문에"
"disobedient boys do not have an easy life"
"순종하지 않는 소년의 삶은 순탄치 않다"
"they come to no good and gain nothing"
"그들은 아무 유익도 얻지 못하고 아무 것도 얻지 못하느니라"
"And has my papa waited for me?"

"아빠가 나를 기다렸어?"
"Shall I find him at the Fairy's house?"
"요정의 집에서 그를 찾을 수 있을까요?"
"it has been so long since I last saw him"
"그를 마지막으로 본 지 너무 오래됐어요"
"I am dying to embrace him again"
"나는 그를 다시 껴안고 싶어 죽을 지경이다"
"I can't wait to cover him with kisses!"
"키스로 그를 덮는 것을 기다릴 수 없어!"
"And will the Fairy forgive me my bad conduct?"
"그럼 요정은 내 나쁜 행동을 용서해 줄까?"
"To think of all the kindness I received from her"
"내가 그 여자에게서 받은 모든 친절을 생각해 보면서"
"oh how lovingly did she care for me"
"아, 그 여자는 얼마나 사랑스럽게 나를 돌보아 주었을까"
"that I am now alive I owe to her!"
"내가 지금 살아 있다는 것은 그녀에게 빚진 것이야!"
"could you find a more ungrateful boy"
"더 배은망덕한 소년을 찾을 수 있습니까?"
"is there a boy with less heart than I have?"
"나보다 마음이 약한 소년이 있을까?"
Whilst he was saying this he stopped suddenly
그가 이렇게 말하고 있을 때, 그는 갑자기 멈춰 섰다
he was frightened to death
그는 무서워 죽을 지경이었다
and he made four steps backwards
그리고 그는 네 걸음 뒤로 물러섰다
What had Pinocchio seen?
피노키오는 무엇을 보았는가?
He had seen an immense Serpent
그는 거대한 뱀을 보았다
the snake was stretched across the road
뱀은 길 건너편에 뻗어 있었다
the snake's skin was a grass green colour
뱀의 피부는 초록색이었다
and it had red eyes in its head
그리고 머리에는 빨간 눈이 있었다

and it had a long and pointed tail
그리고 그것은 길고 뾰족한 꼬리를 가지고 있었다
and the tail was smoking like a chimney
그리고 꼬리는 굴뚝처럼 연기가 나고 있었다

It would be impossible to imagine the puppet's terror
꼭두각시가 얼마나 무서웠을지 상상하기란 불가능할 것이다
He walked away to a safe distance
그는 안전한 거리로 걸어갔다
and he sat on a heap of stones
그는 돌무더기 위에 앉았다
there he waited until the Serpent had finished
거기서 그는 뱀이 말을 마칠 때까지 기다렸다
soon the Serpent's business should be done
곧 뱀의 일이 끝나게 될 것이다
He waited an hour; two hours; three hours
그는 한 시간을 기다렸다. 2시간; 3시간
but the Serpent was always there
그러나 뱀은 항상 거기에 있었다

even from a distance he could see his fiery eyes
멀리서도 그의 불타는 눈을 볼 수 있었다
and he could see the column of smoke
그리고 그는 연기 기둥을 볼 수 있었다
the smoke that ascended from the end of his tail
꼬리 끝에서 피어오르는 연기
At last Pinocchio tried to feel courageous
마침내 피노키오는 용기를 내려고 노력했습니다
and he approached to within a few steps
그리고 그는 몇 걸음 안에 다가갔다
he spoke to the Serpent in a little soft voice
그는 약간 부드러운 목소리로 운룡에게 말했다
"Excuse me, Sir Serpent," he insinuated
"실례합니다, 뱀님." 그가 넌지시 말했다
"would you be so good as to move a little?"
"조금만 움직여도 될 정도로 괜찮을까요?"
"just a step to the side, if you could"
"할 수만 있다면 한 걸음 옆으로"
He might as well have spoken to the wall
차라리 벽에 대고 말하는 편이 나았을지도 모른다
He began again in the same soft voice:
그는 다시 부드러운 목소리로 말했다.
"please know, Sir Serpent, I am on my way home"
"제발 알아 주십시오, 뱀 경, 저는 집으로 돌아가는 중입니다."
"my father is waiting for me"
"아버지께서 나를 기다리고 계십니다"
"and it has been such a long time since I saw him!"
"그리고 정말 오랜만에 만났어요!"
"Will you, therefore, allow me to continue?"
"그렇다면, 제가 계속하도록 허락해 주시겠습니까?"
He waited for a sign in answer to this request
그는 이 요청에 대한 응답으로 서명을 기다렸습니다
but the snake made no answer
그러나 뱀은 아무 대답도 하지 않았다
up to that moment the serpent had been sprightly
그 순간까지 뱀은 뻔뻔스러웠다
up until then it had been full of life

그때까지만 해도 그곳은 생명력으로 가득 차 있었다
but now he became motionless and almost rigid
그러나 이제 그는 꼼짝도 하지 않고 거의 굳어버렸다
He shut his eyes and his tail ceased smoking
그는 눈을 감았고 꼬리에서 연기가 멈췄다
"Can he really be dead?" said Pinocchio
"정말 죽을 수 있을까?" 피노키오가 말했다
and he rubbed his hands with delight
그는 기뻐하며 손을 비볐다
He decided to jump over him
그는 그를 뛰어넘기로 결심했다
and then he could reach the other side of the road
그러면 그는 길 건너편에 도달할 수 있었다
Pinocchio took a little run up
피노키오는 조금 달려갔다
and he went to jump over the snake
그리고 그는 뱀을 뛰어 넘으러 갔다
but suddenly the Serpent raised himself on end
그러나 갑자기 뱀이 몸을 일으켰다
like a spring set in motion
마치 움직이는 용수철처럼
and the puppet stopped just in time
그리고 꼭두각시는 때마침 멈췄습니다
he stopped his feet from jumping
그는 발을 뛰지 못하게 막았다
and he fell to the ground
그리고 그는 땅에 엎드렸다
he fell rather awkwardly into the mud
그는 다소 어색하게 진흙탕에 빠졌다
his head got stuck in the mud
머리가 진흙탕에 갇혔다
and his legs went into the air
그리고 그의 다리는 공중으로 날아올랐다
the Serpent went into convulsions of laughter
뱀은 웃음이 터져 나왔다
it laughed until he broke a blood-vessel
그것은 혈관이 터질 때까지 웃었다
and the snake died from all its laughter

그리고 뱀은 그 모든 웃음 때문에 죽었다
this time the snake really was dead
이번에는 뱀이 정말로 죽어 있었다
Pinocchio then set off running again
그러자 피노키오는 다시 달리기 시작했다
he hoped to reach the Fairy's house before dark
그는 어두워지기 전에 요정의 집에 도착하기를 바랐다
but soon he had other problems again
그러나 얼마 지나지 않아 그는 다시 다른 문제를 겪게 되었다
he began to suffer so dreadfully from hunger
그는 굶주림으로 몹시 고통받기 시작했다
and he could not bear the hunger any longer
그는 더 이상 배고픔을 참을 수 없었다
he jumped into a field by the wayside
그는 길가에 있는 들판으로 뛰어들었다
perhaps there were some grapes he could pick
어쩌면 그가 딸 수 있는 포도가 몇 개 있었을지도 모른다
Oh, if only he had never done it!
오, 그가 그 일을 하지 않았더라면 좋았을 텐데!
He had scarcely reached the grapes
그는 포도에 거의 도달하지 못했다
and then there was a "cracking" sound
그리고 "갈라지는" 소리가 났습니다
his legs were caught between something
그의 다리는 무언가 사이에 끼어 있었다
he had stepped into two cutting iron bars
그는 두 개의 절단 쇠창살 속으로 들어갔다
poor Pinocchio became giddy with pain
가엾은 피노키오는 고통으로 현기증이 났다
stars of every colour danced before his eyes
온갖 색깔의 별들이 그의 눈앞에서 춤을 췄다
The poor puppet had been caught in a trap
가엾은 꼭두각시가 덫에 걸린 것이다
it had been put there to capture polecats
그것은 폴캣을 잡기 위해 그곳에 놓였다

Pinocchio Becomes a Watch-Dog
감시견이 된 피노키오

Pinocchio began to cry and scream
피노키오는 울면서 비명을 지르기 시작했어요
but his tears and groans were useless
그러나 그의 눈물과 신음은 소용이 없었다
because there was not a house to be seen
볼 만한 집이 없었기 때문이다
nor did living soul pass down the road
살아 있는 영혼도 길을 따라 내려가지 않았다
At last the night had come on
드디어 밤이 찾아왔다
the trap had cut into his leg
덫이 그의 다리를 파고들었다
the pain brought him the point of fainting
그 고통 때문에 그는 기절할 지경에 이르렀다
he was scared from being alone
그는 혼자 있는 것이 무서웠다
he didn't like the darkness
그는 어둠을 좋아하지 않았다
Just at that moment he saw a Firefly
바로 그 순간 그는 반딧불이를 보았다
He called to the firefly and said:

그는 반딧불이를 불러 말했다.
"Oh, little Firefly, will you have pity on me?"
"오, 작은 반딧불이야, 나를 불쌍히 여겨 줄 수 있겠니?"
"please liberate me from this torture"
"이 고문에서 저를 해방시켜 주십시오"
"Poor boy!" said the Firefly
"불쌍한 아이야!" 반딧불이가 말했다
the Firefly stopped and looked at him with compassion
반딧불이는 멈춰 서서 연민의 눈길로 그를 바라보았다
"your legs have been caught by those sharp irons"
"당신의 다리는 그 날카로운 쇠붙이에 걸렸습니다"
"how did you get yourself into this trap?"
"어쩌다 이 함정에 빠지게 된 거야?
"I came into the field to pick grapes"
"포도를 따러 밭에 들어왔어요"
"But where did you plant your grapes?"
"그런데 포도는 어디에 심었나요?"
"No, they were not my grapes"
"아니, 내 포도가 아니었어"
"who taught you to carry off other people's property?"
"누가 너에게 남의 재산을 빼앗는 법을 가르쳤느냐?"
"I was so hungry," Pinocchio whimpered
"너무 배가 고파요." 피노키오가 훌쩍였다
"Hunger is not a good reason"
"굶주림은 좋은 이유가 아니다"
"we cannot appropriated what does not belong to us"
"우리는 우리에게 속하지 않은 것을 차지할 수 없다"
"That is true, that is true!" said Pinocchio, crying
"그건 사실이야, 그건 사실이야!" 피노키오가 울면서 말했다
"I will never do it again," he promised
"다시는 그런 일이 없을 거예요." 그는 약속했다
At this moment their conversation was interrupted
이 순간 그들의 대화가 중단되었다
there was a slight sound of approaching footsteps
희미하게 다가오는 발자국 소리가 들렸다
It was the owner of the field coming on tiptoe
밭의 주인이 발끝으로 오는 것이었다

he wanted to see if he had caught a polecat
그는 자신이 장대고양이를 잡았는지 확인하고 싶었다
the polecat that ate his chickens in the night
밤에 닭을 잡아먹은 폴캣
but he was surprised by what was in his trap
그러나 그는 자신의 덫에 무엇이 들어 있는지 알고 놀랐습니다
instead of a polecat, a boy had been captured
폴캣 대신 한 소년이 붙잡혔다
"Ah, little thief," said the angry peasant,
"아, 작은 도둑이여." 화가 난 농부가 말했다.
"then it is you who carries off my chickens?"
"그럼 내 닭을 데려가는 사람이 너야?"
"No, I have not been carrying off your chickens"
"아니, 나는 너의 닭을 데리고 가지 않았어"
"I only came into the field to take two grapes!"
"나는 포도 두 알을 따려고 밭에 왔을 뿐이야!"
"He who steals grapes can easily steal chicken"
"포도를 훔치는 사람은 쉽게 닭을 훔칠 수 있다"
"Leave it to me to teach you a lesson"
"나에게 교훈을 가르쳐 주십시오"
"and you won't forget this lesson in a hurry"
"그리고 당신은 이 교훈을 서둘러 잊지 않을 것입니다"
Opening the trap, he seized the puppet by the collar
덫을 열고 그는 인형의 옷깃을 붙잡았다
and he carried him to his house like a young lamb
그는 그를 어린 양처럼 자기 집으로 데리고 갔다
they reached the yard in front of the house
그들은 집 앞 마당에 도착했다
and he threw him roughly on the ground
그리고 그는 그를 거칠게 땅바닥에 내동댕이쳤다
he put his foot on his neck and said to him:
그분은 자기 목에 발을 얹으시고 말씀하셨습니다.
"It is late and I want to go to bed"
"늦어서 자고 싶다"
"we will settle our accounts tomorrow"
"우리는 내일 결산을 할 것입니다"
"the dog who kept guard at night died today"

"밤을 지키던 개가 오늘 죽었다"
"you will live in his place from now"
"너는 이제부터 그의 처소에서 살게 될 것이다"
"You shall be my watch-dog from now"
"너는 이제부터 나의 감시견이 될 것이다"
he took a great dog collar covered with brass knobs
그는 놋쇠 손잡이로 덮인 커다란 개 목걸이를 가져갔습니다
and he strapped the dog collar around Pinocchio's neck
그리고 그는 피노키오의 목에 개 목걸이를 묶었습니다
it was so tight that he could not pull his head out
너무 꽉 조여서 머리를 빼낼 수 없었다
the dog collar was attached to a heavy chain
개 목걸이는 무거운 사슬에 부착되어 있었습니다
and the heavy chain was fastened to the wall
그리고 무거운 사슬은 벽에 고정되어 있었다
"If it rains tonight you can go into the kennel"
"오늘 밤 비가 오면 사육장에 들어갈 수 있습니다."
"my poor dog had a little bed of straw in there"
"내 불쌍한 개는 거기에 작은 짚 침대를 가지고 있었어요."
"remember to keep your ears pricked for robbers"
"강도를 위하여 귀를 찔러 두기를 기억하라"
"and if you hear robbers, then bark loudly"
"도둑 소리가 들리거든 크게 짖어라"
Pinocchio had received his orders for the night
피노키오는 그날 밤 명령을 받았어요
and the poor man finally went to bed
그리고 그 불쌍한 남자는 마침내 잠자리에 들었다

Poor Pinocchio remained lying on the ground
가엾은 피노키오는 땅바닥에 누워 있었다
he felt more dead than he felt alive
그는 살아 있다는 느낌보다 죽은 것 같았다
the cold, and hunger, and fear had taken all his energy
추위, 배고픔, 두려움이 그의 모든 에너지를 앗아갔다
From time to time he put his hands angrily to the go collar
이따금 그는 화가 난 듯 바둑 옷깃에 손을 넣었다
"It serves me right!" he said to himself
"나한테 잘 맞아!" 그는 혼잣말을 했다
"I was determined to be a vagabond"
"나는 방랑자가 되기로 결심했다"
"I wanted to live the life of a good-for-nothing"
"나는 아무 쓸모없는 삶을 살고 싶었다"
"I used to listen to bad companions"
"나는 나쁜 친구들의 말을 듣곤 했어"
"and that is why I always meet with misfortunes"
"그래서 나는 항상 불행을 만난다"
"if only I had been a good little boy"
"내가 착한 아이였더라면"
"then I would not be in the midst of the field"
"그때에 내가 들 가운데 있지 아니하리라"
"I wouldn't be here if I had stayed at home"
"집에 있었더라면 여기 없었을 거예요"
"I wouldn't be a watch-dog if I had stayed with my papa"
"아빠와 함께 있었더라면 감시견이 되지 않았을 거예요"
"Oh, if only I could be born again!"
"아, 내가 다시 태어날 수만 있다면!"
"But now it is too late to change anything"
"하지만 지금은 아무것도 바꾸기에는 너무 늦었습니다"
"the best thing to do now is having patience!"
"지금 할 수 있는 가장 좋은 일은 인내심을 갖는 것입니다!"
he was relieved by this little outburst
그는 이 작은 폭발에 안도했다
because it had come straight from his heart
그것은 그의 마음에서 우러나온 것이었기 때문입니다
and he went into the dog-kennel and fell asleep

그리고 그는 개 사육장에 들어가 잠이 들었다

Pinocchio Discovers the Robbers
도둑을 발견한 피노키오

He had been sleeping heavily for about two hours
그는 약 두 시간 동안 깊이 잤다
then he was aroused by a strange whispering
그때 그는 이상한 속삭임에 잠이 깼다
the strange voices were coming from the courtyard
안뜰에서 이상한 목소리가 들려오고 있었다
he put the point of his nose out of the kennel
그는 개집 밖으로 코끝을 내밀었다
and he saw four little beasts with dark fur
그리고 그는 검은 털을 가진 네 마리의 작은 짐승을 보았다
they looked like cats making a plan
그들은 계획을 세우는 고양이처럼 보였다
But they were not cats, they were polecats
그러나 그들은 고양이가 아니라 극 고양이였습니다
what polecats are are carnivorous little animals
폴캣은 육식성 작은 동물입니다
they are especially greedy for eggs and young chickens
그들은 특히 달걀과 어린 닭에 대한 욕심이 많습니다
One of the polecats came to the opening of the kennel
폴캣 한 마리가 사육장 입구로 다가왔다
he spoke in a low voice, "Good evening, Melampo"
그는 낮은 목소리로 말했다, "안녕히 주무세요, 멜람포"
"My name is not Melampo," answered the puppet
"내 이름은 멜람포가 아니야." 꼭두각시가 대답했다
"Oh! then who are you?" asked the polecat
"아! 그럼 넌 누구냐?" 폴캣이 물었다
"I am Pinocchio," answered Pinocchio
"나는 피노키오야." 피노키오가 대답했다
"And what are you doing here?"
"여기서 뭘 하고 있는 거야?"
"I am acting as watch-dog," confirmed Pinocchio

"나는 감시견 역할을 하고 있다"고 피노키오는 확언했다
"Then where is Melampo?" wondered the polecat
"그럼 멜람포는 어디 있는 거죠?" 폴캣이 궁금해했다
"Where is the old dog who lived in this kennel?"
"이 사육장에 살았던 늙은 개는 어디 있지?"
"He died this morning," Pinocchio informed
"그는 오늘 아침에 죽었어." 피노키오가 알렸다
"Is he dead? Poor beast! He was so good"
"죽었나? 불쌍한 짐승! 그는 너무 좋았습니다."
"but I would say that you were also a good dog"
"하지만 너도 좋은 개였다고 말하고 싶구나"
"I can see it in your face"
"나는 당신의 얼굴에서 그것을 볼 수 있습니다"
"I beg your pardon, I am not a dog"
"용서를 구합니다, 저는 개가 아닙니다"
"Not a dog? Then what are you?"
"개가 아니라고? 그럼 넌 뭐야?"
"I am a puppet," corrected Pinocchio
"나는 꼭두각시야." 피노키오가 정정했다
"And you are acting as watch-dog?"
"그리고 당신은 감시견 역할을 하고 있습니까?"
"now you understand the situation"
"이제 상황을 이해하셨습니다"
"I have been made to be a watch dog as a punishment"
"나는 벌로 감시견이 되게 되었다"
"well, then we shall tell you what the deal is"
"그럼, 거래가 뭔지 말해 줄게"
"the same deal we had with the deceased Melampo"
"우리가 사망 한 Melampo와 같은 거래"
"I am sure you will be agree to the deal"
"나는 당신이 거래에 동의할 것이라고 확신합니다."
"What are the conditions of this deal?"
"이 거래의 조건은 무엇입니까?"
"one night a week we will visit the poultry-yard"
"일주일에 한 번 밤 우리는 가금류 야드를 방문 할 것입니다."
"and you will allow us to carry off eight chickens"
"너는 우리에게 닭 여덟 마리를 데리고 가게 해 주겠소"

"Of these chickens seven are to be eaten by us"
"이 닭 중에 일곱 마리는 우리가 먹어야 한다"
"and we will give one chicken to you"
"그리고 우리는 당신에게 닭 한 마리를 줄 것입니다"
"your end of the bargain is very easy"
"거래의 끝은 매우 쉽습니다."
"all you have to do is pretend to be asleep"
"당신이 해야 할 일은 잠든 척하는 것뿐입니다"
"and don't get any ideas about barking"
"그리고 짖는 것에 대한 어떤 아이디어도 얻지 마십시오"
"you are not to wake the peasant when we come"
"우리가 올 때 당신은 농부를 깨우지 말아야 합니다"
"Did Melampo act in this manner?" asked Pinocchio
"멜람포가 그런 식으로 행동했나요?" 피노키오가 물었다
"that is the deal we had with Melampo"
"그것이 우리가 Melampo와 가진 거래입니다."
"and we were always on the best terms with him
"그리고 우리는 항상 그와 가장 좋은 관계를 유지했습니다
"sleep quietly and let us do our business"
"조용히 자고 우리 할 일을 하자"
"and in the morning you will have a beautiful chicken"
"그리고 아침에는 아름다운 닭을 가질 것입니다"
"it will be ready plucked for your breakfast tomorrow"
"내일 아침 식사를 위해 뽑아 준비됩니다."
"Have we understood each other clearly?"
"우리는 서로를 명확하게 이해했는가?"
"Only too clearly!" answered Pinocchio
"너무나도 분명하게!" 피노키오가 대답했다
and he shook his head threateningly
그는 위협적으로 고개를 저었다
as if to say: "You shall hear of this shortly!"
마치 "너는 곧 이 일을 듣게 될 것이다!" 하고 말하는 것 같았다.
the four polecats thought that they had a deal
네 명의 폴캣은 거래가 있었다고 생각했다
so they continued to the poultry-yard
그래서 그들은 양계장으로 계속 갔다
first they opened the gate with their teeth

먼저 그들은 이빨로 문을 열었다
and then they slipped in one by one
그리고 그들은 한 명씩 미끄러져 들어왔다
they hadn't been in the chicken-coup for long
그들은 치킨 쿠데타에 참여한 지 오래되지 않았다
but then they heard the gate shut behind them
그러나 그때 뒤에서 문이 닫히는 소리가 들렸다
It was Pinocchio who had shut the gate
문을 닫은 것은 피노키오였다
and Pinocchio took some extra security measures
피노키오는 몇 가지 추가 보안 조치를 취했습니다
he put a large stone against the gate
그는 대문에 큰 돌을 놓았다
this way the polecats couldn't get out again
이런 식으로 폴캣은 다시 빠져 나올 수 없었습니다
and then Pinocchio began to bark like a dog
그러자 피노키오가 개처럼 짖기 시작했습니다
and he barked exactly like a watch-dog barks
그리고 그는 감시견이 짖는 것처럼 정확히 짖었다
the peasant heard Pinocchio barking
농부는 피노키오가 짖는 소리를 들었습니다
he quickly awoke and jumped out of bed
그는 재빨리 잠에서 깨어나 침대에서 벌떡 일어났다
with his gun he came to the window
그는 총을 들고 창문으로 다가갔다
and from the window he called to Pinocchio
그리고 창문에서 그는 피노키오를 불렀다
"What is the matter?" he asked the puppet
"무슨 일이지?" 그가 인형에게 물었다
"There are robbers!" answered Pinocchio
"도둑이 있어요!" 피노키오가 대답했다
"Where are they?" he wanted to know
"그들은 어디에 있는가?" 그는 알고 싶었다
"they are in the poultry-yard," confirmed Pinocchio
"그들은 가금류 마당에 있어요." 피노키오가 확언했다
"I will come down directly," said the peasant
"제가 직접 내려오겠습니다." 농부가 말했다

and he came down in a great hurry
그는 몹시 서둘러 내려왔다
it would have taken less time to say "Amen"
"아멘"이라고 말하는 데 시간이 덜 걸렸을 것입니다
He rushed into the poultry-yard
그는 양계장으로 달려갔다
and quickly he caught all the polecats
그리고 그는 재빨리 모든 장대고양이를 잡았습니다
and then he put the polecats into a sack
그런 다음 그는 장대 고양이를 자루에 넣었습니다
he said to them in a tone of great satisfaction:
그는 매우 만족한 어조로 그들에게 말했다.
"At last you have fallen into my hands!"
"드디어 네가 내 손에 떨어졌구나!"
"I could punish you, if I wanted to"
"내가 원한다면 널 벌할 수 있어"
"but I am not so cruel," he comforted them
"그러나 나는 그렇게 잔인하지 않다"고 그는 그들을 위로했다
"I will content myself in other ways"
"나는 다른 길로 만족하리라"
"I will carry you in the morning to the innkeeper"
"아침에 너를 데리고 여관 주인에게 가겠다"
"he will skin and cook you like hares"
"그가 너를 산토끼처럼 껍질을 벗기고 요리할 것이다"
"and you will be served with a sweet sauce"
"그리고 당신은 달콤한 소스와 함께 제공 될 것입니다"
"It is an honour that you don't deserve"
"당신이 받을 자격이 없는 영광입니다"
"you're lucky I am so generous with you"
"내가 너에게 너무 관대해서 운이 좋았어"
He then approached Pinocchio and stroked him
그런 다음 그는 피노키오에게 다가가 그를 쓰다듬었습니다
"How did you manage to discover the four thieves?"
"어떻게 네 명의 도둑을 찾아낼 수 있었나요?"
"my faithful Melampo never found out anything!"
"나의 충실한 멜람포는 아무것도 알아내지 못했어!"
The puppet could then have told him the whole story

그러면 인형은 그에게 모든 이야기를 할 수 있었을 것이다
he could have told him about the treacherous deal
그는 그에게 위험한 거래에 대해 말할 수도 있었다
but he remembered that the dog was dead
그러나 그는 개가 죽었다는 것을 기억했다
and the puppet thought to himself:
그리고 꼭두각시는 속으로 생각했다.
"of what use it it accusing the dead?"
"죽은 자를 고발하는 것이 무슨 소용이 있겠는가?"
"The dead are no longer with us"
"죽은 자들이 더 이상 우리와 함께 있지 않습니다"
"it is best to leave the dead in peace!"
"죽은 자를 평화롭게 내버려 두는 것이 가장 좋다!"
the peasant went on to ask more questions
농부는 계속해서 더 많은 질문을 했다
"were you sleeping when the thieves came?"
"도둑이 왔을 때 자고 있었어?"
"I was asleep," answered Pinocchio
"자고 있었어요." 피노키오가 대답했다
"but the polecats woke me with their chatter"
"하지만 폴캣들은 그들의 수다로 나를 깨웠다"
"one of the polecats came to the kennel"
"폴캣 한 마리가 사육장에 왔습니다"
he tried to make a terrible deal with me
그는 나와 끔찍한 거래를 하려고 했다
"promise not to bark and we'll give you fine chicken"
"짖지 않겠다고 약속하면 고급 치킨을 줄게"
"I was offended by such an underhanded offer"
"그런 부당한 제안에 기분이 상했습니다"
"I can admit that I am a naughty puppet"
"나는 내가 장난꾸러기 꼭두각시라는 것을 인정할 수 있다"
"but there is one thing I will never be guilty of"
"하지만 내가 결코 죄를 짓지 않을 한 가지가 있습니다"
"I will not make terms with dishonest people!"
"나는 부정직한 사람들과 타협하지 않을 것입니다!"
"and I will not share their dishonest gains"
"나는 그들의 부정직한 이득을 함께 나누지 않을 것이다"

"Well said, my boy!" cried the peasant
"잘 말했어, 얘야!" 농부가 소리쳤다
and he patted Pinocchio on the shoulder
그리고 그는 피노키오의 어깨를 두드렸다
"Such sentiments do you great honour, my boy"
"그런 감정은 너에게 큰 영광이 된다, 얘야"
"let me show you proof of my gratitude to you"
"당신에 대한 나의 감사의 증거를 보여 드리겠습니다"
"I will at once set you at liberty"
"내가 즉시 너희를 자유케 하리라"
"and you may return home as you please"
"너는 원하는 대로 집으로 돌아갈 수 있느니라"
And he removed the dog-collar from Pinocchio
그리고 그는 피노키오의 개 목걸이를 제거했습니다

Pinocchio Flies to the Seashore
해변으로 날아간 피노키오

a dog-collar had hung around Pinocchio's neck
피노키오의 목에는 개 목걸이가 걸려 있었다
but now Pinocchio had his freedom again
하지만 이제 피노키오는 다시 자유를 얻었다
and he wore the humiliating dog-collar no more
그리고 그는 더 이상 굴욕적인 개 목걸이를 착용하지 않았다
he ran off across the fields
그는 들판을 가로질러 달아났다
and he kept running until he reached the road
그는 길에 이를 때까지 계속 달렸다
the road that led to the Fairy's house
요정의 집으로 이어지는 길
in the woods he could see the Big Oak tree
숲 속에서 그는 큰 떡갈나무를 볼 수 있었다
the Big Oak tree to which he had been hung
그가 매달려 있던 큰 떡갈나무
Pinocchio looked around in every direction
피노키오는 사방을 둘러보았다

but he couldn't see his sister's house
하지만 그는 여동생의 집을 볼 수 없었다

the house of the beautiful Child with blue hair
파란 머리를 가진 아름다운 아이의 집

Pinocchio was seized with a sad presentiment
피노키오는 슬픈 예감에 사로잡혔다

he began to run with all the strength he had left
그는 남은 힘을 다해 달리기 시작했다

in a few minutes he reached the field
몇 분 후에 그는 밭에 도착했다

he was where the little house had once stood
그는 한때 작은 집이 서 있던 곳에 있었다

But the little white house was no longer there
그러나 작은 하얀 집은 더 이상 거기에 없었습니다

Instead of the house he saw a marble stone
그는 집 대신에 대리석 돌을 보았다

on the stone were engraved these sad words:
돌에는 다음과 같은 슬픈 글귀가 새겨져 있었다.

"Here lies the child with the blue hair"
"여기 파란 머리를 가진 아이가 누워 있습니다"

"she was abandoned by her little brother Pinocchio"
"그녀는 남동생 피노키오에게 버림받았다"

"and from the sorrow she succumbed to death"
"그 여자는 슬픔으로 말미암아 죽게 되었도다"

with difficulty he had read this epitaph
그는 이 묘비명을 어렵게 읽었다

I leave you to imagine the puppet's feelings
꼭두각시의 감정을 상상하도록 남겨 둡니다.

He fell with his face on the ground
그는 얼굴을 땅에 대고 쓰러졌다

he covered the tombstone with a thousand kisses
그는 수천 번의 키스로 묘비를 덮었다

and he burst into an agony of tears
그리고 그는 눈물을 흘리며 고통스러워했다

He cried for all of that night
그는 그날 밤 내내 울었다

and when morning came he was still crying

아침이 되었을 때, 그는 여전히 울고 있었다
he cried although he had no tears left
그는 눈물이 하나도 남지 않았지만 울었다
his lamentations were heart-breaking
그의 탄식은 가슴이 찢어지는 듯했다
and his sobs echoed in the surrounding hills
그의 흐느낌이 주변 언덕에 울려 퍼졌다
And while he was weeping he said:
그는 울면서 이렇게 말했다.
"Oh, little Fairy, why did you die?"
"오, 꼬마 요정아, 너는 왜 죽었니?"
"Why did I not die instead of you?"
"왜 나는 너 대신 죽지 않았을까?"
"I who am so wicked, whilst you were so good"
"네가 그토록 선한 때에 그토록 악한 나는"
"And my papa? Where can he be?"
"아빠는요? 그는 어디에 있을 수 있을까?"
"Oh, little Fairy, tell me where I can find him"
"오, 꼬마 요정, 어디서 찾을 수 있는지 말해줘"
"for I want to remain with him always"
"내가 항상 그와 함께 있기를 원함이니라"
"and I never want to leave him ever again!"
"그리고 다시는 그를 떠나고 싶지 않아요!"
"tell me that it is not true that you are dead!"
"네가 죽었다는 것은 사실이 아니라고 말해 보아라!"
"If you really love your little brother, come to life again"
"동생을 정말 사랑한다면 다시 살아나세요"
"Does it not grieve you to see me alone in the world?"
"세상에 나 혼자 있는 것을 보니 마음이 아프지 않느냐?"
"does it not sadden you to see me abandoned by everybody?"
"내가 모두에게 버림받는 것을 보니 슬프지 않니?"
"If assassins come they will hang me from the tree again"
"암살자들이 오면 나를 다시 나무에 매달아 죽일 거야"
"and this time I would die indeed"
"이번에는 내가 정녕 죽으리라"
"What can I do here alone in the world?"

"세상에서 나 혼자만 뭘 할 수 있을까?"
"I have lost you and my papa"
"나는 너와 내 아버지를 잃었어"
"who will love me and give me food now?"
"이제 누가 나를 사랑하고 먹을 것을 주겠느냐?"
"Where shall I go to sleep at night?"
"밤에 어디로 가서 잠을 자야 할까?"
"Who will make me a new jacket?"
"누가 나에게 새 재킷을 만들어 줄까?"
"Oh, it would be better for me to die also!"
"아, 나도 죽는 게 낫겠다!"
"not to live would be a hundred times better"
"살지 않는 것이 백 배는 더 나을 것이다"
"Yes, I want to die," he concluded
"네, 죽고 싶어요"라고 그는 결론을 내렸다
And in his despair he tried to tear his hair
그리고 절망 속에서 그는 머리를 뜯으려고 했습니다
but his hair was made of wood
그러나 그의 머리카락은 나무로 만들어졌다
so he could not have the satisfaction
그래서 그는 만족을 가질 수 없었다
Just then a large Pigeon flew over his head
바로 그때 커다란 비둘기 한 마리가 그의 머리 위로 날아갔다
the pigeon stopped with distended wings
비둘기는 날개를 펴고 멈춰 섰다
and the pigeon called down from a great height
그러자 비둘기가 높은 곳에서 내려왔다
"Tell me, child, what are you doing there?"
"말해봐, 얘야, 거기서 뭐 하고 있니?"
"Don't you see? I am crying!" said Pinocchio
"안 보여? 울고 있어요!" 피노키오가 말했다
and he raised his head towards the voice
그리고 그는 목소리를 향해 고개를 들었다
and he rubbed his eyes with his jacket
그리고 그는 재킷으로 눈을 비볐다
"Tell me," continued the Pigeon
"말해봐." 비둘기가 말을 이었다

"do you happen to know a puppet called Pinocchio?"
"혹시 피노키오라는 인형을 아시나요?"
"Pinocchio? Did you say Pinocchio?" repeated the puppet
"피노키오? 피노키오라고 했어?" 꼭두각시가 반복했다
and he quickly jumped to his feet
그리고 그는 재빨리 벌떡 일어섰다
"I am Pinocchio!" he exclaimed with hope
"나는 피노키오다!" 그는 희망을 품고 외쳤다
At this answer the Pigeon descended rapidly
이 대답에 비둘기는 빠르게 내려왔다
He was larger than a turkey
그는 칠면조보다 컸다
"Do you also know Geppetto?" he asked
"너도 제페토를 아냐?" 그가 물었다
"Do I know him! He is my poor papa!"
"내가 그를 아는가! 그는 나의 불쌍한 아빠야!"
"Has he perhaps spoken to you of me?"
"혹시 그분이 나에 대해 말씀해 주셨나요?"
"Will you take me to him?"
"저를 그분께 데려다 주시겠습니까?"
"Is he still alive?"
"아직 살아 있나?"
"Answer me, for pity's sake"
"불쌍히 여겨 내게 대답하소서"
"is he still alive??"
"아직 살아 있나??"
"I left him three days ago on the seashore"
"나는 사흘 전에 그를 해변에 두고 왔어"
"What was he doing?" Pinocchio had to know
"뭘 하고 있었지?" 피노키오는 알아야 했다
"He was building a little boat for himself"
"그는 자기를 위해 작은 배를 만들고 있었다"
"he was going to cross the ocean"
"그는 바다를 건너려고 했다"
"that poor man has been going all round the world"
"그 가난한 사람은 전 세계를 두루 다니고 있습니다"
"he has been looking for you"

"그분은 여러분을 찾고 계십니다"
"but he had no success in finding you"
"그러나 그는 너를 찾는 데 성공하지 못하였다"
"so now he will go to the distant countries"
"그러니 이제 그는 먼 나라로 갈 것이다"
"he will search for you in the New World"
"그분은 신세계에서 너를 찾을 것이다"
"How far is it from here to the shore?"
"여기서 해안까지 얼마나 먼가요?"
"More than six hundred miles"
"600마일 이상"
"Six hundred miles?" echoed Pinocchio
"600마일?" 피노키오가 메아리쳤다
"Oh, beautiful Pigeon," pleaded Pinocchio
"오, 아름다운 비둘기야." 피노키오가 애원했다
"what a fine thing it would be to have your wings!"
"너의 날개가 있다면 얼마나 좋을까!"
"If you wish to go, I will carry you there"
"네가 가고자 하면, 내가 너를 그곳으로 데려갈 것이다"
"How could you carry me there?"
"어떻게 저를 거기까지 데려갈 수 있지요?"
"I can carry you on my back"
"나는 너를 등에 업고 갈 수 있어"
"Do you weigh much?"
"몸무게가 많이 나가세요?"
"I weigh next to nothing"
"내 몸무게는 거의 아무것도 아니야"
"I am as light as a feather"
"나는 깃털처럼 가볍습니다"
Pinocchio didn't hesitate for another moment
피노키오는 한 순간도 망설이지 않았다
and he jumped at once on the Pigeon's back
그리고 그는 즉시 비둘기의 등에 올라탔다
he put a leg on each side of the pigeon
그는 비둘기의 양쪽에 다리를 놓았다
just like men do when they're riding horseback
남자들이 말을 탈 때 하는 것처럼 말이죠

and Pinocchio exclaimed joyfully:
그리고 피노키오는 기뻐하며 외쳤다.
"Gallop, gallop, my little horse"
"질주, 질주, 나의 작은 말"
"because I am anxious to arrive quickly!"
"빨리 도착하고 싶어서요!"
The Pigeon took flight into the air
비둘기는 공중으로 날아올랐다
and in a few minutes they almost touched the clouds
그리고 몇 분 안에 그들은 거의 구름에 닿을 뻔했다

now the puppet was at an immense height
이제 꼭두각시는 엄청난 높이에 있었다
and he became more and more curious
그리고 그는 점점 더 호기심이 생겼다
so he looked down to the ground
그래서 그는 땅을 내려다보았다
but his head spun round in dizziness
하지만 어지러움으로 머리가 빙글빙글 돌았다
he became ever so frightened of the height
그는 그 높이가 점점 더 무서워졌다
and he had to save himself from the danger of falling
그리고 그는 넘어질 위험에서 자신을 구해야 했다

and so held tightly to his feathered steed
그래서 깃털 달린 말을 꽉 붙잡았다
They flew through the skies all of that day
그들은 그날 하루 종일 하늘을 날아다녔습니다
Towards evening the Pigeon said:
저녁이 되자 비둘기가 말했다.
"I am very thirsty from all this flying!"
"나는 이 모든 비행으로 인해 몹시 목이 말랐다!"
"And I am very hungry!" agreed Pinocchio
"그리고 나는 정말 배가 고파요!" 피노키오가 동의했다
"Let us stop at that dovecote for a few minutes"
"그 비둘기장에서 잠깐 멈추자"
"and then we will continue our journey"
"그런 다음 우리는 여행을 계속할 것입니다"
"then we may reach the seashore by dawn tomorrow"
"그럼 내일 새벽쯤 해변에 도착할 수 있을 거야"
They went into a deserted dovecote
그들은 황량한 비둘기장으로 들어갔다
here they found nothing but a basin full of water
거기서 그들은 물이 가득 찬 대야만을 발견하였다
and they found a basket full of vetch
그리고 그들은 등갈퀴나물이 가득 담긴 바구니를 발견했다
The puppet had never in his life been able to eat vetch
인형은 평생 한 번도 등갈퀴나물을 먹을 수 없었다
according to him it made him sick
그의 말에 따르면, 그것은 그를 아프게 했다
That evening, however, he ate to repletion
하지만 그날 저녁에 그는 배불리 먹었다
and he nearly emptied the basket of it
그리고 그는 그 바구니를 거의 비웠다
and then he turned to the Pigeon and said to him:
그런 다음 그는 비둘기를 돌아 보며 말했다.
"I never could have believed that vetch was so good!"
"나는 등갈퀴나물이 그렇게 좋다는 것을 결코 믿을 수 없었을 것입니다!"
"Be assured, my boy," replied the Pigeon
"안심해라, 얘야." 비둘기가 대답했다

"when hunger is real even vetch becomes delicious"
"배고픔이 현실이 되면 등갈퀴나물도 맛있어진다"
"Hunger knows neither caprice nor greediness"
"굶주림은 변덕도 탐욕도 모른다"
the two quickly finished their little meal
두 사람은 서둘러 간단한 식사를 마쳤다
and they recommenced their journey and flew away
그들은 여행을 다시 시작하고 떠났다
The following morning they reached the seashore
이튿날 아침에 그들은 해변에 도착했다
The Pigeon placed Pinocchio on the ground
비둘기는 피노키오를 땅에 내려놓았다
the pigeon did not wish to be troubled with thanks
비둘기는 감사로 괴로워하고 싶지 않았다
it was indeed a good action he had done
그것은 참으로 그가 한 선한 행동이었다
but he had done it out the goodness of his heart
그러나 그는 그의 마음의 선함으로 그 일을 행하였다
and Pinocchio had no time to lose
그리고 피노키오는 지체할 시간이 없었다
so he flew quickly away and disappeared
그래서 그는 재빨리 날아가 사라졌다
The shore was crowded with people
해안은 사람들로 붐볐습니다
the people were looking out to sea
사람들은 바다를 바라보고 있었다
they shouting and gesticulating at something
그들은 무언가에 대해 소리치고 몸짓을 합니다
"What has happened?" asked Pinocchio of an old woman
"무슨 일이 있었던 거죠?" 피노키오가 노파에게 물었다
"there is a poor father who has lost his son"
"아들을 잃은 가난한 아버지가 있다"
"he has gone out to sea in a little boat"
"그분은 작은 배를 타고 바다로 나가셨다"
"he will search for him on the other side of the water"
"그는 물 건너편에서 그를 찾을 것이다"
"and today the sea is most tempestuous"

"그리고 오늘 바다는 가장 폭풍우가 몰아칩니다"
"and the little boat is in danger of sinking"
"그 작은 배는 침몰할 위험에 처해 있습니다"
"Where is the little boat?" asked Pinocchio
"작은 배는 어디 있지?" 피노키오가 물었다
"It is out there in a line with my finger"
"그것은 내 손가락과 일렬로 저기 밖에 있습니다"
and she pointed to a little boat
그리고 그녀는 작은 배를 가리켰다
and the little boat looked like a little nutshell
그리고 그 작은 배는 작은 호두껍질처럼 보였다
a little nutshell with a very little man in it
아주 작은 남자가 들어있는 작은 너트 쉘
Pinocchio fixed his eyes on the little nutshell
피노키오는 그 작은 호두껍데기에 시선을 고정했다
after looking attentively he gave a piercing scream:
주의 깊게 본 후 그는 찢어지는 듯한 비명을 질렀습니다.
"It is my papa! It is my papa!"
"우리 아빠야! 우리 아빠예요!"
The boat, meanwhile, was being beaten by the fury of the waves
한편 배는 거센 파도에 시달리고 있었다
at one moment it disappeared in the trough of the sea
어느 순간 그것은 바다의 골짜기 속으로 사라졌다
and in the next moment the boat came to the surface again
그리고 다음 순간 배는 다시 수면 위로 떠올랐다
Pinocchio stood on the top of a high rock
피노키오는 높은 바위 위에 서 있었어요
and he kept calling to his father
그는 계속 자기 아버지를 불렀다
and he made every kind of signal to him
그리고 그는 그에게 온갖 신호를 보냈다
he waved his hands, his handkerchief, and his cap
그는 손과 손수건, 모자를 흔들었다
Pinocchio was very far away from him
피노키오는 그에게서 아주 멀리 떨어져 있었다
but Geppetto appeared to recognize his son

그러나 제페토는 아들을 알아보는 것 같았다
and he also took off his cap and waved it
그리고 그는 또한 모자를 벗고 흔들었다
he tried by gestures to make him understand
그는 몸짓으로 그를 이해시키려고 노력했다
"I would have returned if it were possible"
"가능하다면 나는 돌아 왔을 것이다."
"but the sea is most tempestuous"
"그러나 바다는 가장 사나운 곳이니라"
"and my oars won't take me to the shores again"
"내 노가 다시는 나를 해안으로 데려가지 못할 거야"
Suddenly a tremendous wave rose out of the sea
갑자기 바다에서 거대한 파도가 솟아올랐습니다
and then the the little nutshell disappeared
그리고 작은 너트 껍질이 사라졌습니다
They waited, hoping the boat would come again to the surface
그들은 배가 다시 수면 위로 올라오기를 바라며 기다렸습니다
but the little boat was seen no more
그러나 그 작은 배는 더 이상 보이지 않았다
the fisherman had assembled at the shore
어부는 해안에 모여 있었다
"Poor man!" they said of him, and murmured a prayer
그들은 그에 대해 "불쌍한 사람이로다!" 하고 말하며 기도를 중얼거렸다
and then they turned to go home
그리고 나서 그들은 집으로 돌아가기 위해 돌아섰다
Just then they heard a desperate cry
바로 그때 그들은 절박한 외침을 들었습니다
looking back, they saw a little boy
뒤를 돌아보니 어린 소년이 있었습니다
"I will save my papa," the boy exclaimed
"내가 아빠를 구할게." 소년이 외쳤다
and he jumped from a rock into the sea
그리고 그는 바위에서 바다로 뛰어내렸다
as you know Pinocchio was made of wood
아시다시피 피노키오는 나무로 만들어졌습니다

so he floated easily on the water
그래서 그는 물 위에 쉽게 떠 있었다
and he swam as well as a fish
그는 물고기처럼 헤엄쳤다
At one moment they saw him disappear under the water
어느 순간 그들은 그분이 물속으로 사라지는 것을 보았다
he was carried down by the fury of the waves
그는 파도의 분노에 휩쓸려 쓰러졌다
and in the next moment he reappeared to the surface of the water
그리고 다음 순간에 그는 다시 수면 위로 나타났다
he struggled on swimming with a leg or an arm
그는 다리나 팔로 수영하는 데 어려움을 겪었습니다
but at last they lost sight of him
그러나 마침내 그들은 그를 못하였다
and he was seen no more
그리고 그는 더 이상 보이지 않았다
and they offered another prayer for the puppet
그리고 그들은 꼭두각시를 위해 또 다른 기도를 드렸다

Pinocchio Finds the Fairy Again
요정을 다시 찾은 피노키오

Pinocchio wanted to be in time to help his father
피노키오는 아버지를 돕기 위해 제시간에 가고 싶었습니다
so he swam all through the night
그래서 그는 밤새도록 수영을 했습니다
And what a horrible night it was!
그리고 그 밤은 얼마나 끔찍한가!
The rain came down in torrents
비는 억수같이 쏟아졌다
it hailed and the thunder was frightful
우박이 쏟아졌고 천둥은 무서웠다
the flashes of lightning made it as light as day
번갯불이 번쩍이더니 그곳은 대낮처럼 밝았다

Towards morning he saw a long strip of land
아침이 되자 그는 길게 뻗은 땅을 보았다
It was an island in the midst of the sea
그곳은 바다 한가운데에 있는 섬이었다
He tried his utmost to reach the shore
그는 해안에 닿기 위해 온 힘을 다했다
but his efforts were all in vain
그러나 그의 노력은 모두 헛수고였다
The waves raced and tumbled over each other
파도는 서로 부딪히며 부딪혔습니다
and the torrent knocked Pinocchio about
그리고 급류는 피노키오를 넘어뜨렸다
it was as if he had been a wisp of straw
마치 지푸라기라도 잡는 심정이었다
At last, fortunately for him, a billow rolled up
마침내, 다행스럽게도, 파도가 일렁였다
it rose with such fury that he was lifted up
그것은 너무나 격렬하게 솟아올라 그를 들어 올렸다
and finally he was thrown on to the sands
그리고 마침내 그는 모래 위에 던져졌다
the little puppet crashed onto the ground
작은 인형이 땅바닥에 쓰러졌다
and all his joints cracked from the impact

그리고 그의 모든 관절은 충격으로 금이 갔다
but he comforted himself, saying:
그러나 그는 이렇게 말하며 스스로를 위로했다.
"This time also I have made a wonderful escape!"
"이번에도 나는 훌륭하게 탈출했어!"
Little by little the sky cleared
하늘은 조금씩 맑아졌다
the sun shone out in all his splendour
태양은 그의 모든 찬란함을 빛나고 있었다
and the sea became as quiet and smooth as oil
그리하여 바다는 기름처럼 고요하고 부드러워졌다
The puppet put his clothes in the sun to dry
인형은 옷을 햇볕에 말리기 위해 널었습니다
and he began to look in every direction
그는 사방을 살피기 시작하였다
somewhere on the water there must be a little boat
물 위 어딘가에 작은 배가 있어야 합니다
and in the boat he hoped to see a little man
그리고 배 안에서 그는 작은 남자를 볼 수 있기를 바랐다
he looked out to sea as far as he could see
그는 눈에 보이는 대로 바다를 바라보았다
but all he saw was the sky and the sea
그러나 그가 본 것은 하늘과 바다뿐이었다
"If I only knew what this island was called!"
"이 섬의 이름이 무엇인지 알았더라면!"
"If I only knew whether it was inhabited"
"사람이 살고 있는지 알기만 한다면"
"perhaps civilized people do live here"
"어쩌면 문명 된 사람들이 여기에 살고 있을지도 모릅니다."
"people who do not hang boys from trees"
"소년을 나무에 매달지 않는 사람들"
"but whom can I ask if there is nobody?"
"하지만 아무도 없다면 누구에게 물어볼 수 있을까요?"
Pinocchio didn't like the idea of being all alone
피노키오는 혼자라는 생각을 좋아하지 않았습니다
and now he was alone on a great uninhabited country
그리고 이제 그는 사람이 살지 않는 거대한 나라에 혼자 있게

되었다
the idea of it made him melancholy
그 생각은 그를 우울하게 만들었다
he was just about to to cry
그는 막 울기 직전이었다
But at that moment he saw a big fish swimming by
그러나 그 순간 그는 큰 물고기가 헤엄쳐 지나가는 것을 보았습니다
the big fish was only a short distance from the shore
큰 물고기는 해안에서 불과 얼마 떨어지지 않았습니다
the fish was going quietly on its own business
물고기는 조용히 자기 일을 하고 있었다
and it had its head out of the water
그리고 그 머리는 물 밖으로 나왔다
Not knowing its name, the puppet called to the fish
이름을 모른 꼭두각시는 물고기를 불렀다
he called out in a loud voice to make himself heard:
그는 자신의 목소리를 듣기 위해 큰 소리로 외쳤다.
"Eh, Sir Fish, will you permit me a word with you?"
"어, 물고기 선생님, 저와 한 말씀 나누실 수 있을까요?"
"Two words, if you like," answered the fish
"원한다면 두 단어로요." 물고기가 대답했다
the fish was in fact not a fish at all
사실 그 물고기는 전혀 물고기가 아니었다
what the fish was was a Dolphin
물고기는 돌고래였습니다.
and you couldn't have found a politer dolphin
그리고 당신은 폴리터 돌고래를 찾을 수 없었을 것입니다
"Would you be kind enough to tell:"
"친절하게 말씀해 주시겠습니까:"
"is there are villages in this island?"
"이 섬에 마을이 있나요?"
"and might there be something to eat in these villages?"
"이 마을에 먹을 것이 있을까요?"
"and is there any danger in these villages?"
"그럼 이 마을들에 무슨 위험이 있나?"
"might one get eaten in these villages?"

"이 마을에서 잡아먹힐 수도 있지 않을까?"
"there certainly are villages," replied the Dolphin
"분명히 마을이 있지." 돌고래가 대답했다
"Indeed, you will find one village quite close by"
"사실, 당신은 아주 가까운 곳에 한 마을을 찾을 수 있습니다."
"And what road must I take to go there?"
"그러면 어떤 길을 가야 합니까?"
"You must take that path to your left"
"너는 그 길을 왼쪽으로 가야 해"
"and then you must follow your nose"
"그런 다음 코를 따라가야 합니다"
"Will you tell me another thing?"
"한 가지 더 말씀해 주시겠습니까?"
"You swim about the sea all day and night"
"너는 밤낮으로 바다를 헤엄치네"
"have you by chance met a little boat"
"우연히 작은 배를 만났습니까?"
"a little boat with my papa in it?"
"아빠가 타고 있는 작은 배?"
"And who is your papa?"
"그럼 네 아빠는 누구니?"
"He is the best papa in the world"
"그는 세상에서 가장 좋은 아빠입니다"
"but it would be difficult to find a worse son than I am"
"하지만 나보다 더 나쁜 아들을 찾기는 어려울 것입니다"
The fish regretted to tell him what he feared
물고기는 그가 두려워하는 것을 그에게 말한 것을 후회했다
"you saw the terrible storm we had last night"
"당신은 우리가 어젯밤에 겪었던 무서운 폭풍을 보았습니다"
"the little boat must have gone to the bottom"
"작은 배는 분명 바닥으로 가라앉았을 것이다"
"And my papa?" asked Pinocchio
"아빠는?" 피노키오가 물었다
"He must have been swallowed by the terrible Dog-Fish"
"그는 끔찍한 개고기에게 삼켜졌을 것입니다"
"of late he has been swimming on our waters"
"최근에 그는 우리 물 위에서 헤엄치고 있다"

"and he has been spreading devastation and ruin"
"그는 황폐와 파멸을 퍼뜨리고 있다"

Pinocchio was already beginning to quake with fear
피노키오는 벌써 두려움에 떨기 시작했다

"Is this Dog-Fish very big?" asked Pinocchio
"이거 개고기가 엄청 큰가요?" 피노키오가 물었다

"oh, very big!" replied the Dolphin
"오, 아주 크다!" 돌고래가 대답했다

"let me tell you about this fish"
"이 물고기에 대해 말해 줄게"

"then you can form some idea of his size"
"그럼 그 녀석의 크기에 대해 어느 정도 짐작할 수 있겠군"

"he is bigger than a five-storied house"
"그는 다섯 층짜리 집보다 더 크다"

"and his mouth is more enormous than you've ever seen"
"그리고 그의 입은 당신이 본 것보다 더 거대합니다"

"a railway train could pass down his throat"
"기차가 그의 목을 타고 지나갈 수 있다"

"Mercy upon us!" exclaimed the terrified puppet
"우리에게 자비를 베푸소서!" 겁에 질린 꼭두각시가 소리쳤다

and he put on his clothes with the greatest haste
그는 아주 서둘러 자기 옷을 입었다

"Good-bye, Sir Fish, and thank you"
"안녕히 계세요, 물고기 선생님, 그리고 감사합니다"

"excuse the trouble I have given you"
"내가 너희에게 문제를 일으킨 것을 용서하노라"

"and many thanks for your politeness"
"그리고 당신의 정중함에 감사드립니다."

He then took the path that had been pointed out to him
그런 다음 그는 그에게 지시된 길을 택했습니다

and he began to walk as fast as he could
그는 할 수 있는 한 빨리 걷기 시작했다

he walked so fast, indeed, that he was almost running
그는 너무나 빨리 걸었기 때문에, 정말로 거의 뛰는 것 같았다

And at the slightest noise he turned to look behind him
그리고 아주 작은 소리에도 그는 뒤를 돌아보았다

he feared that he might see the terrible Dog-Fish

그는 무서운 개물고기를 볼까 봐 두려웠다
and he imagined a railway train in its mouth
그리고 그는 기차의 입 속에 있는 기차를 상상했다
a half-hour walk took him to a little village
30분 정도 걸으면 작은 마을에 도착할 수 있었다
the village was The Village of the Industrious Bees
그 마을은 부지런한 꿀벌들의 마을이었다
The road was alive with people
길은 사람들로 활기가 넘쳤다
and they were running here and there
그리고 그들은 여기저기 뛰어다녔다
and they all had to attend to their business
그리고 그들 모두는 그들의 일을 돌보아야 했다
all were at work, all had something to do
모두가 일하고 있었고, 모두 할 일이 있었다
You could not have found an idler or a vagabond
그대는 게으름뱅이나 방랑자를 찾을 수 없었을 것이다
even if you searched for him with a lighted lamp
불을 밝힌 램프를 들고 그를 찾았어도
"Ah!" said that lazy Pinocchio at once
"아!" 그 게으른 피노키오가 즉시 말했다
"I see that this village will never suit me!"
"이 마을은 나에게 절대 어울리지 않을 것 같아!"
"I wasn't born to work!"
"나는 일하기 위해 태어난 게 아니야!"
In the meanwhile he was tormented by hunger
그러는 동안 그는 굶주림에 시달렸다
he had eaten nothing for twenty-four hours
그는 24시간 동안 아무것도 먹지 않았다
he had not even eaten vetch
그는 심지어 등갈퀴나물도 먹지 않았다
What was poor Pinocchio to do?
불쌍한 피노키오는 무엇을 해야 했을까요?
There were only two ways to obtain food
식량을 얻는 방법은 두 가지뿐이었다
he could either get food by asking for a little work
그는 약간의 일을 부탁함으로써 음식을 얻을 수도 있었다

or he could get food by way of begging
또는 구걸을 통해 식품을 얻을 수도 있었다
someone might be kind enough to throw him a nickel
누군가는 그에게 니켈을 던져줄 만큼 친절할 수 있습니다
or they might give him a mouthful of bread
아니면 그들은 그에게 빵 한 입을 줄 수도 있었다
generally Pinocchio was ashamed to beg
일반적으로 피노키오는 구걸하는 것을 부끄러워했습니다
his father had always preached him to be industrious
그의 아버지는 항상 그에게 부지런하라고 설교했다
he taught him no one had a right to beg
그는 아무도 구걸할 권리가 없다고 가르쳤다
except the aged and the infirm
노약자를 제외하고는
The really poor in this world deserve compassion
이 세상에서 정말 가난한 사람들은 동정을 받아 마땅합니다
the really poor in this world require assistance
이 세상에서 정말 가난한 사람들은 도움이 필요합니다
only those who are aged or sick
나이가 많거나 병약한 분만
those who are no longer able to earn their own bread
더 이상 자신의 빵을 벌 수 없는 사람들
It is the duty of everyone else to work
일하는 것은 다른 모든 사람들의 의무입니다
and if they don't labour, so much the worse for them
그리고 그들이 일하지 않는다면, 그들에게 훨씬 더 나쁜 일이 닥칠 것이다
let them suffer from their hunger
그들이 굶주림에 시달리게 하소서
At that moment a man came down the road
그 순간 한 남자가 길을 따라 내려왔다
he was tired and panting for breath
그는 피곤해서 숨을 헐떡이고 있었다
He was dragging two carts full of charcoal
그는 숯을 가득 실은 수레 두 대를 끌고 있었다
Pinocchio judged by his face that he was a kind man
피노키오는 그의 얼굴로 그가 친절한 사람이라고 판단했습니다
so Pinocchio approached the charcoal man

그래서 피노키오는 숯 남자에게 다가갔습니다
he cast down his eyes with shame
그는 부끄러움으로 눈을 내리깔았다
and he said to him in a low voice:
그리고 그는 낮은 목소리로 그에게 말했다.
"Would you have the charity to give me a nickel?"
"나한테 니켈 한 닢을 줄 자선단체가 있겠니?"
"because, as you can see, I am dying of hunger"
"보시다시피 나는 굶어 죽어가고 있기 때문입니다"
"You shall have not only a nickel," said the man
"당신은 니켈 한 닢만 가지게 될 것이 아닙니다." 남자가 말했다
"I will give you a dime"
"한 푼도 주겠다"
"but for the dime you must do some work"
"그러나 한 푼이라도 돈을 벌기 위해서는 일을 해야 합니다"
"help me to drag home these two carts of charcoal"
"이 두 개의 숯 수레를 집으로 끌고 갈 수 있게 도와주세요"
"I am surprised at you!" answered the puppet
"너를 보고 놀랐구나!" 꼭두각시가 대답했다
and there was a tone of offense in his voice
그리고 그의 목소리에는 불쾌한 어조가 있었다
"Let me tell you something about myself"
"나 자신에 대해 좀 말해 볼게요"
"I am not accustomed to do the work of a donkey"
"나는 나귀의 일을 하는 데 익숙하지 않습니다"
"I have never drawn a cart!"
"나는 수레를 그려 본 적이 없다!"
"So much the better for you," answered the man
"당신에게 훨씬 더 좋습니다." 남자가 대답했다
"my boy, I see how you are dying of hunger"
"얘야, 네가 얼마나 굶어 죽어가는지 알겠어"
"eat two fine slices of your pride"
"네 자랑의 고운 두 조각을 먹으라"
"and be careful not to get indigestion"
"그리고 소화 불량에 걸리지 않도록 주의하세요"
A few minutes afterwards a mason passed by
몇 분 후에 한 석공이 지나갔다

he was carrying a basket of mortar
그는 모르타르 바구니를 들고 있었다
"Would you have the charity to give me a nickel?"
"나한테 니켈 한 닢을 줄 자선단체가 있겠니?"
"me, a poor boy who is yawning for want of food"
"먹을 것이 없어 하품하는 불쌍한 소년 나"
"Willingly," answered the man
"기꺼이요." 남자가 대답했다
"Come with me and carry the mortar"
"나와 함께 가서 절구를 나르십시오"
"and instead of a nickel I will give you a dime"
"니켈 대신에 한 푼도 주겠다"
"But the mortar is heavy," objected Pinocchio
"하지만 박격포는 무겁잖아요." 피노키오가 이의를 제기했다
"and I don't want to tire myself"
"그리고 나는 나 자신을 피곤하게 하고 싶지 않다"
"I see you you don't want to tire yourself"
"나는 당신이 자신을 피곤하게 하고 싶지 않다는 것을 압니다"
"then, my boy, go amuse yourself with yawning"
"그럼, 얘야, 가서 하품하는 거 즐겨봐"
In less than half an hour twenty other people went by
30분도 채 안 되어 20명이 더 지나갔다
and Pinocchio asked charity of them all
그리고 피노키오는 그들 모두에게 자선을 베풀었다
but they all gave him the same answer
그러나 그들은 모두 같은 대답을 했다
"Are you not ashamed to beg, young boy?"
"구걸하는 것이 부끄럽지 않니, 얘야?"
"Instead of idling about, look for a little work"
"빈둥거리지 말고 조금이라도 할 일을 찾아라"
"you have to learn to earn your bread"
"너는 네 빵 버는 법을 배워야 한다"
finally a nice little woman walked by
마침내 멋진 작은 여자가 걸어 갔다
she was carrying two cans of water
그녀는 물 두 통을 들고 있었다
Pinocchio asked her for charity too

피노키오는 그녀에게 자선도 부탁했습니다
"Will you let me drink a little of your water?"
"제게 물을 조금 마시게 해 주시겠습니까?"
"because I am burning with thirst"
"내가 목마름으로 타는 것 같아서"
the little woman was happy to help
그 작은 여자는 기꺼이 도와주었습니다
"Drink, my boy, if you wish it!"
"마셔라, 얘야, 원한다면 마셔라!"
and she set down the two cans
그리고 그녀는 두 개의 깡통을 내려놓았다
Pinocchio drank like a fish
피노키오는 물고기처럼 술을 마셨다
and as he dried his mouth he mumbled:
그는 입을 말리면서 중얼거렸다.
"I have quenched my thirst"
"내가 내 목마름을 해소하였도다"
"If I could only appease my hunger!"
"배고픔을 달랠 수만 있다면!"
The good woman heard Pinocchio's pleas
착한 여인은 피노키오의 간청을 들었습니다
and she was only too willing to oblige
그리고 그녀는 너무나도 기꺼이 복종하려 했다
"help me to carry home these cans of water"
"이 물통을 집으로 가져갈 수 있게 도와주세요"
"and I will give you a fine piece of bread"
"내가 좋은 빵 한 조각을 네게 주겠다"
Pinocchio looked at the cans of water
피노키오는 물통을 보았어요
and he answered neither yes nor no
그는 '예'도 '아니오'도 대답하지 않았다
and the good woman added more to the offer
그리고 그 선한 여인은 그 제안에 더 많은 것을 덧붙였다
"As well as bread you shall have cauliflower"
"너는 빵과 함께 콜리플라워를 먹게 될 것이다"
Pinocchio gave another look at the can
피노키오는 깡통을 다시 한 번 보았어요

and he answered neither yes nor no
그는 '예'도 '아니오'도 대답하지 않았다
"And after the cauliflower there will be more"
"그리고 콜리플라워 다음에는 더 많을 것입니다"
"I will give you a beautiful syrup bonbon"
"예쁜 시럽 봉봉을 선물합니다"
The temptation of this last dainty was great
이 마지막 고상한 맛의 유혹은 컸다
finally Pinocchio could resist no longer
마침내 피노키오는 더 이상 저항할 수 없었습니다
with an air of decision he said:
그는 결의에 찬 어조로 이렇게 말했다.
"I must have patience!"
"인내심을 가져야 해!"
"I will carry the water to your house"
"내가 너의 집까지 물을 가져다 주겠다"
The water was too heavy for Pinocchio
물이 너무 무거워서 피노키오가 할 수 없었다
he could not carry it with his hands
그는 그것을 손으로 들 수 없었다
so he had to carry it on his head
그래서 그는 그것을 머리에 이고 다녀야 했습니다
Pinocchio did not enjoy doing the work
피노키오는 그 일을 하는 것을 좋아하지 않았다
but soon they reached the house
그러나 그들은 곧 그 집에 도착했다
and the good little woman offered Pinocchio a seat
그리고 착한 작은 여자는 피노키오에게 자리를 제안했습니다
the table had already been laid
식탁은 이미 놓여 있었다
and she placed before him the bread
그리고 그 여자는 그 빵을 그분 앞에 놓았다
and then he got the cauliflower and the bonbon
그리고 그는 콜리플라워와 봉봉을 얻었습니다
Pinocchio did not eat his food, he devoured it
피노키오는 음식을 먹지 않고 먹어 치웠다
His stomach was like an empty apartment

뱃속은 텅 빈 아파트 같았다
an apartment that had been left uninhabited for months
몇 달 동안 사람이 살지 않은 채로 방치된 아파트
but now his ravenous hunger was somewhat appeased
그러나 이제 그의 굶주린 배고픔은 어느 정도 달래졌다
he raised his head to thank his benefactress
그는 고개를 들어 은인에게 감사의 인사를 전했다
then he took a better look at her
그런 다음 그는 그녀를 더 자세히 살펴보았습니다
he gave a prolonged "Oh!" of astonishment
그는 놀라움의 눈길로 "오!" 하고 길게 말했다
and he continued staring at her with wide open eyes
그리고 그는 눈을 크게 뜨고 그녀를 계속 바라보았다
his fork was in the air
그의 포크는 공중에 떠 있었다
and his mouth was full of cauliflower
그리고 그의 입에는 콜리플라워가 가득했습니다
it was as if he had been bewitched
마치 마법에 걸린 것 같았다
the good woman was quite amused
그 착한 여자는 꽤 즐거워했다
"What has surprised you so much?"
"무엇이 당신을 그토록 놀라게 했나요?"
"It is..." answered the puppet
"그건..." 꼭두각시가 대답했다
"it's just that you are like..."
"그냥 너가..."
"it's just that you remind me of someone"
"그냥 너가 누군가를 생각나게 하는 거야"
"yes, yes, yes, the same voice"
"그래, 그래, 그래, 같은 목소리"
"and you have the same eyes and hair"
"그리고 당신은 같은 눈과 머리카락을 가지고 있습니다"
"yes, yes, yes. you also have blue hair"
"그래, 그래, 그래. 너도 파란 머리를 가졌잖아"
"Oh, little Fairy! tell me that it is you!"
"오, 꼬마 요정! 너라고 말해 봐!"

"Do not make me cry anymore!"
"더 이상 나를 울게 하지 마!"
"If only you knew how much I've cried"
"내가 얼마나 울었는지 알았더라면"
"and I have suffered so much"
"내가 참으로 고난을 많이 당하였도다"
And Pinocchio threw himself at her feet
그리고 피노키오는 그녀의 발 앞에 엎드렸다
and he embraced the knees of the mysterious little woman
그리고 그는 신비한 작은 여인의 무릎을 껴안았다
and he began to cry bitterly
그는 몹시 울기 시작하였다

Pinocchio Promises the Fairy he'll be a Good Boy Again
피노키오는 요정에게 다시 착한 소년이 될 것이라고
약속합니다.

At first the good little woman played innocent
처음에 그 착한 작은 여자는 순진한 척했다
she said she was not the little Fairy with blue hair
그녀는 자신이 파란 머리를 가진 작은 요정이 아니라고 말했다
but Pinocchio could not be tricked
그러나 피노키오는 속일 수 없었다
she had continued the comedy long enough
그녀는 충분히 오랫동안 코미디를 계속했다
and so she ended by making herself known
그래서 그녀는 자신을 알리는 것으로 끝을 맺었습니다
"You naughty little rogue, Pinocchio"
"이 못된 꼬마 도적아, 피노키오"
"how did you discover who I was?"
"내가 누군지 어떻게 알게 됐어?"
"It was my great affection for you that told me"
"너에 대한 나의 큰 애정이 말해 주었어"
"Do you remember when you left me?"
"날 두고 갔을 때 기억나?"
"I was still a child back then"
"그때는 아직 어린아이였어요"
"and now I have become a woman"
"이제 나는 여자가 되었나이다"
"a woman almost old enough to be your mamma"
"너의 엄마가 될 만큼 나이가 든 여자"
"I am delighted at that"
"정말 기쁩니다"
"I will not call you little sister anymore"
"더 이상 여동생이라고 부르지 않을게요"
"from now I will call you mamma"
"이제부터 엄마라고 부르겠습니다"
"all the other boys have a mamma"
"다른 남자애들은 다 엄마가 있잖아"
"and I have always wished to also have a mamma"

"그리고 나는 항상 엄마도 갖고 싶었어요"
"But how did you manage to grow so fast?"
"그런데 어떻게 그렇게 빨리 성장할 수 있었어?"
"That is a secret," said the fairy
"그건 비밀이야." 요정이 말했다
Pinocchio wanted to know, "teach me your secret"
피노키오는 "너의 비밀을 가르쳐 줘"라고 알고 싶었다
"because I would also like to grow"
"나도 성장하고 싶으니까"
"Don't you see how small I am?"
"내가 얼마나 작은지 모르겠어?"
"I always remain no bigger than a ninepin"
"나는 항상 나인핀보다 크지 않다"
"But you cannot grow," replied the Fairy
"하지만 너는 성장할 수 없어." 요정이 대답했다
"Why can't I grow?" asked Pinocchio
"왜 나는 자랄 수 없을까?" 피노키오가 물었다
"Because puppets never grow"
"꼭두각시는 절대 자라지 않기 때문에"
"when they are born they are puppets"
"태어날 때, 그들은 꼭두각시이다"
"and they live their lives as puppets"
"그리고 그들은 꼭두각시로 살아간다"
"and when they die they die as puppets"
"그들이 죽을 때, 그들은 꼭두각시처럼 죽는다"
Pinocchio game himself a slap
피노키오 게임 스스로 때리기
"Oh, I am sick of being a puppet!"
"아, 꼭두각시가 되는 게 지긋지긋해!"
"It is time that I became a man"
"이제 내가 어른이 될 때야"
"And you will become a man," promised the fairy
"그리고 너는 어른이 될 거야." 요정이 약속했다
"but you must know how to deserve it"
"그러나 당신은 그것을 받을 자격이 있는 방법을 알아야 합니다"
"Is this true?" asked Pinocchio
"이게 사실인가요?" 피노키오가 물었다

"And what can I do to deserve to be a man?"
"그리고 내가 남자가 될 자격이 있으려면 어떻게 할 수 있을까?"
"it is a very easy thing to deserve to be a man"
"남자가 될 자격이 있다는 것은 매우 쉬운 일입니다"
"all you have to do is learn to be a good boy"
"당신이 해야 할 일은 착한 소년이 되는 법을 배우는 것뿐입니다"
"And you think I am not a good boy?"
"그리고 너는 내가 착한 아이가 아니라고 생각해?"
"You are quite the opposite of a good boy"
"넌 착한 아이랑 정반대야"
"Good boys are obedient, and you..."
"착한 애들은 순종적이고, 너는..."
"And I never obey," confessed Pinocchio
"그리고 나는 절대로 복종하지 않는다"고 피노키오는 고백했다
"Good boys like to learn and to work, and you..."
"착한 애들은 배우고 일하는 걸 좋아하고, 너는..."
"And I instead lead an idle, vagabond life"
"그리고 나는 대신 게으르고 방랑하는 삶을 살고 있습니다"
"Good boys always speak the truth"
"착한 소년은 항상 진실을 말한다"
"And I always tell lies," admitted Pinocchio
"그리고 나는 항상 거짓말을 해." 피노키오가 인정했다
"Good boys go willingly to school"
"착한 아이들은 기꺼이 학교에 간다"
"And school gives me pain all over the body"
"그리고 학교는 나에게 온몸이 아파요"
"But from today I will change my life"
"하지만 오늘부터 인생이 바뀝니다"
"Do you promise me?" asked the Fairy
"나한테 약속해?" 요정이 물었다
"I promise that I will become a good little boy"
"착한 소년이 될 것을 약속합니다"
"and I promise be the consolation of my papa"
"그리고 나는 나의 아버지의 위로가 될 것을 약속한다"
"Where is my poor papa at this moment?"
"지금 내 불쌍한 아빠는 어디 계신가?"

but the fairy didn't know where his papa was
하지만 요정은 아빠가 어디 있는지 몰랐어요
"Shall I ever have the happiness of seeing him again?"
"언젠가 그를 다시 볼 수 있는 행복을 누릴 수 있을까?"
"will I ever kiss him again?"
"내가 그에게 다시 키스할 수 있을까?"
"I think so; indeed, I am sure of it"
"그렇다고 생각해요. 실로 내가 확신하노라"
At this answer Pinocchio was delighted
이 대답에 피노키오는 매우 기뻐했습니다
he took the Fairy's hands
그는 요정의 손을 잡았다
and he began to kiss her hands with great fervour
그리고 그는 매우 열렬하게 그녀의 손에 키스하기 시작했다
he seemed beside himself with joy
그는 기쁨으로 어쩔 줄 몰라 하는 것 같았다
Then Pinocchio raised his face
그러자 피노키오가 얼굴을 들었다
and he looked at her lovingly
그리고 그는 그녀를 사랑스럽게 바라보았다
"Tell me, little mamma:"
"말해봐, 작은 엄마:"
"then it was not true that you were dead?"
"그럼 당신이 죽었다는 것은 사실이 아니었습니까?"
"It seems not," said the Fairy, smiling
"아닌 것 같아." 요정이 미소를 지으며 말했다
"If you only knew the sorrow I felt"
"내가 느꼈던 슬픔을 너가 알았더라면"
"you can't imagined the tightening of my throat"
"내 목이 조여오는 것을 상상할 수 없을 거야"
"reading what was on that stone almost broke my heart"
"그 돌에 적힌 것을 읽으면서 내 마음은 거의 찢어질 뻔했습니다"
"I know what it did to you"
"나는 그것이 너에게 무슨 영향을 미쳤는지 안다"
"and that is why I have forgiven you"
"그래서 내가 너를 용서한 것이니라"

"I saw it from the sincerity of your grief"
"나는 너의 슬픔의 진실함에서 그것을 보았다"
"I saw that you have a good heart"
"나는 네가 선한 마음을 가졌음을 보았노라"
"boys with good hearts are not lost"
"선한 마음을 가진 소년들은 길을 잃지 않았다"
"there is always something to hope for"
"항상 바랄 것이 있습니다"
"even if they are scamps"
"그들이 사기꾼일지라도"
"and even if they have got bad habits"
"그들이 나쁜 습관을 가지고 있다 할지라도"
"there is always hope they change their ways"
"그들이 자신의 길을 바꿀 수 있다는 희망은 항상 있습니다"
"That is why I came to look for you here"
"그래서 내가 너를 찾으러 온 거야"
"I will be your mamma"
"내가 너의 엄마가 되어줄게"
"Oh, how delightful!" shouted Pinocchio
"오, 얼마나 즐거운가!" 피노키오가 소리쳤다
and the little puppet jumped for joy
그리고 작은 인형은 기뻐서 뛰었습니다
"You must obey me, Pinocchio"
"너는 내게 복종해야 해, 피노키오"
"and you must do everything that I bid you"
"내가 네게 명하는 모든 것을 너는 행해야 한다"
"I will willingly obey you"
"기꺼이 순종하겠습니다"
"and I will do as I'm told!"
"그리고 나는 시키는 대로 할 것이다!"
"Tomorrow you will begin to go to school"
"내일부터 너는 학교에 가기 시작할 거야"
Pinocchio became at once a little less joyful
피노키오는 즉시 조금 덜 즐거워졌다
"Then you must choose a trade to follow"
"그럼 당신은 따를 거래를 선택해야 합니다."
"you most choose a job according to your wishes"

"당신은 대부분 자신의 소원에 따라 직업을 선택합니다"
Pinocchio became very grave at this
이에 피노키오는 몹시 심각해졌다
the Fairy asked him in an angry voice:
요정은 성난 목소리로 물었다.
"What are you muttering between your teeth?"
"이빨 사이로 뭐라고 중얼거리고 있니?"
"I was saying..." moaned the puppet in a low voice
"내가 말하고 있었던데..." 인형이 낮은 목소리로 신음했다
"it seems to me too late for me to go to school now"
"지금 학교에 가기에는 너무 늦은 것 같아요"
"No, sir, it is not too late for you to go to school"
"아니요, 선생님, 학교에 가서도 늦지 않았습니다"
"Keep it in mind that it is never too late"
"너무 늦은 때란 없다는 것을 기억하십시오"
"we can always learn and instruct ourselves"
"우리는 항상 배우고 스스로 가르칠 수 있습니다"
"But I do not wish to follow a trade"
"그러나 나는 거래를 따르고 싶지 않다"
"Why do you not wish to follow an trade?"
"왜 거래를 따르고 싶지 않으십니까?"
"Because it tires me to work"
"일하는 것이 나를 피곤하게 하기 때문에"
"My boy," said the Fairy lovingly
"얘야." 요정이 사랑스럽게 말했다
"there are two kinds of people who talk like that"
"그렇게 말하는 사람은 두 부류가 있다"
"there are those that are in prison"
"옥에 갇힌 사람들이 있습니다"
"and there are those that are in hospital"
"그리고 병원에 입원해 있는 사람들도 있습니다"
"Let me tell you one thing, Pinocchio;"
"한 가지만 말해줄게, 피노키오."
"every man, rich or poor, is obliged work"
"부자든 가난한 사람이든 모든 사람은 일할 의무가 있다"
"he has to occupy himself with something"
"그는 무엇인가에 몰두해야 한다"

"Woe to those who lead slothful lives"
"게으른 생활을 하는 자들에게 화가 있으리로다"
"Sloth is a dreadful illness"
"게으름은 무서운 병이다"
"it must be cured at once, in childhood"
"어릴 적기에 즉시 치료해야 한다"
"because it can never be cured once you are old"
"한 번 늙으면 절대로 치료할 수 없기 때문에"
Pinocchio was touched by these words
피노키오는 이 말에 감동을 받았습니다
lifting his head quickly, he said to the Fairy:
그는 재빨리 고개를 들고 요정에게 말했다.

"I will study and I will work"
"공부하고 일하겠습니다"
"I will do all that you tell me"
"당신이 내게 말씀하시는 모든 것을 내가 행하겠습니다"

"for indeed I have become weary of being a puppet"
"실로 나는 꼭두각시 노릇하는 것에 지쳤도다"
"and I wish at any price to become a boy"
"나는 어떤 대가를 치르더라도 소년이 되고 싶다"
"You promised me that I can become a boy, did you not?"
"내가 소년이 될 수 있다고 약속했잖아, 안 그래?"
"I did promise you that you can become a boy"
"네가 소년이 될 수 있다고 약속했어"
"and whether you become a boy now depends upon yourself"
"이제 네가 소년이 될 것인지는 너 자신에게 달렸다"

The Terrible Dog-Fish
끔찍한 개 물고기

The following day Pinocchio went to school
이튿날 피노키오는 학교에 갔어요
you can imagine the delight of all the little rogues
모든 작은 도적들의 기쁨을 상상할 수 있습니다
a puppet had walked into their school!
꼭두각시 인형이 학교에 들어온 것이다!
They set up a roar of laughter that never ended
그들은 끝나지 않는 웃음의 포효를 터뜨렸다
They played all sorts of tricks on him
그들은 그에게 온갖 속임수를 썼다
One boy carried off his cap
한 소년이 모자를 벗었다
another boy pulled Pinocchio's jacket over him
또 다른 소년이 피노키오의 재킷을 잡아당겼다
one tried to give him a pair of inky mustachios
한 명은 그에게 먹물 같은 콧수염 한 켤레를 주려고 했다
another boy attempted to tie strings to his feet and hands
또 다른 소년은 자신의 발과 손에 끈을 묶으려고 했다
and then he tried to make him dance
그리고 그는 그를 춤추게 하려고 했습니다
For a short time Pinocchio pretended not to care

잠깐 동안 피노키오는 신경 쓰지 않는 척했다
and he got on as well with school as he could
그리고 그는 할 수 있는 한 학교를 잘 다녔다
but at last he lost all his patience
그러나 마침내 그는 모든 인내심을 잃고 말았다
he turned to those who were teasing him most
그는 자신을 가장 괴롭히는 사람들에게로 돌아섰다
"Beware, boys!" he warned them
"얘들아, 조심해라!" 그는 그들에게 경고했다
"I have not come here to be your buffoon"
"나는 너의 부랑자가 되려고 여기에 온 것이 아니다"
"I respect others," he said
"저는 다른 사람들을 존중합니다
"and I intend to be respected"
"그리고 나는 존중받기를 원합니다"
"Well said, boaster!" howled the young rascals
"잘 말했어, 허풍쟁이야!" 젊은 악당들이 울부짖었다
"You have spoken like a book!"
"너는 마치 책처럼 말했구나!"
and they convulsed with mad laughter
그리고 그들은 미친 듯이 웃음을 터뜨리며 경련을 일으켰다
there was one boy more impertinent than the others
다른 소년들보다 더 무례한 소년이 있었다
he tried to seize the puppet by the end of his nose
그는 인형의 코 끝을 붙잡으려고 했다
But he could not do so quickly enough
그러나 그는 그렇게 충분히 빨리 할 수 없었다
Pinocchio stuck his leg out from under the table
피노키오는 탁자 밑에서 다리를 내밀었어요
and he gave him a great kick on his shins
그리고 그는 그의 정강이를 크게 걷어찼습니다
the boy roared in pain
소년은 고통에 울부짖었다
"Oh, what hard feet you have!"
"오, 발이 얼마나 단단하군!"
and he rubbed the bruise the puppet had given him
그리고 그는 꼭두각시가 준 멍을 문질렀다

"And what elbows you have!" said another
"그리고 당신은 얼마나 많은 팔꿈치를 가지고 있습니까!" 다른 사람이 말했다
"they are even harder than his feet!"
"그들은 그의 발보다 더 단단합니다!"
this boy had also played rude tricks on him
이 소년은 또한 그에게 무례한 장난을 쳤습니다
and he had received a blow in the stomach
그리고 그는 배를 한 대 맞았다
But, nevertheless, the kick and the blow acquired sympathy
그러나 그럼에도 불구하고, 발길질과 타격은 동정심을 얻었다
and Pinocchio earned the esteem of the boys
그리고 피노키오는 소년들의 존경을 받았습니다
They soon all made friends with him
그들은 곧 모두 그와 친구가 되었다
and soon they liked him heartily
곧 그들은 그를 진심으로 좋아하게 되었다
And even the master praised him
그리고 주인조차도 그를 칭찬했습니다
because Pinocchio was attentive in class
피노키오가 수업 시간에 주의를 기울였기 때문입니다
he was a studious and intelligent student
그는 학구적이고 총명한 학생이었다
and he was always the first to come to school
그리고 그는 항상 학교에 가장 먼저 왔습니다
and he was always the last to leave when school was over
그리고 그는 학교가 끝나면 항상 가장 늦게 나갔다
But he had one fault; he made too many friends
그러나 그에게는 한 가지 결점이 있었다. 그는 친구를 너무 많이 사귀었다
and amongst his friends were several rascals
그리고 그의 친구들 중에는 악당들이 여럿 있었다
these boys were well known for their dislike of study
이 소년들은 공부를 싫어하는 것으로 잘 알려져 있었다
and they especially loved to cause mischief
그리고 그들은 특히 장난을 치는 것을 좋아했다
The master warned him about them every day

주인은 매일 그에게 그들에 대해 경고했습니다
even the good Fairy never failed to tell him:
선한 요정조차도 그에게 말하지 않을 수 없었습니다.
"Take care, Pinocchio, with your friends!"
"조심해, 피노키오, 친구들과 함께 말이야!"
"Those bad school-fellows of yours are trouble"
"너의 그 나쁜 학교 친구들은 말썽꾸러기야"
"they will make you lose your love of study"
"그들은 당신이 공부에 대한 사랑을 잃게 만들 것입니다"
"they may even bring upon you some great misfortune"
"그들은 심지어 당신에게 큰 불행을 가져다 줄지도 모릅니다"
"There is no fear of that!" answered the puppet
"그건 두렵지 않아요!" 꼭두각시가 대답했다
and he shrugged his shoulders and touched his forehead
그는 어깨를 으쓱하고 이마를 만졌다
"There is so much sense here!"
"여기에는 많은 의미가 있습니다!"

one fine day Pinocchio was on his way to school
어느 화창한 날, 피노키오는 학교에 가는 길이었습니다
and he met several of his usual companions
그리고 그는 평소에 함께 지내던 몇몇 사람들을 만났다
coming up to him, they asked:
그들은 그분에게 다가와서 물었습니다.
"Have you heard the great news?"
"기쁜 소식을 들었느냐?"
"No, I have not heard the great news"
"아니요, 저는 기쁜 소식을 듣지 못했습니다"
"In the sea near here a Dog-Fish has appeared"
"이 근처 바다에 개 물고기가 나타났습니다"
"he is as big as a mountain"
"그분은 산처럼 크시다"
"Is it true?" asked Pinocchio
"정말인가요?" 피노키오가 물었다
"Can it be the same Dog-Fish?"
"같은 개-물고기일 수 있습니까?"
"The Dog-Fish that was there when my papa drowned"
"아빠가 익사했을 때 거기에 있던 개 물고기"
"We are going to the shore to see him"
"우리는 그를 보러 바닷가로 가고 있습니다"
"Will you come with us?"
"우리와 함께 갈래?"
"No; I am going to school"
"아니요. 학교에 가고 있어요"
"of what great importance is school?"
"학교가 얼마나 중요한가?"
"We can go to school tomorrow"
"내일 학교에 갈 수 있어요"
"one lesson more or less doesn't matter"
"한 가지 교훈이 더 많거나 적은 것은 중요하지 않습니다"
"we shall always remain the same donkeys"
"우리는 언제나 같은 당나귀로 남을 것이다"
"But what will the master say?"
"하지만 주인님은 뭐라고 하실까요?"
"The master may say what he likes"

"주인은 자기가 좋아하는 것을 말할 수 있다"
"He is paid to grumble all day"
"그는 하루 종일 투덜대는 대가로 돈을 받는다"
"And what will my mamma say?"
"그러면 엄마는 뭐라고 하실까?"
"Mammas know nothing," answered the bad little boys
"엄마는 아무것도 몰라." 나쁜 꼬마들이 대답했다
"Do you know what I will do?" said Pinocchio
"내가 뭘 할지 알아?" 피노키오가 말했다
"I have reasons for wishing to see the Dog-Fish"
"나는 개-물고기를 보고 싶은 이유가 있다"
"but I will go and see him when school is over"
"하지만 학교가 끝나면 가서 볼게요"
"Poor donkey!" exclaimed one of the boys
"불쌍한 당나귀!" 한 소년이 외쳤다
"Do you suppose a fish of that size will wait your convenience?"
"그 정도 크기의 물고기가 당신의 편의를 기다릴 거라고 생각해?"
"when he is tired of being here he will go another place"
"그가 여기 있는 것에 싫증이 나면 다른 곳으로 갈 것이다"
"and then it will be too late"
"그러면 너무 늦을 것입니다"
the Puppet had to think about this
꼭두각시는 이것에 대해 생각해야 했다
"How long does it take to get to the shore?"
"해안까지 얼마나 걸립니까?"
"We can be there and back in an hour"
"우리는 한 시간 안에 거기에 돌아올 수 있습니다."
"Then off we go!" shouted Pinocchio
"그럼 출발해!" 피노키오가 소리쳤다
"and he who runs fastest is the best!"
"그리고 가장 빨리 달리는 사람이 최고입니다!"
and the boys rushed off across the fields
소년들은 들판을 가로질러 달려갔다
and Pinocchio was always the first
그리고 피노키오는 항상 첫 번째였습니다

he seemed to have wings on his feet
그는 발에 날개가 달린 것 같았다
From time to time he turned to jeer at his companions
때때로 그는 동료들을 비웃기 위해 돌아섰다
they were some distance behind
그들은 조금 뒤처져 있었다
he saw them panting for breath
그는 그들이 숨을 헐떡이는 것을 보았다
and they were covered with dust
그들은 먼지로 덮여 있었다
and their tongues were hanging out of their mouths
그들의 혀가 그들의 입 밖으로 나와 있었다
and Pinocchio laughed heartily at the sight
그리고 피노키오는 그 광경을 보고 진심으로 웃었다
The unfortunate boy did not know what was to come
그 불행한 소년은 무슨 일이 일어날지 몰랐습니다
the terrors and horrible disasters that were coming!
다가오는 공포와 무서운 재앙!

Pinocchio is Arrested by the Gendarmes
피노키오가 헌병대에 체포되다

Pinocchio arrived at the shore
피노키오가 해안에 도착했습니다
and he looked out to sea
그리고 그는 바다를 바라보았다
but he saw no Dog-Fish
그러나 그는 개-물고기를 못했다
The sea was as smooth as a great crystal mirror
바다는 거대한 수정 거울처럼 매끄러웠다
"Where is the Dog-Fish?" he asked
"개고기는 어디 있지?" 그가 물었다
and he turned to his companions
그리고 그는 동료들에게 돌아섰다
all the boys laughed together
모든 소년들이 함께 웃었다

"He must have gone to have his breakfast"
"그는 아침을 먹으러 갔음에 틀림 없다"
"Or he has thrown himself on to his bed"
"그가 자기 침대에 몸을 던졌도다"
"yes, he's having a little nap"
"그래, 그는 조금 낮잠을 자고 있어"
and they laughed even louder
그리고 그들은 더 크게 웃었다
their answers seemed particularly absurd
그들의 대답은 유난히 터무니없어 보였다
and their laughter was very silly
그리고 그들의 웃음은 매우 어리석었다
Pinocchio looked around at his friends
피노키오는 친구들을 둘러보았다
his companions seemed to be making a fool of him
그의 동료들은 그를 바보로 만드는 것 같았다
they had induced him to believe a tale
그들은 그가 이야기를 믿도록 설득했다
but there was no truth to the tale
그러나 그 이야기에는 진실이 없었다
Pinocchio did not take the joke well
피노키오는 그 농담을 잘 받아들이지 않았다
and he spoke angrily with the boys
그리고 그는 소년들에게 화를 내며 말했다
"And now??" he shouted
"그럼 지금은??" 그가 소리쳤다
"you told me a story of the Dog-Fish"
"너 나한테 개고기 이야기를 해줬어"
"but what fun did you find in deceiving me?"
"하지만 나를 속이는 데 무슨 재미를 느꼈어?"
"Oh, it was great fun!" answered the little rascals
"오, 정말 재미있었어!" 꼬마 악당들이 대답했다
"And in what did this fun consist of?"
"그럼 이 재미는 무엇으로 이루어진 것일까?"
"we made you miss a day of school"
"우리는 당신이 학교를 하루 놓치게 만들었습니다"
"and we persuaded you to come with us"

"그리고 우리는 당신이 우리와 함께 가자고 설득했습니다"
"Are you not ashamed of your conduct?"
"너는 네 행실을 부끄러워하지 않느냐?"
"you are always so punctual to school"
"너는 항상 학교에 시간을 엄수하잖아"
"and you are always so diligent in class"
"그리고 너는 항상 수업에서 정말 부지런하구나"
"Are you not ashamed of studying so hard?"
"그렇게 열심히 공부하는 것이 부끄럽지 않니?"
"so what if I study hard?"
"그래서 공부를 열심히 하면 어떨까?"
"what concern is it of yours?"
"네가 무슨 상관이 있느냐?"
"It concerns us excessively"
"그것은 우리를 과도하게 염려한다"
"because it makes us appear in a bad light"
"그것은 우리를 나쁜 빛으로 보이게 하기 때문입니다"
"Why does it make you appear in a bad light?"
"왜 그것은 당신을 나쁜 빛으로 보이게 합니까?"
"there are those of us who have no wish to study"
"공부하고 싶은 마음이 없는 사람들이 있다"
"we have no desire to learn anything"
"우리는 아무것도 배우고자 하지 않습니다"
"good boys make us seem worse by comparison"
"착한 소년들은 그에 비해 우리를 더 나쁘게 보이게 만든다"
"And that is too bad for you"
"그리고 그것은 당신에게 너무 나쁩니다"
"We, too, have our pride!"
"우리도 자부심이 있잖아요!"
"Then what must I do to please you?"
"그럼 제가 뭘 해야 당신을 기쁘게 해 드려야 합니까?"
"You must follow our example"
"너희는 우리의 모범을 따라야 한다"
"you must hate school like us"
"너도 우리처럼 학교를 싫어하겠구나"
"you must rebel in the lessons"
"너는 교훈 속에서 반역해야 한다"

"and you must disobey the master"
"너는 주인에게 불순종해야 한다"
"those are our three greatest enemies"
"그것들이 우리의 가장 큰 세 가지 적이다"
"And if I wish to continue my studies?"
"제가 공부를 계속하고 싶다면요?"
"In that case we will have nothing more to do with you"
"그렇다면 우리는 당신과 더 이상 아무 관계도 없을 것입니다"
"and at the first opportunity we will make you pay for it"
"그리고 첫 번째 기회에 우리는 당신이 그것을 지불하게 할 것입니다"
"Really," said the puppet, shaking his head
"정말로." 인형이 고개를 저으며 말했다
"you make me inclined to laugh"
"당신은 나를 웃게 만듭니다"
"Eh, Pinocchio," shouted the biggest of the boys
"어, 피노키오." 소년들 중 가장 덩치가 큰 아이가 소리쳤다
and he confronted Pinocchio directly
그리고 그는 피노키오와 직접 대면했습니다
"None of your superiority works here"
"당신의 우월함은 여기에서 작동하지 않습니다"
"don't come here to crow over us"
"우리를 울러 오지 마"
"if you are not afraid of us, we are not afraid of you"
"당신이 우리를 두려워하지 않는다면, 우리도 당신을 두려워하지 않습니다"
"Remember that you are one against seven"
"너희가 일곱에 대하여 하나임을 기억하라"
"Seven, like the seven deadly sins," said Pinocchio
"일곱, 일곱 가지 대죄처럼." 피노키오가 말했다
and he shouted with laughter
그리고 그는 웃으면서 소리쳤다
"Listen to him! He has insulted us all!"
"그의 말을 들어라! 그는 우리 모두를 모욕했다!"
"He called us the seven deadly sins!"
"그분은 우리를 일곱 가지 대죄라고 부르셨습니다!"
"Take that to begin with," said one of the boys

"우선 그렇게 생각해." 소년 중 한 명이 말했다
"and keep it for your supper tonight"
"그리고 오늘 저녁 식사를 위해 그것을 간직하여라"
And, so saying, he punched him on the head
그리고 그렇게 말하며 그는 그의 머리를 주먹으로 때렸다
But it was a give and take
그러나 그것은 기브 앤 테이크였습니다
because the puppet immediately returned the blow
꼭두각시가 즉시 타격을 되갚았기 때문입니다
this was no big surprise
이것은 그리 놀랄 일이 아니었다
and the fight quickly got desperate
그리고 싸움은 곧 필사적으로 변했습니다
it is true that Pinocchio was alone
피노키오가 혼자였던 것은 사실입니다
but he defended himself like a hero
하지만 그는 영웅처럼 자신을 변호했다
He used his feet, which were of the hardest wood
그는 가장 단단한 나무로 만든 발을 사용했다
and he kept his enemies at a respectful distance
그는 적들을 정중한 거리를 두었다
Wherever his feet touched they left a bruise
그의 발이 닿는 곳마다 멍이 남았다
The boys became furious with him
소년들은 그에게 화가 났습니다
hand to hand they couldn't match the puppet
그들은 손을 맞대고 인형을 맞출 수 없었습니다.
so they took other weapons into their hands
그래서 그들은 다른 무기들을 그들의 손에 쥐어 주었다
the boys loosened their satchels
소년들은 가방을 풀었다
and they threw their school-books at him
그리고 그들은 자기들의 교과서를 그에게 던졌다
grammars, dictionaries, and spelling-books
문법, 사전, 철자법 책
geography books and other scholastic works
지리학 서적 및 기타 학술 작품

But Pinocchio was quick to react
하지만 피노키오는 빠르게 반응했습니다
and he had sharp eyes for these things
그는 이런 것들에 대해 예리한 눈을 가지고 있었다
he always managed to duck in time
그는 항상 제 시간에 몸을 숙일 수 있었습니다
so the books passed over his head
그래서 책들은 그의 머리 위로 지나갔다

and instead the books fell into the sea
그 대신에 책들은 바다에 떨어졌다
Imagine the astonishment of the fish!
물고기들이 얼마나 놀랐을지 상상해 보십시오!
they thought the books were something to eat
그들은 그 책들이 먹을 것이라고 생각했다
and they all arrived in large shoals of fish
그리고 그들은 모두 큰 물고기 떼를 타고 도착했다
but they tasted a couple of the pages
그러나 그들은 몇 페이지를 맛 보았습니다
and they quickly spat the paper out again
그리고 그들은 재빨리 다시 종이를 뱉어냈다
and the fish made wry faces
그러자 물고기들은 씁쓸한 표정을 지었다

"this isn't food for us at all"
"이것은 전혀 우리를 위한 음식이 아닙니다"
"we are accustomed to something much better!"
"우리는 훨씬 더 나은 것에 익숙해져 있습니다!"
The battle meantime had become fiercer than ever
한편 전투는 그 어느 때보다 치열해졌다
a big crab had come out of the water
큰 게 한 마리가 물 밖으로 나왔다
and he had climbed slowly up on the shore
그리고 그는 천천히 해안으로 올라갔다
he called out in a hoarse voice
그는 쉰 목소리로 소리쳤다
it sounded like a trumpet with a bad cold
그 소리는 심한 감기에 걸린 트럼펫 소리처럼 들렸다
"enough of your fighting, you young ruffians"
"싸울 정도는 그만둬, 이 젊은 깡패들아"
"because you are nothing other than ruffians!"
"왜냐면 너희들은 그저 깡패들일 뿐이니까요!"
"These fights between boys seldom finish well"
"소년들 사이의 이러한 싸움은 좀처럼 잘 끝나지 않는다"
"Some disaster is sure to happen!"
"반드시 재앙이 일어날 거야!"
but the poor crab should have saved himself the trouble
그러나 그 불쌍한 게는 그 곤경을 면했어야 했다
He might as well have preached to the wind
그는 차라리 바람에게 설교하는 편이 나았을지도 모릅니다
Even that young rascal, Pinocchio, turned around
그 젊은 악당 피노키오조차도 돌아섰다
he looked at him mockingly and said rudely:
그는 그를 조롱하듯 바라보며 무례하게 말했다.
"Hold your tongue, you tiresome crab!"
"혀 좀 차마, 이 귀찮은 게야!"
"You had better suck some liquorice lozenges"
"감초 사탕을 빨아먹는 게 좋겠어"
"cure that cold in your throat"
"목구멍의 감기를 치료하십시오"
Just then the boys had no more books

바로 그때 소년들에게는 더 이상 책이 없었습니다
at least, they had no books of their own
적어도, 그들에게는 그들 자신의 책이 없었다
they spied at a little distance Pinocchio's bag
그들은 조금 떨어진 곳에서 피노키오의 가방을 훔쳐보았다
and they took possession of his things
그들은 그의 물건을 차지했다
Amongst his books there was one bound in card
그의 책 중에는 카드로 제본된 책이 하나 있었다
It was a Treatise on Arithmetic
그것은 산술에 관한 논문이었다
One of the boys seized this volume
한 소년이 이 책을 붙잡았다
and he aimed the book at Pinocchio's head
그리고 그는 그 책을 피노키오의 머리에 겨누었다
he threw it at him with all his strength
그는 온 힘을 다해 그것을 그에게 던졌다
but the book did not hit the puppet
그러나 그 책은 꼭두각시를 때리지 않았다
instead the book hit a companion on the head
그 대신 그 책은 동료의 머리를 때렸다
the boy turned as white as a sheet
소년은 얼굴이 시트처럼 하얗게 변했다
"Oh, mother! help, I am dying!"
"오, 어머니! 도와주세요, 나 죽어가고 있어!"
and he fell his whole length on the sand
그리고 그는 온몸이 모래 위에 쓰러졌다
the boys must have thought he was dead
소년들은 아버지가 죽었다고 생각했을 것입니다
and they ran off as fast as their legs could run
그리고 그들은 다리가 뛸 수 있는 한 빨리 달아났다
in a few minutes they were out of sight
몇 분 후에 그들은 시야에서 사라졌다
But Pinocchio remained with the boy
하지만 피노키오는 소년 곁에 남았어요
although he would have rather ran off too
차라리 도망가는 편이 나았을 텐데
because his fear was also great

그의 두려움도 컸기 때문이다
nevertheless, he ran over to the sea
그럼에도 불구하고 그는 바다로 도망쳤습니다
and he soaked his handkerchief in the water
그리고 그는 손수건을 물에 담갔다
he ran back to his poor school-fellow
그는 가엾은 학교 친구에게로 달려갔다
and he began to bathe his forehead
그리고 그는 이마를 씻기 시작했다
he cried bitterly in despair
그는 절망 속에서 몹시 울부짖었다
and he kept calling him by name
그는 계속 그의 이름을 불렀다
and he said many things to him:
그리고 그는 그에게 많은 것을 말하였다.
"Eugene! my poor Eugene!"
"유진! 불쌍한 나의 유진아!"
"Open your eyes and look at me!"
"눈을 뜨고 나를 봐!"
"Why do you not answer?"
"왜 대답하지 않는 거죠?"
"I did not do it to you"
"내가 너희에게 한 것이 아니니라"
"it was not I that hurt you so!"
"너를 그렇게 아프게 한 건 내가 아니었어!"
"believe me, it was not me!"
"날 믿어, 내가 아니었어!"
"Open your eyes, Eugene"
"눈을 떠, 유진아"
"If you keep your eyes shut I shall die, too"
"네가 눈을 감으면 나도 죽으리라"
"Oh! what shall I do?"
"아! 어떡하지?"
"how shall I ever return home?"
"내가 어떻게 집으로 돌아갈 수 있겠는가?"
"How can I ever have the courage to go back to my good mamma?"

"어떻게 하면 좋은 엄마에게 돌아갈 용기를 낼 수 있을까?"
"What will become of me?"
"나는 어떻게 될 것인가?"
"Where can I fly to?"
"어디로 갈 수 있나요?"
"had I only gone to school!"
"학교만 다녔더라면!"
"Why did I listen to my companions?"
"나는 왜 동료들의 말에 귀를 기울였을까?"
"they have been my ruin"
"그들은 나의 파멸이었다"
"The master said it to me"
"주인이 내게 말하였다"
"and my mamma repeated it often"
"그리고 엄마는 자주 반복하셨어요"
'Beware of bad companions!'
'나쁜 동료를 조심하라!'
"Oh, dear! what will become of me?"
"오, 이런! 나는 어떻게 될 것인가?"
And Pinocchio began to cry and sob
그리고 피노키오는 울며 흐느끼기 시작했다
and he struck his head with his fists
그는 주먹으로 그의 머리를 쳤다
Suddenly he heard the sound of footsteps
갑자기 발자국 소리가 들렸다
He turned and saw two soldiers
그가 돌아서자 두 명의 군인이 보였다
"What are you doing there?"
"거기서 뭐 하는 거야?"
"why are you lying on the ground?"
"왜 땅바닥에 누워 있는 거야?"
"I am helping my school-fellow"
"나는 내 학교 친구를 돕고 있습니다"
"Has he been hurt?"
"다쳤나요?"
"It seems he has been hurt"
"상처 입은 것 같다"

"Hurt indeed!" said one of them
"정말 아파요!" 그들 중 한 명이 말했다
and he stooped down to examine Eugene closely
그는 몸을 굽혀 유진을 자세히 살폈다
"This boy has been wounded on the head"
"이 소년은 머리에 상처를 입었습니다"
"Who wounded him?" they asked Pinocchio
"누가 그를 다치게 했나요?" 그들은 피노키오에게 물었다
"Not I," stammered the puppet breathlessly
"난 아니야." 인형이 숨을 몰아쉬며 더듬거렸다
"If it was not you, who then did it?"
"당신이 아니라면, 누가 그랬을까요?"
"Not I," repeated Pinocchio
"난 아니야." 피노키오가 되풀이했다
"And with what was he wounded?"
"그러면 그는 무엇으로 상처를 입었는가?"
"he was hurt with this book"
"그는 이 책 때문에 상처를 받았다"
And the puppet picked up from the ground his book
그리고 인형은 땅에서 그의 책을 집어 들었다
the Treatise on Arithmetic
산술에 관한 논문
and he showed the book to the soldier
그는 그 책을 그 군인에게 보여 주었다
"And to whom does this belong?"
"그러면 이것은 누구의 것입니까?"
"It belongs to me," answered Pinocchio, honestly
"내 것이야." 피노키오가 솔직하게 대답했다
"That is enough, nothing more is wanted"
"그것으로 충분하고 더 이상 원하는 것은 없습니다"
"Get up and come with us at once"
"일어나 즉시 우리와 함께 가십시오"
"But I..." Pinocchio tried to object
"하지만 나는..." 피노키오는 이의를 제기하려고 했습니다
"Come along with us!" they insisted
그들은 "우리와 함께 가자!" 하고 주장했다
"But I am innocent" he pleaded

"하지만 저는 결백합니다"라고 그는 간청했다
but they didn't listen. "Come along with us!"
그러나 그들은 듣지 않았습니다. "우리와 함께 가자!"
Before they left, the soldiers called a passing fishermen
그들이 떠나기 전에, 군인들은 지나가던 어부들을 불렀다
"We give you this wounded boy"
"우리는 이 상처 입은 소년을 너에게 준다"
"we leave him in your care"
"우리는 그를 당신의 보살핌에 맡깁니다"
"Carry him to your house and nurse him"
"그를 네 집에 데리고 가서 젖을 먹이라"
"Tomorrow we will come and see him"
"내일 우리가 와서 그를 볼 것이다"
They then turned to Pinocchio
그런 다음 그들은 피노키오에게 돌아섰습니다
"Forward! and walk quickly"
"전진! 빨리 걸으라"
"or it will be the worse for you"
"그렇지 않으면 너에게 더 나빠질 것이다"
Pinocchio did not need to be told twice
피노키오는 두 번 말할 필요가 없었습니다
the puppet set out along the road leading to the village
인형은 마을로 향하는 길을 따라 길을 나섰다
But the poor little Devil hardly knew where he was
그러나 가엾은 작은 악마는 자기가 어디에 있는지 거의 알지 못했습니다
He thought he must be dreaming
그는 자신이 꿈을 꾸고 있는 것이 틀림없다고 생각했다
and what a dreadful dream it was!
그리고 그것은 얼마나 무서운 꿈이었던가!
He saw double and his legs shook
그는 두 번 보았고 다리가 떨렸다
his tongue clung to the roof of his mouth
그의 혀가 입천장에 달라붙었다
and he could not utter a word
그는 한 마디도 할 수 없었다.
And yet, in the midst of his stupefaction and apathy

그러나 그의 무감각과 무관심 속에서도 말이다
his heart was pierced by a cruel thorn
그의 마음은 잔인한 가시에 찔렸습니다
he knew where he had to walk past
그는 자신이 지나가야 할 곳을 알고 있었다
under the windows of the good Fairy's house
착한 요정의 집 창문 아래
and she was going see him with the soldiers
그녀는 군인들과 함께 그를 만나러 가기로 되어 있었다
He would rather have died
차라리 죽는 편이 낫겠다
soon they reached the village
이윽고 그들은 마을에 도착했다
a gust of wind blew Pinocchio's cap off his head
돌풍이 불어 피노키오의 모자가 머리에서 날아갔습니다
"Will you permit me?" said the puppet to the soldiers
"허락해 주시겠습니까?" 꼭두각시가 병사들에게 말했다
"can I go and get my cap?"
"가서 모자를 가져갈 수 있을까요?"
"Go, then; but be quick about it"
"그럼 가거라. 그러나 그것에 대해 서두르십시오."
The puppet went and picked up his cap
인형은 가서 모자를 집어 들었다
but he didn't put the cap on his head
그러나 그는 머리에 모자를 씌우지 않았습니다
he put the cap between his teeth
그는 뚜껑을 이빨 사이에 끼웠다
and began to run as fast as he could
그리고 할 수 있는 한 빨리 달리기 시작했다
he was running back towards the seashore!
그는 다시 바닷가를 향해 달려가고 있었다!
The soldiers thought it would be difficult to overtake him
군인들은 그를 따라잡기가 어려울 것이라고 생각했다
so they sent after him a large mastiff
그래서 그들은 큰 마스티프를 그를 뒤쫓았다
he had won the first prizes at all the dog races
그는 모든 개 경주에서 1등을 차지했다

Pinocchio ran, but the dog ran faster
피노키오는 달렸지만 개는 더 빨리 달렸습니다
The people came to their windows
사람들은 창문으로 다가왔다
and they crowded into the street
그리고 그들은 거리로 몰려들었다
they wanted to see the end of the desperate race
그들은 절망적인 경주의 끝을 보고 싶었다

Pinocchio Runs the Danger of being Fried in a Pan like a Fish
피노키오는 생선처럼 팬에 튀길 위험이 있습니다.

the race was not going well for the puppet
경주는 꼭두각시에게 잘 풀리지 않았습니다
and Pinocchio thought he had lost
그리고 피노키오는 그가 졌다고 생각했다
Alidoro, the mastiff, had run swiftly
마스티프 알리도로는 잽싸게 달렸다
and he had nearly caught up with him
그리고 그는 거의 그를 따라잡을 뻔했다
the dreadful beast was very close behind him
그 무서운 짐승은 그의 뒤에 아주 가까이 있었다
he could hear the panting of the dog
개가 헐떡이는 소리가 들렸다
there was not a hand's breadth between them
그들 사이에는 손의 넓이가 없었다
he could even feel the dog's hot breath
심지어 개의 뜨거운 숨결도 느낄 수 있었다
Fortunately the shore was close
다행히 해안은 가까웠다
and the sea was but a few steps off
그리고 바다는 단지 몇 발자국만 떨어져 있었다
soon they reached the sands of the beach
이윽고 그들은 해변의 모래사장에 도착했다
they got there almost at the same time

그들은 거의 동시에 그곳에 도착했다
but the puppet made a wonderful leap
하지만 인형은 놀라운 도약을 했습니다
a frog could have done no better
개구리는 이보다 더 좋을 수 없었다
and he plunged into the water
그리고 그는 물속으로 뛰어들었다
Alidoro, on the contrary, wished to stop himself
오히려 알리도로는 자신을 멈추고 싶었다
but he was carried away by the impetus of the race
그러나 그는 경주의 추진력에 도취되어 있었다
he also went into the sea
그분은 또한 바다로 들어가셨다
The unfortunate dog could not swim
불행한 개는 수영을 할 수 없었습니다
but he made great efforts to keep himself afloat
그러나 그는 자신을 떠 다니기 위해 많은 노력을 기울였습니다
and he swam as well as he could with his paws
그리고 그는 발로 할 수 있는 한 잘 헤엄쳤다
but the more he struggled the farther he sank
하지만 몸부림치면 발버둥칠수록 그는 더 깊이 가라앉았다
and soon his head was under the water
그리고 곧 그의 머리는 물 속에 잠겼다
his head rose above the water for a moment
그의 머리가 잠시 물 위로 떠올랐다
and his eyes were rolling with terror
그의 눈은 공포로 굴러가고 있었다
and the poor dog barked out:
그리고 불쌍한 개는 짖었다.
"I am drowning! I am drowning!"
"나는 물에 빠져 죽고 있다! 나는 물에 빠져 죽고 있다!"
"Drown!" shouted Pinocchio from a distance
"익사해!" 멀리서 피노키오가 소리쳤다
he knew that he was in no more danger
그는 자신이 더 이상 위험에 처해 있지 않다는 것을 알았다
"Help me, dear Pinocchio!"
"도와줘, 사랑하는 피노키오!"

"Save me from death!"
"나를 죽음에서 구하소서!"

in reality Pinocchio had an excellent heart
실제로 피노키오는 뛰어난 심장을 가지고 있었습니다

he heard the agonizing cry from the dog
그는 개의 고통스러운 울음소리를 들었다

and the puppet was moved with compassion
그리고 그 꼭두각시는 동정심으로 움직였습니다

he turned to the dog, and said:
그는 개를 돌아보며 말했다.

"I will save you," said Pinocchio
"내가 너를 구할 거야." 피노키오가 말했다

"but do you promise to give me no further annoyance?"
"하지만 더 이상 나를 귀찮게 하지 않겠다고 약속하느냐?"

"I promise! I promise!" barked the dog
"약속할게요! 약속할게!" 개가 짖었다

"Be quick, for pity's sake"
"불쌍히 여김을 위하여 서두르라"

"if you delay another half-minute I shall be dead"
"당신이 30분만 더 지체하면 나는 죽을 것입니다"

Pinocchio hesitated for a moment
피노키오는 잠시 머뭇거렸어요

but then he remembered what his father had often told him
하지만 그때 아버지가 자주 해주던 말이 생각났다

"a good action is never lost"
"선한 행동은 결코 사라지지 않는다"

he quickly swam over to Alidoro
그는 재빨리 알리도로로 헤엄쳐 갔다

and he took hold of his tail with both hands
그리고 그는 두 손으로 그의 꼬리를 잡았다

soon they were on dry land again
얼마 지나지 않아 그들은 다시 육지로 돌아왔다

and Alidoro was safe and sound
알리도로는 무사했다

The poor dog could not stand
불쌍한 개는 참을 수 없었습니다

He had drunk a lot of salt water

그는 소금물을 많이 마셨다
and now he was like a balloon
그리고 이제 그는 풍선 같았다
The puppet, however, didn't entirely trust him
하지만 꼭두각시는 그를 완전히 신뢰하지는 않았다
he thought it more prudent to jump again into the water
그는 다시 물속으로 뛰어드는 것이 더 현명하다고 생각했다
he swam a little distance into the water
그는 물속으로 조금 헤엄쳐 들어갔다
and he called out to his friend he had rescued
그리고 그는 자기가 구해준 친구를 불렀다
"Good-bye, Alidoro; a good journey to you"
"안녕, 알리도로. 당신에게 좋은 여행"
"and take my compliments to all at home"
"그리고 집에 있는 모든 사람들에게 내 칭찬을 전하십시오"
"Good-bye, Pinocchio," answered the dog
"안녕, 피노키오." 개가 대답했다
"a thousand thanks for having saved my life"
"내 목숨을 구해줘서 고마워"
"You have done me a great service"
"너는 내게 큰 봉사를 하였느니라"
"and in this world what is given is returned"
"이 세상에서는 주어진 것이 되돌아오느니라"
"If an occasion offers I shall not forget it"
"기회가 주어진다면 나는 그것을 잊지 않을 것입니다"
Pinocchio swam along the shore
피노키오는 해안을 따라 헤엄쳤어요
At last he thought he had reached a safe place
마침내 그는 안전한 곳에 도착했다고 생각했다
so he gave a look along the shore
그래서 그는 바닷가를 둘러보았다
he saw amongst the rocks a kind of cave
그는 바위 사이로 동굴 같은 것을 보았다
from the cave there was a cloud of smoke
동굴 안에서는 연기 구름이 피어올랐다
"In that cave there must be a fire"
"그 동굴에는 틀림없이 불이 있을 것이다"

"So much the better," thought Pinocchio
"훨씬 더 좋아졌어." 피노키오는 생각했다
"I will go and dry and warm myself"
"내가 가서 말리고 몸을 따뜻하게 하리라"
"and then?" Pinocchio wondered
"그 다음에는?" 피노키오는 궁금했다
"and then we shall see," he concluded
"그러고 나서 우리는 보게 될 것입니다." 그는 결론을 내렸다
Having taken the resolution he swam landwards
결심을 한 후에 그는 육지로 헤엄쳐 갔다
he was was about to climb up the rocks
그는 바위를 막 오르려는 참이었다
but he felt something under the water
하지만 그는 물속에서 뭔가를 느꼈다
whatever it was rose higher and higher
그것이 무엇이든 간에 점점 더 높이 솟아올랐습니다
and it carried him into the air
그리고 그것은 그를 공중으로 날려 보냈다
He tried to escape from it
그는 그것으로부터 도망치려고 애썼다
but it was too late to get away
하지만 도망가기에는 너무 늦었다
he was extremely surprised when he saw what it was
그는 그것이 무엇인지를 보았을 때 매우 놀랐습니다
he found himself enclosed in a great net
그는 자신이 거대한 그물에 갇혀 있음을 알게 되었습니다
he was with a swarm of fish of every size and shape
그는 다양한 크기와 모양의 물고기 떼와 함께 있었습니다
they were flapping and struggling around
그들은 펄럭이며 몸부림치고 있었다
like a swarm of despairing souls
절망에 빠진 영혼의 무리처럼
At the same moment a fisherman came out of the cave
그 순간 한 어부가 동굴에서 나왔다
the fisherman was horribly ugly
어부는 끔찍하게 못생겼습니다
and he looked like a sea monster

그리고 그는 바다 괴물처럼 보였다
his head was not covered in hair
그의 머리는 머리카락으로 덮여 있지 않았다
instead he had a thick bush of green grass
대신 그는 푸른 풀이 무성한 덤불을 가지고 있었다
his skin was green and his eyes were green
그의 피부는 초록색이었고 눈은 초록색이었다
and his long beard came down to the ground
그의 긴 수염이 땅으로 내려왔다
and of course his beard was also green
물론 그의 턱수염도 초록색이었다
He had the appearance of an immense lizard
그는 거대한 도마뱀의 모습을 하고 있었다
a lizard standing on its hind-paws
뒷발로 서 있는 도마뱀

the fisherman pulled his net out of the sea
어부는 바다에서 그물을 끌어 올렸습니다
"Thank Heaven!" he exclaimed greatly satisfied
"하늘에 감사드려요!" 그는 매우 만족스러워하며 외쳤다
"Again today I shall have a splendid feast of fish!"
"오늘도 나는 화려한 물고기 잔치를 벌일 것이다!"
Pinocchio thought to himself for a moment
피노키오는 잠시 생각에 잠겼다

"What a mercy that I am not a fish!"
"내가 물고기가 아니라는 것이 얼마나 큰 자비인가!"
and he regained a little courage
그리고 그는 약간의 용기를 되찾았습니다
The netful of fish was carried into the cave
물고기 그물을 동굴 안으로 운반했습니다
and the cave was dark and smoky
동굴은 어둡고 연기가 자욱했다
In the middle of the cave was a large frying-pan
동굴 한가운데에는 커다란 프라이팬이 있었다
and the frying-pan was full of oil
그리고 프라이팬에는 기름이 가득 차 있었습니다
there was a suffocating smell of mushrooms
숨 막히는 버섯 냄새가 났다
but the fisherman was very excited
그러나 어부는 매우 흥분했습니다
"Now we will see what fish we have taken!"
"이제 우리가 어떤 물고기를 잡았는지 볼 거야!"
and he put into the net an enormous hand
그리고 그는 그물에 거대한 손을 넣었다
his hand had the proportions of a baker's shovel
그의 손은 제빵사의 삽 같은 비율을 가지고 있었다
and he pulled out a handful of fish
그리고 그는 물고기 한 움큼을 꺼냈다
"These fish are good!" he said
"이 물고기들은 정말 맛있어요!" 그가 말했다
and he smelled the fish complacently
그리고 그는 만족스럽게 물고기 냄새를 맡았다
And then he threw the fish into a pan without water
그런 다음 그는 물고기를 물이 없는 팬에 던졌습니다
He repeated the same operation many times
그는 같은 수술을 여러 번 반복했다
and as he drew out the fish his mouth watered
그가 물고기를 꺼내자 입에 침이 고였다
and the Fisherman chuckled to himself
어부는 혼잣말로 키득거렸다
"What exquisite sardines I've caught!"

"내가 잡은 정어리는 얼마나 절묘한가!"
"These mackerel are going to be delicious!"
"이 고등어는 맛있을 거야!"
"And these crabs will be excellent!"
"그리고 이 게들은 훌륭할 거야!"
"What dear little anchovies they are!"
"정말 사랑스러운 작은 멸치들이야!"
The last to remain in the fisher's net was Pinocchio
어부의 그물에 마지막으로 남은 것은 피노키오였습니다
his big green eyes opened with astonishment
그의 커다란 녹색 눈이 놀라움으로 떠졌다
"What species of fish is this??"
"이것은 어떤 종류의 물고기입니까??"
"Fish of this kind I don't remember to have eaten"
"이런 종류의 물고기는 먹어 본 기억이 없습니다."
And he looked at him again attentively
그리고 그는 다시 그를 주의 깊게 바라보았다
and he examined him well all over
그리고 그는 그를 온통 자세히 살폈다
"I know: he must be a craw-fish"
"나도 알아, 그는 가재임에 틀림없어"
Pinocchio was mortified at being mistaken for a craw-fish
피노키오는 가재로 오해받은 것에 대해 창피함을 느꼈다
"Do you take me for a craw-fish?"
"나를 가재 잡으러 가세요?"
"that's no way to treat your guests!"
"그건 손님을 대하는 방법이 아니야!"
"Let me tell you that I am a puppet"
"내가 꼭두각시라는 것을 말해 주겠다"
"A puppet?" replied the fisherman
"꼭두각시요?" 어부가 대답했다
"then I must tell you the truth"
"그럼 진실을 말해야겠어"
"a puppet is quite a new fish to me"
"꼭두각시는 나에게 아주 새로운 물고기다"
"but that is even better!"
"하지만 그게 더 낫죠!"

"I shall eat you with greater pleasure"
"내가 더 큰 기쁨으로 너를 먹으리라"
"you can eat me all you want"
"당신은 나를 무제한으로 먹을 수 있습니다"
"but will you understand that I am not a fish?"
"하지만 내가 물고기가 아니라는 것을 이해하겠느냐?"
"Do you not hear that I talk?"
"내가 말하는 것을 너희가 듣지 못하느냐?"
"can you not see that I reason as you do?"
"내가 너처럼 추리하는 것을 너는 볼 수 없느냐?"
"That is quite true," said the fisherman
"맞아요." 어부가 말했다
"you are indeed a fish with the talent of talking"
"너는 참으로 말의 재능을 가진 물고기구나"
"and you are a fish that can reason as I do"
"너는 나처럼 추리할 수 있는 물고기야"
"I must treat you with appropriate attention"
"나는 너를 합당한 주의를 기울여 대해야 한다"
"And what would this attention be?"
"그러면 이 관심은 무엇일까?"
"let me give you a token of my friendship"
"내 우정의 증표를 줄게"
"and let me show my particular regard"
"그리고 나의 특별한 관심을 나타내 드리겠습니다"
"I will let you choose how you would like to be cooked"
"당신이 어떻게 요리하고 싶은지 선택하게하겠습니다"
"Would you like to be fried in the frying-pan?
"프라이팬에 볶아 볼래?
"or would you prefer to be stewed with tomato sauce?"
"아니면 토마토 소스로 끓이는 것을 선호합니까?"
"let me tell you the truth," answered Pinocchio
"진실을 말해 줄게." 피노키오가 대답했다
"if I had to choose, I would like to be set free"
"선택해야 한다면, 나는 자유로워지고 싶습니다"
"You are joking!" laughed the fisherman
"농담하시는 거군요!" 어부가 웃었다
"why would I lose the opportunity to taste such a rare fish?"

"왜 나는 이렇게 희귀한 물고기를 맛볼 기회를 잃게 되는 걸까?"
"I can assure you puppet fish are rare here"
"여기서는 꼭두각시 물고기가 드물다고 장담할 수 있습니다."
"one does not catch a puppet fish every day"
"매일 꼭두각시 물고기를 잡는 것은 아니다"
"Let me make the choice for you"
"내가 대신 선택하게 해줘"
"you will be with the other fish"
"너는 다른 물고기들과 함께 있을 것이다"
"I will fry you in the frying-pan"
"프라이팬에 볶습니다"
"and you will be quite satisfied"
"그리고 당신은 매우 만족할 것입니다"
"It is always consolation to be fried in company"
"회사에서 볶는 것은 항상 위안입니다"
At this speech the unhappy Pinocchio began to cry
이 말에 불행한 피노키오는 울기 시작했다
he screamed and implored for mercy
그는 소리치며 자비를 간청했다
"How much better it would have been if I had gone to school!"
"학교에 다녔더라면 얼마나 더 좋았을까!"
"I shouldn't have listened to my companions"
"동료들의 말을 듣지 말았어야 했는데"
"and now I am paying for it"
"그리고 지금 나는 그것을 지불하고 있습니다"
And he wriggled like an eel
그리고 그는 뱀장어처럼 꿈틀거렸다
and he made indescribable efforts to slip out
그는 빠져나가기 위해 형언할 수 없는 노력을 기울였다
but he was tight in clutches of the green fisherman
그러나 그는 푸른 어부의 손아귀에 꽉 잡혀 있었다
and all of Pinocchio's efforts were useless
그리고 피노키오의 모든 노력은 헛수고였다
the fisherman took a long strip of rush
어부는 길게 달려갔다
and he bound the puppets hands and feet

그리고 그는 꼭두각시들의 손과 발을 묶었다
Poor Pinocchio was tied up like a sausage
불쌍한 피노키오는 소시지처럼 묶여 있었다
and he threw him into the pan with the other fish
그리고 그는 그를 다른 물고기와 함께 냄비에 던져 넣었다
He then fetched a wooden bowl full of flour
그런 다음 그는 밀가루가 가득 담긴 나무 그릇을 가져왔습니다
and one by one he began to flour each fish
그리고 그는 물고기 한 마리 한 마리에 밀가루를 뿌리기 시작했다
soon all the little fish were ready
곧 모든 작은 물고기가 준비되었습니다
and he threw them into the frying-pan
그리고 그는 그것들을 프라이팬에 던져 넣었다
The first to dance in the boiling oil were the poor whitings
끓는 기름 속에서 가장 먼저 춤을 춘 것은 가난한 화이팅들이었다
the crabs were next to follow the dance
게들은 그 다음 춤을 따랐다
and then the sardines came too
그리고 정어리도 왔습니다
and finally the anchovies were thrown in
그리고 마지막으로 멸치를 넣었습니다
at last it had come to Pinocchio's turn
드디어 피노키오의 차례가 된 것이다
he saw the horrible death waiting for him
그는 끔찍한 죽음이 자신을 기다리고 있는 것을 보았습니다
and you can imagine how frightened he was
그리고 그가 얼마나 겁에 질렸을지 상상할 수 있습니다
he trembled violently and with great effort
그는 격렬하게 그리고 온 힘을 다해 떨었다
and he had neither voice nor breath left for further entreaties
그는 더 이상의 간청을 위해 목소리도 숨도 쉴 수 없었다
But the poor boy implored with his eyes!
그러나 그 불쌍한 소년은 눈으로 간청했습니다!
The green fisherman, however, didn't care the least
하지만 녹색 어부는 조금도 개의치 않았다
and he plunged him five or six times in the flour

그는 그를 밀가루에 대여섯 번 찔렀다
finally he was white from head to foot
마침내 그는 머리부터 발끝까지 하얗게 되었다
and he looked like a puppet made of plaster
그리고 그는 석고로 만든 꼭두각시처럼 보였다

Pinocchio Returns to the Fairy's House
요정의 집으로 돌아온 피노키오

Pinocchio was dangling over the frying pan
피노키오는 프라이팬 위에 매달려 있었다
the fisherman was just about to throw him in
어부는 그를 막 던져 넣으려고 했습니다
but then a large dog entered the cave
그런데 그때 큰 개 한 마리가 동굴 안으로 들어왔다
the dog had smelled the savoury odour of fried fish
개는 튀긴 생선의 짭짤한 냄새를 맡았다
and he had been enticed into the cave
그리고 그는 동굴 안으로 꾀임되었다
"Get out!" shouted the fisherman
"나가!" 어부가 소리쳤다
he was holding the floured puppet in one hand
그는 한 손에 밀가루를 뿌린 인형을 들고 있었다
and he threatened the dog with the other hand
그리고 다른 손으로 개를 위협했다
But the poor dog was as hungry as a wolf
그러나 그 불쌍한 개는 늑대처럼 배가 고팠습니다
and he whined and wagged his tail
그리고 그는 낑낑거리며 꼬리를 흔들었다
if he could have talked he would have said:
그가 말할 수 있었다면 이렇게 말했을 것이다.
"Give me some fish and I will leave you in peace"
"물고기 좀 주면 평안히 너를 떠나겠다"
"Get out, I tell you!" repeated the fisherman
"나가라, 내가 말하노라!" 어부가 되풀이했다
and he stretched out his leg to give him a kick
그리고 그는 다리를 뻗어 그를 걷어찼습니다
But the dog would not stand trifling
그러나 개는 하찮은 것을 참지 않을 것입니다
he was too hungry to be denied the food
그는 너무 배가 고파서 음식을 거부당할 수 없었습니다
he started growling at the fisherman
그는 어부에게 으르렁거리기 시작했다

and he showed his terrible teeth
그리고 그는 그의 끔찍한 이빨을 보여주었다
At that moment a little feeble voice called out
그 순간 작고 미약한 목소리가 들려왔다
"Save me, Alidoro, please!"
"살려주세요, 알리도로, 제발!"
"If you do not save me I shall be fried!"
"나를 구해주지 않으면 나는 볶아질 것이다!"
The dog recognized Pinocchio's voice
개는 피노키오의 목소리를 알아챘어요
all he saw was the floured bundle in the fisherman's hand
그가 본 것은 어부의 손에 들린 밀가루 뭉치뿐이었다
that must be where the voice had come from
그곳의 목소리가 들려온 곳임에 틀림없었다
So what do you think he did?
그래서 당신은 그가 무엇을 했다고 생각합니까?
Alidoro sprung up to the fisherman
알리도로가 어부에게 다가갔다
and he seized the bundle in his mouth
그는 그 꾸러미를 입에 물었다
he held the bundle gently in his teeth
그는 뭉치를 이빨로 부드럽게 물었다
and he rushed out of the cave again
그리고 그는 다시 동굴 밖으로 뛰쳐나왔다
and then he was gone like a flash of lightning
그러더니 그는 번갯불처럼 사라졌다
The fisherman was furious
어부는 몹시 화가 났습니다
the rare puppet fish had been snatched from him
그 희귀한 꼭두각시 물고기를 그에게서 낚아챈 것이다
and he ran after the dog
그리고 그는 개를 쫓아갔다
he tried to get his fish back
그는 물고기를 되찾으려고 애썼다
but the fisherman did not run far
그러나 어부는 멀리 달아나지 않았다
because he had been taken by a fit of coughing

그는 잦은 기침에 사로잡혔기 때문이었다

Alidoro ran almost to the village
알리도로는 마을로 거의 달려갔다
when he got to the path he stopped
길에 다다랐을 때 그는 멈춰 섰다
he put his friend Pinocchio gently on the ground
그는 친구 피노키오를 부드럽게 땅에 눕혔습니다
"How much I have to thank you for!" said the puppet
"얼마니 감사해야 하는지!" 꼭두각시가 말했다
"There is no necessity," replied the dog
"그럴 필요 없어요." 개가 대답했다
"You saved me and I have now returned it"
"당신이 나를 구해줬고 나는 이제 그것을 돌려주었습니다"
"You know that we must all help each other in this world"
"우리 모두가 이 세상에서 서로 도와야 한다는 것을 알고 있잖아요"
Pinocchio was happy to have saved Alidoro
피노키오는 알리도로를 구해줘서 기뻤다
"But how did you get into the cave?"
"그런데 어떻게 동굴에 들어갔지?"
"I was lying on the shore more dead than alive"
"나는 산 자보다 죽은 자가 더 많았던 것 같다"
"then the wind brought to me the smell of fried fish"

"그때 바람이 나에게 생선 튀김 냄새를 가져다주었다"
"The smell excited my appetite"
"냄새가 내 식욕을 자극했다"
"and I followed my nose"
"나는 내 코를 따라갔다"
"If I had arrived a second later..."
"내가 1초만 더 늦게 도착했더라면..."
"Do not mention it!" sighed Pinocchio
"언급하지 마!" 피노키오가 한숨을 쉬었다
he was still trembling with fright
그는 여전히 두려움에 떨고 있었다
"I would be a fried puppet by now"
"지금쯤이면 나는 튀긴 꼭두각시가 되어 있을 거야"
"It makes me shudder just to think of it!"
"생각만 해도 몸서리가 쳐져요!"
Alidoro laughed a little at the idea
알리도로는 그 생각에 조금 웃었다
but he extended his right paw to the puppet
하지만 그는 오른발을 꼭두각시에게 뻗었다
Pinocchio shook his paw heartily
피노키오는 진심 어린 마음으로 앞발을 흔들었다
and then they went their separate ways
그러고 나서 그들은 각자의 길을 갔다
The dog took the road home
개는 집으로 가는 길을 택했다
and Pinocchio went to a cottage not far off
그리고 피노키오는 그리 멀지 않은 오두막으로 갔다
there was a little old man warming himself in the sun
햇볕 아래에서 몸을 데우는 작은 노인이 있었습니다
Pinocchio spoke to the little old man
피노키오는 작은 노인에게 말을 걸었습니다
"Tell me, good man," he started
"말해 보시오, 착한 사람이여." 그가 말을 시작했다
"do you know anything of a poor boy called Eugene?"
"유진이라는 가난한 소년에 대해 아는 게 있니?"
"he was wounded in the head"
"그는 머리에 상처를 입었다"

"The boy was brought by some fishermen to this cottage"
"그 소년은 몇몇 어부들에 의해 이 오두막으로 데려왔습니다."
"and now I do not know what happened to him"
"이제 나는 그에게 무슨 일이 일어났는지 알지 못하노라"
"And now he is dead!" interrupted Pinocchio with great sorrow
"그리고 이제 그는 죽었어!" 피노키오가 몹시 슬퍼하며 말을 끊었다
"No, he is alive," interrupted the fisherman
"아뇨, 살아 있어요." 어부가 끼어들었다
"and he has been returned to his home"
"그가 자기 집으로 돌아갔도다"
"Is it true?" cried the puppet
"정말인가요?" 꼭두각시가 소리쳤다
and Pinocchio danced with delight
그리고 피노키오는 기뻐하며 춤을 췄습니다
"Then the wound was not serious?"
"그럼 상처는 심각하지 않았나요?"
the little old man answered Pinocchio
작은 노인은 피노키오에게 대답했습니다.
"It might have been very serious"
"매우 심각했을지도 모릅니다"
"it could even have been fatal"
"자칫하면 치명적일 수도 있었다"
"they threw a thick book at his head"
"그들은 두꺼운 책을 그분의 머리에 던졌다"
"And who threw it at him?"
"누가 그걸 그에게 던졌을까?"
"One of his school-fellows, by the name of Pinocchio"
"피노키오라는 이름의 학교 동료 중 한 명"
"And who is this Pinocchio?" asked the puppet
"이 피노키오는 누구죠?" 꼭두각시가 물었다
and he pretended his ignorance as best he could
그리고 그는 할 수 있는 한 최선을 다해 모른 척했다
"They say that he is a bad boy"
"사람들은 그가 나쁜 아이라고 말합니다"
"a vagabond, a regular good-for-nothing"

"방랑자, 평범한 쓸모없는 것"
"Calumnies! all calumnies!"
"얘들아! 모두 비열한 놈들!"
"Do you know this Pinocchio?"
"이 피노키오를 아세요?"
"By sight!" answered the puppet
"보로!" 꼭두각시가 대답했다
"And what is your opinion of him?" asked the little man
"그에 대해 어떻게 생각하십니까?" 작은 남자가 물었다
"He seems to me to be a very good boy"
"내가 보기에는 아주 착한 아이인 것 같아"
"he is anxious to learn," added Pinocchio
"그는 배우기를 열망합니다." 피노키오가 덧붙였습니다
"and he is obedient and affectionate to his father and family"
"그는 자기 아버지와 가족에게 순종하고 애정이 많습니다"
the puppet fired off a bunch of lies
꼭두각시는 거짓말을 잔뜩 퍼부었다
but then he remembered to touch his nose
하지만 그는 코를 만지는 것을 기억했다
his nose seemed to have grown by more than a hand
그의 코는 손보다 더 자란 것 같았다
Very much alarmed he began to cry:
몹시 놀란 그는 울기 시작했다.
"Don't believe me, good man"
"내 말을 믿지 마, 착한 사람아"
"what I said were all lies"
"내가 한 말은 모두 거짓말이었다"
"I know Pinocchio very well"
"나는 피노키오를 아주 잘 안다"
"and I can assure you that he is a very bad boy"
"그리고 나는 그가 매우 나쁜 소년이라는 것을 확신할 수 있습니다"
"he is disobedient and idle"
"그는 순종하지 않고 게으르다"
"instead of going to school, he runs off with his companions"
"학교에 가는 대신, 친구들과 함께 도망친다"

He had hardly finished speaking when his nose became shorter
말을 채 마치기도 전에 코가 짧아졌다
and finally his nose returned to the old size
그리고 마침내 그의 코는 예전의 크기로 돌아왔다
the little old man noticed the boys' colour
작은 노인은 소년들의 피부색을 알아챘습니다
"And why are you all covered with white?"
"그런데 왜 너희들은 모두 하얗게 덮여 있는 거야?"
"I will tell you why," said Pinocchio
"왜 그런지 말해 줄게." 피노키오가 말했다
"Without observing it I rubbed myself against a wall"
"나는 그것을 관찰하지 않고 벽에 몸을 비벼댔다"
"little did I know that the wall had been freshly whitewashed"
"나는 벽이 갓 하얗게 칠해졌다는 것을 거의 알지 못했습니다."
he was ashamed to confess the truth
그는 진실을 고백하는 것이 부끄러웠다
in fact he had been floured like a fish
사실 그는 물고기처럼 밀가루를 뿌렸습니다
"And what have you done with your jacket?"
"그럼 재킷은 어떻게 했어?"
"where are your trousers, and your cap?"
"너의 바지와 모자는 어디 있니?"
"I met some robbers on my journey"
"나는 여행하면서 강도를 만났어요"
"and they took all my things from me"
"그들이 내 모든 것을 내게서 빼앗아 갔습니다"
"Good old man, I have a favour to ask"
"좋은 늙은이, 부탁할 것이 있습니다."
"could you perhaps give me some clothes to return home in?"
"집에 갈 때 입을 옷 좀 주시겠어요?"
"My boy, I would like to help you"
"얘야, 너를 돕고 싶어"
"but I have nothing but a little sack"
"그러나 내게는 작은 자루밖에 없습니다"

"it is but a sack in which I keep beans"
"그것은 내가 콩을 보관하는 자루에 불과하다"
"but if you have need of it, take it"
"그러나 너희에게 필요하거든 취하라"
Pinocchio did not wait to be asked twice
피노키오는 두 번 묻는 것을 기다리지 않았습니다
He took the sack at once
그는 즉시 자루를 집어 들었다
and he borrowed a pair of scissors
그리고 그는 가위를 빌렸다
and he cut a hole at the end of the sack
그리고 그는 자루 끝에 구멍을 뚫었다
at each side, he cut out small holes for his arms
그는 양쪽에 팔을 위한 작은 구멍을 뚫었다
and he put the sack on like a shirt
그리고 그는 그 자루를 셔츠처럼 입었다
And with his new clothing he set off for the village
그리고 그는 새 옷을 입고 마을을 향해 떠났다
But as he went he did not feel at all comfortable
그러나 그는 가면서 전혀 마음이 편치 않았다
for each step forward he took another step backwards
한 걸음 앞으로 나아갈 때마다 그는 한 걸음 뒤로 물러섰다
"How shall I ever present myself to my good little Fairy?"
"내 착한 꼬마 요정에게 어떻게 나를 내세울 수 있을까?"
"What will she say when she sees me?"
"그녀가 나를 보면 뭐라고 말할까?"
"Will she forgive me this second escapade?"
"그녀가 이 두 번째 일탈을 용서해 줄까?"
"Oh, I am sure that she will not forgive me!"
"아, 그녀가 나를 용서하지 않을 거라고 확신하네!"
"And it serves me right, because I am a rascal"
"그리고 그것은 나에게 옳은 일을 해, 왜냐하면 나는 악당이기 때문이야"
"I am always promising to correct myself"
"나는 항상 나 자신을 바로잡겠다고 약속합니다"
"but I never keep my word!"
"하지만 나는 내 약속을 절대 지키지 않아!"

When he reached the village it was night
그가 마을에 도착했을 때는 밤이었다
and it had gotten very dark
그리고 주위는 매우 어두워졌다
A storm had come in from the shore
해안에서 폭풍이 불어온 것이다
and the rain was coming down in torrents
비가 억수같이 쏟아지고 있었다
he went straight to the Fairy's house
그는 곧장 요정의 집으로 갔다
he was resolved to knock at the door
그는 문을 두드리기로 결심했습니다
But when he was there his courage failed him
그러나 그가 그곳에 있을 때 그의 용기는 실패로 돌아갔다
instead of knocking he ran away some twenty paces
그는 문을 두드리는 대신, 스무 걸음쯤 달아났다
He returned to the door a second time
그는 두 번째로 문으로 돌아왔다
and he held the door knocker in his hand
그리고 그는 손에 문을 두드리는 사람을 들고 있었다
trembling, he gave a little knock at the door
그는 떨리는 마음으로 문을 살짝 두드렸다
He waited and waited for his mother to open the door
그는 어머니가 문을 열어 주기를 기다리고 또 기다렸습니다
Pinocchio must have waited no less than half an hour
피노키오는 30분 이상 기다렸을 것입니다
At last a window on the top floor was opened
드디어 꼭대기 층의 창문이 열렸다
the house was four stories high
그 집은 4층 높이였습니다
and Pinocchio saw a big Snail
그리고 피노키오는 큰 달팽이를 보았습니다
it had a lighted candle on her head to look out
그녀의 머리에는 촛불을 켜서 밖을 내다보고 있었다
"Who is there at this hour?"
"이 시간에 누가 있느냐?"
"Is the Fairy at home?" asked the puppet

"요정이 집에 있니?" 인형이 물었다
"The Fairy is asleep," answered the snail
"요정이 잠들었어." 달팽이가 대답했다
"and she must not be awakened"
"그 여자가 깨어나지 말아야 하리라"
"but who are you?" asked the Snail
"그런데 넌 누구냐?" 달팽이가 물었다
"It is I," answered Pinocchio
"나야." 피노키오가 대답했다
"Who is I?" asked the Snail
"나는 누구인가?" 달팽이가 물었다
"It is I, Pinocchio," answered Pinocchio
"나야, 피노키오." 피노키오가 대답했다
"And who is Pinocchio?" asked the Snail
"그럼 피노키오는 누구야?" 달팽이가 물었다
"The puppet who lives in the Fairy's house"
"요정의 집에 사는 꼭두각시"
"Ah, I understand!" said the Snail
"아, 알겠어!" 달팽이가 말했다
"Wait for me there"
"거기서 나를 기다려"
"I will come down and open the door"
"내가 내려와서 문을 열겠다"
"Be quick, for pity's sake"
"불쌍히 여김을 위하여 서두르라"
"because I am dying of cold"
"내가 추워 죽기 때문에"
"My boy, I am a snail"
"얘야, 나는 달팽이야"
"and snails are never in a hurry"
"그리고 달팽이는 결코 서두르지 않습니다"
An hour passed, and then two
한 시간이 지나고, 두 시간이 지났습니다
and the door was still not opened
그리고 문은 여전히 열리지 않았습니다
Pinocchio was wet through and through
피노키오는 속몸이 젖어 있었다

and he was trembling from cold and fear
그는 추위와 두려움으로 떨고 있었다
at last he had the courage to knock again
마침내 그는 다시 문을 두드릴 용기를 갖게 되었다
this time he knocked louder than before
이번에는 그가 전보다 더 크게 문을 두드렸다
At this second knock a window on the lower story opened
두 번째 노크가 시작되자 아래층의 창문이 열렸다
and the same Snail appeared at the window
그리고 같은 달팽이가 창가에 나타났습니다
"Beautiful little Snail," cried Pinocchio
"예쁜 작은 달팽이." 피노키오가 외쳤다
"I have been waiting for two hours!"
"두 시간 동안 기다렸어요!"
"two hours on such a night seems longer than two years"
"이런 밤에 두 시간은 두 년보다 더 길게 느껴진다"
"Be quick, for pity's sake"
"불쌍히 여김을 위하여 서두르라"
"My boy," answered the calm little animal
"얘야." 차분한 작은 동물이 대답했다
"you know that I am a snail"
"너는 내가 달팽이라는 것을 알고 있잖아"
"and snails are never in a hurry"
"그리고 달팽이는 결코 서두르지 않습니다"
And the window was shut again
그리고 창문은 다시 닫혔다
Shortly afterwards midnight struck
얼마 지나지 않아 자정이 되었다
then one o'clock, then two o'clock
그 다음에는 1시, 그 다음에는 2시
and the door still remained unopened
그리고 문은 여전히 열리지 않은 채로 남아 있었다
Pinocchio finally lost all patience
피노키오는 마침내 모든 인내심을 잃었습니다
he seized the door knocker in a rage
그는 화가 나서 문을 두드리는 사람을 붙잡았다
he intended bang the door as hard as he could

그는 할 수 있는 한 세게 문을 쾅쾅 닫을 작정이었다
a blow that would resound through the house
집안에 울려 퍼질 것 같은 타격이었다
the door knocker was made from iron
문 두드리는 사람은 철로 만들어졌습니다
but suddenly it turned into an eel
그런데 갑자기 뱀장어로 변해 버렸다
and the eel slipped out of Pinocchio's hand
뱀장어는 피노키오의 손에서 미끄러져 나갔다
down the street was a stream of water
길 아래에는 물줄기가 흐르고 있었다
and the eel disappeared down the stream
뱀장어는 개울을 따라 사라졌습니다
Pinocchio was blinded with rage
피노키오는 분노로 눈이 멀었다
"Ah! so that's the way it is?"
"아! 그러니까 그런 식이지?"
"then I will kick with all my might"
"그러면 나는 온 힘을 다해 걷어차겠다"
Pinocchio took a little run up to the door
피노키오는 조금 문 쪽으로 달려갔어요
and he kicked the door with all his might
그리고 그는 있는 힘을 다해 문을 걷어찼다
it was indeed a mighty strong kick
그야말로 강력하고 강한 킥이었다
and his foot went through the door
그의 발은 문을 통과했다
Pinocchio tried to pull his foot out
피노키오는 발을 빼려고 했다
but then he realized his predicament
그러나 그는 곧 자신이 처한 곤경을 깨달았습니다
it was as if his foot had been nailed down
마치 그의 발이 못 박힌 것 같았다
Think of poor Pinocchio's situation!
불쌍한 피노키오의 상황을 생각해 보십시오!
He had to spend the rest of the night on one foot
그는 남은 밤을 한 발로 서야 했다

and the other foot was in the air
그리고 다른 발은 공중에 떠 있었다
after many hours daybreak finally came
오랜 시간이 흐른 후 드디어 동이 틀 무렵
and at last the door was opened
드디어 문이 열렸다
it had only taken the Snail nine hours
달팽이에게는 겨우 아홉 시간밖에 걸리지 않았다
he had come all the way from the fourth story
그는 4층에서 먼 길을 왔다
It is evident that her exertions must have been great
그 여자의 노력이 대단했음이 분명합니다
but she was equally confused by Pinocchio
그러나 그녀는 똑같이 피노키오에게 혼란스러워했습니다
"What are you doing with your foot in the door?"
"문에 발을 넣고 뭐하고 있는 거야?"
"It was an accident," answered the puppet
"사고였어." 꼭두각시가 대답했다
"oh beautiful snail, please help me"
"오 아름다운 달팽이, 제발 도와주세요"
"try and get my foot out the door"
"내 발을 문 밖으로 내밀어 보려고"
"My boy, that is the work of a carpenter""
"얘야, 그건 목수의 일이야."
"and I have never been a carpenter"
"나는 목수가 되어 본 적이 없도다"
"in that case please get the Fairy for me!"
"그렇다면, 제발 요정을 구해주세요!"
"The Fairy is still asleep"
"요정은 아직 잠들어 있다"
"and she must not be awakened"
"그 여자가 깨어나지 말아야 하리라"
"But what can I do with me foot stuck in the door?"
"하지만 문에 발이 끼인 상태에서 무엇을 할 수 있을까요?"
"there are many ants in this area"
"이 지역에는 개미가 많아요"
"Amuse yourself by counting all the little ants"

"작은 개미를 모두 세어 보면서 즐거워하세요"
"Bring me at least something to eat"
"최소한 먹을 것을 가져다 주세요"
"because I am quite exhausted and hungry"
"나는 매우 피곤하고 배가 고파서"
"At once," said the Snail
"당장," 달팽이가 말했다
it was in fact almost as fast as she had said
사실 그것은 그녀가 말한 것만큼이나 빨랐다
after three hours she returned to Pinocchio
세 시간 후에 그녀는 피노키오로 돌아왔다
and on her head was a silver tray
그리고 그녀의 머리에는 은쟁반이 있었다
The tray contained a loaf of bread
쟁반에는 빵 한 덩어리가 들어 있었습니다
and there was a roast chicken
그리고 로스트 치킨이 있었습니다
and there were four ripe apricots
그리고 잘 익은 살구가 네 개 있었다
"Here is the breakfast that the Fairy has sent you"
"여기 요정이 보내준 아침 식사가 있습니다."
these were all things Pinocchio liked to eat
이것들은 모두 피노키오가 즐겨 먹는 것들이었습니다
The puppet felt very much comforted at the sight
인형은 그 광경을 보고 매우 위로를 받았습니다
But then he began to eat the food
그러나 그는 그 음식을 먹기 시작하였다
and he was most disgusted by the taste
그리고 그는 그 맛에 가장 혐오감을 느꼈다
he discovered that the bread was plaster
그는 그 빵이 석고라는 것을 발견했다
the chicken was made of cardboard
닭고기는 골판지로 만들어졌습니다
and the four apricots were alabaster
그리고 네 개의 살구는 설화석고였다
Poor Pinocchio wanted to cry
불쌍한 피노키오는 울고 싶었다

In his desperation he tried to throw away the tray
절망에 빠진 그는 쟁반을 버리려고 했습니다
perhaps it was because of his grief
어쩌면 슬픔 때문이었을지도 모른다
or it could have been that he was exhausted
아니면 지쳐서 그랬을 수도 있다
and the little puppet fainted from the effort
그리고 작은 인형은 그 노력에 기절하고 말았다
eventually he regained consciousness
결국 그는 의식을 되찾았다
and he found that he was lying on a sofa
그리고 그는 그가 소파에 누워 있다는 것을 알았습니다
and the good Fairy was beside him
그리고 착한 요정이 그의 곁에 있었다
"I will pardon you once more," the Fairy said
"다시 한 번 용서하겠다." 요정이 말했다
"but woe to you if you behave badly a third time!"
"그러나 네가 세 번째로 악하게 행동하면 너에게 화가 있을 것이다!"
Pinocchio promised and swore that he would study
피노키오는 공부하겠다고 약속하고 맹세했다
and he swore he would always conduct himself well
그리고 그는 항상 선하게 처신하겠다고 맹세했다
And he kept his word for the remainder of the year
그리고 그는 그 해의 남은 기간 동안 자기의 약속을 지켰다
Pinocchio got very good grades at school
피노키오는 학교에서 아주 좋은 성적을 받았어요
and he had the honour of being the best student
그리고 그는 최고의 학생이 되는 영광을 누렸습니다
his behaviour in general was very praiseworthy
그의 행동은 일반적으로 매우 칭찬받을 만했습니다
and the Fairy was very much pleased with him
요정은 그를 매우 기뻐했습니다
"Tomorrow your wish shall be gratified"
"내일 너의 소원이 이루어질 것이다"
"what wish was that?" asked Pinocchio
"그게 무슨 소원이었어?" 피노키오가 물었다

"Tomorrow you shall cease to be a wooden puppet"
"내일이면 너는 더 이상 나무 꼭두각시가 아니게 될 것이다"
"and you shall finally become a boy"
"너는 마침내 소년이 되리라"
you could not have imagined Pinocchio's joy
피노키오의 기쁨을 상상도 못했을 것입니다
and Pinocchio was allowed to have a party
그리고 피노키오는 파티를 열 수 있었습니다
All his school-fellows were to be invited
그의 학교 동료들은 모두 초대되어야 했다
there would be a grand breakfast at the Fairy's house
요정의 집에서 성대한 아침 식사가 있을 것입니다
together they would celebrate the great event
그들은 함께 위대한 사건을 축하할 것입니다
The Fairy had prepared two hundred cups of coffee and milk
요정은 200잔의 커피와 우유를 준비했다
and four hundred rolls of bread were cut
그리고 400개의 빵 롤이 잘렸다
and all the bread was buttered on each side
그리고 모든 빵은 양면에 버터를 발랐습니다
The day promised to be most happy and delightful
그날은 가장 행복하고 즐거운 날이 될 것을 약속했습니다
but...
하지만...
Unfortunately in the lives of puppets there is always a "but" that spoils everything
불행히도 꼭두각시의 삶에는 항상 모든 것을 망치는 "그러나"가 있습니다

The Land of the Boobie Birds
부비 새들의 땅

Of course Pinocchio asked the Fairy's permission
물론 피노키오는 요정에게 허락을 구했다
"may I go round the town to give out the invitations?"
"초대장을 나눠 주기 위해 마을을 한 바퀴 돌 수 있을까요?"
and the Fairy said to him:
요정이 그에게 말했다.
"Go, if you like, you have my permission"
"가거라, 원한다면 내 허락을 받았어"
"invite your companions for the breakfast tomorrow"
"내일 아침 식사에 동료를 초대하세요"
"but remember to return home before dark"
"그러나 어두워지기 전에 집으로 돌아가는 것을 기억하십시오"
"Have you understood?" she checked
"이해했어?" 그녀가 확인했다
"I promise to be back in an hour"
"나는 한 시간 후에 돌아올 것을 약속한다."
"Take care, Pinocchio!" she cautioned him
"조심해, 피노키오!" 그녀는 그에게 주의를 주었다
"Boys are always very ready to promise"
"소년들은 항상 약속할 준비가 되어 있습니다"
"but generally boys struggle to keep their word"
"그러나 일반적으로 소년들은 약속을 지키는 데 어려움을 겪는다"
"But I am not like other boys"
"하지만 나는 다른 소년들과는 달라요"
"When I say a thing, I do it"
"내가 어떤 것을 말할 때, 나는 그것을 행한다"
"We shall see if you will keep your promise"
"당신이 약속을 지킬 것인지 두고 볼 것입니다"
"If you are disobedient, so much the worse for you"
"너희가 순종하지 않는다면, 너희에게 훨씬 더 나쁜 것이 있을 것이다"
"Why would it be so much the worse for me?"
"왜 나한테 이렇게 더 나쁜 걸까?"

"there are boys who do not listen to the advice"
"충고를 듣지 않는 소년이 있다"
"advice from people who know more than them"
"그들보다 더 많이 아는 사람들의 조언"
"and they always meet with some misfortune or other"
"그리고 그들은 항상 어떤 불행이나 다른 것을 만납니다"
"I have experienced that," said Pinocchio
"나도 그런 경험을 했어." 피노키오가 말했다
"but I shall never make that mistake again"
"하지만 다시는 그런 실수를 저지르지 않을 거야"
"We shall see if that is true"
"그것이 사실인지 두고 볼 것입니다"
and the puppet took leave of his good Fairy
그리고 꼭두각시는 그의 착한 요정을 떠났다
the good Fairy was now like a mamma to him
착한 요정은 이제 그에게 엄마 같은 존재였다
and he went out of the house singing and dancing
그는 노래하고 춤추며 집 밖으로 나갔다
In less than an hour all his friends were invited
한 시간도 채 안 되어 그의 친구들이 모두 초대되었습니다
Some accepted at once heartily
어떤 사람들은 즉시 진심으로 받아들였다
others at first required some convincing
다른 사람들은 처음에는 어느 정도 설득이 필요했습니다
but then they heard that there would be coffee
그런데 커피가 있을 거라는 얘기를 들었어요
and the bread was going to be buttered on both sides
그리고 빵은 양면에 버터를 바르기로 되어 있었습니다
"We will come also, to do you a pleasure"
"우리도 와서 너희에게 즐거움을 주리라"

Now I must tell you that Pinocchio had many friends
이제 피노키오에게는 친구가 많았다는 것을 말해야겠네요
and there were many boys he went to school with
그리고 그와 함께 학교를 다녔던 많은 소년들이 있었습니다
but there was one boy he especially liked
하지만 그가 특히 좋아했던 소년이 한 명 있었다
This boy's name was Romeo
이 소년의 이름은 로미오였습니다
but he always went by his nickname
그러나 그는 항상 자신의 별명을 사용했습니다
all the boys called him Candle-wick
모든 소년들은 그를 촛불 심지라고 불렀습니다
because he was so thin, straight and bright
그는 매우 야위고 곧고 밝았기 때문입니다
like the new wick of a little nightlight
작은 야간 조명의 새로운 심지처럼

Candle-wick was the laziest of the boys
촛불심지는 소년들 중에서 가장 게으른 아이였다
and he was naughtier than the other boys too
그리고 그는 다른 소년들보다 더 장난꾸러기였습니다
but Pinocchio was devoted to him
그러나 피노키오는 그에게 헌신했습니다
he had gone to Candle-wick's house before the others
그는 다른 사람들보다 먼저 캔들윅의 집에 갔다
but he had not found him
그러나 그는 그를 찾지 못했다
He returned a second time, but Candle-wick was not there
그는 두 번째로 돌아왔지만, 촛불심지는 그곳에 없었다
He went a third time, but it was in vain
그는 세 번째로 갔지만 헛수고였다
Where could he search for him?
어디서 그를 찾을 수 있겠는가?
He looked here, there, and everywhere
그는 여기, 저기, 그리고 모든 곳을 둘러보았다
and at last he found his friend Candle-wick
마침내 그는 그의 친구 캔들 윅을 찾았습니다
he was hiding on the porch of a peasant's cottage
그는 농부의 오두막 현관에 숨어 있었습니다
"What are you doing there?" asked Pinocchio
"거기서 뭐 하는 거야?" 피노키오가 물었다
"I am waiting for midnight"
"나는 자정을 기다리고 있다"
"I am going to run away"
"나는 도망칠 것이다"
"And where are you going?"
"그럼 어디로 가세요?"
"I am going to live in another country"
"나는 다른 나라에서 살게 될 거야"
"the most delightful country in the world"
"세상에서 가장 유쾌한 나라"
"a real land of sweetmeats!"
"진정한 과자의 땅!"
"And what is it called?"

"그럼 그걸 뭐라고 부르는 거죠?"
"It is called the Land of Boobies"
"그곳은 부비의 땅이라고 불린다"
"Why do you not come, too?"
"너도 왜 오지 않니?"
"I? No, even if I wanted to!"
"내가? 아니, 내가 원했어도 말이야!"
"You are wrong, Pinocchio"
"너 틀렸어, 피노키오"
"If you do not come you will repent it"
"오지 아니하면 회개하리라"
"Where could you find a better country for boys?"
"소년들에게 이보다 더 좋은 나라를 어디서 찾을 수 있겠는가?"
"There are no schools there"
"거기에는 학교가 없습니다"
"there are no masters there"
"거기에는 주인이 없다"
"and there are no books there"
"거기에는 책이 없도다"
"In that delightful land nobody ever studies"
"그 아름다운 땅에서는 아무도 공부하지 않는다"
"On Saturday there is never school"
"토요일에는 학교가 없습니다"
"every week consists of six Saturdays"
"매주 여섯 번의 토요일로 구성"
"and the remainder of the week are Sundays"
"그 주의 남은 기간은 일요일이니라"
"think of all the time there is to play"
"놀 수 있는 모든 시간을 생각하십시오"
"the autumn holidays begin on the first of January"
"1월 1일부터 가을 방학이 시작됩니다"
"and they finish on the last day of December"
"그리고 그들은 12월의 마지막 날에 끝납니다"
"That is the country for me!"
"저한테 맞는 나라야!"
"That is what all civilized countries should be like!"
"모든 문명 국가는 그래야 한다!"

"But how are the days spent in the Land of Boobies?"
"하지만 부비의 땅에서 보낸 나날들은 어때?"
"The days are spent in play and amusement"
"낮날은 놀이와 오락으로 보낸다"
"you enjoy yourself from morning till night"
"아침부터 저녁까지 즐겁다"
"and when night comes you go to bed"
"밤이 오면 너는 잠자리에 든다"
"and then you recommence the fun the next day"
"그리고 다음 날 다시 재미를 시작하죠"
"What do you think of it?"
"그것에 대해 어떻게 생각하십니까?"
"Hum!" said Pinocchio thoughtfully
"흠!" 피노키오가 사려 깊게 말했다
and he shook his head slightly
그는 고개를 살짝 저었다
the gesture did seem to say something
그 몸짓은 뭔가를 말하는 것 같았다
"That is a life that I also would willingly lead"
"나도 기꺼이 그렇게 하고 싶은 삶이야"
but he had not accepted the invitation yet
그러나 그는 아직 그 초대를 받아들이지 않았다
"Well, will you go with me?"
"그럼, 나랑 같이 갈래?"
"Yes or no? Resolve quickly"
"예, 아니오? 빨리 해결"
"No, no, no, and no again"
"안 돼, 안 돼, 안 돼, 또 안 돼"
"I promised my good Fairy to be good boy"
"나는 나의 착한 요정에게 착한 아이가 되기로 약속했다"
"and I will keep my word"
"내가 내 말을 지키리라"
"the sun will soon be setting"
"해가 곧 질 것이다"
"so I must leave you and run away"
"그래서 나는 너를 버리고 도망쳐야 한다"
"Good-bye, and a pleasant journey to you"

"안녕, 그리고 당신에게 즐거운 여행"
"Where are you rushing off to in such a hurry?"
"그렇게 급하게 어디로 급히 가는 거야?"
"I am going home," said Pinocchio
"집에 갈 거야." 피노키오가 말했다
"My good Fairy wishes me to be back before dark"
"나의 착한 요정은 내가 어두워지기 전에 돌아오길 바란다."
"Wait another two minutes"
"2분 더 기다려 줘"
"It will make me too late"
"그것은 나를 너무 늦게 만들 것이다"
"Only two minutes," Candle-wick pleaded
"딱 2분만." 캔들 윅이 애원했다
"And if the Fairy scolds me?"
"요정이 나를 꾸짖으면?"
"Let her scold you," he suggested
"엄마가 너를 꾸짖게 해라"고 그는 제안했다
Candle-wick was quite a persuasive rascal
촛불 심지는 꽤 설득력있는 악당이었다
"When she has scolded well she will hold her tongue"
"잘 꾸짖으면 혀를 내두를 것이다"
"And what are you going to do?"
"그럼 뭘 할 건데?"
"Are you going alone or with companions?"
"혼자 가십니까, 아니면 동료와 함께 가시십니까?"
"oh don't worry about that Pinocchio"
"오, 그 피노키오 걱정하지 마"
"I will not be alone in the Land of Boobies"
"나는 부비의 땅에서 혼자가 아닐 것이다"
"there will be more than a hundred boys"
"소년이 백 명이 넘을 것입니다"
"And do you make the journey on foot?"
"그럼 당신은 걸어서 여행하나요?"
"A coach will pass by shortly"
"코치가 곧 지나갈 것입니다"
"the carriage will take me to that happy country"
"마차는 나를 그 행복한 나라로 데려다 줄 것입니다"

"What would I not give for the coach to pass by now!"
"지금 마차가 지나가도록 내가 뭘 주지 않겠는가!"
"Why do you want the coach to come by so badly?"
"왜 그렇게 코치가 오길 바라는 거야?"
"so that I can see you all go together"
"너희들이 다 같이 가는 걸 볼 수 있도록"
"Stay here a little longer, Pinocchio"
"조금 더 여기 있어, 피노키오"
"stay a little longer and you will see us"
"조금만 더 머무르면 우리를 볼 수 있습니다."
"No, no, I must go home"
"안 돼, 안 돼, 집에 가야 해"
"just wait another two minutes"
"2분만 더 기다려"
"I have already delayed too long"
"나는 이미 너무 오래 지체했다"
"The Fairy will be anxious about me"
"요정은 나를 걱정 할 것이다"
"Is she afraid that the bats will eat you?"
"박쥐가 널 잡아먹을까 봐 무서워?"
Pinocchio had grown a little curious
피노키오는 조금 호기심이 생겼어요
"are you certain that there are no schools?"
"학교가 없다는 것이 확실합니까?"
"there is not even the shadow of a school"
"학교의 그림자조차 없다"
"And are there no masters either?"
"그리고 주인도 없나요?"
"the Land of the Boobies is free of masters"
"부비의 땅은 주인이 없다"
"And no one is ever made to study?"
"그리고 아무도 공부하도록 만들어지지 않았나요?"
"Never, never, and never again!"
"절대, 절대, 그리고 다시는!"
Pinocchio's mouth watered at the idea
피노키오는 그 생각에 군침이 돌았다
"What a delightful country!" said Pinocchio

"정말 유쾌한 나라야!" 피노키오가 말했다
"I have never been there," said Candle-wick
"나는 거기에 가본 적이 없어." 캔들 윅이 말했다
"but I can imagine it perfectly well"
"하지만 나는 그것을 완벽하게 잘 상상할 수 있습니다."
"Why will you not come also?"
"왜 너도 오지 않느냐?"
"It is useless to tempt me"
"나를 유혹해도 소용이 없도다"
"I made a promise to my good Fairy"
"나의 착한 요정과 약속을 했어"
"I will become a sensible boy"
"나는 분별력 있는 소년이 될 것이다"
"and I will not break my word"
"내가 내 말을 깨지지 아니하리라"
"Good-bye, then," said Candle-wick
"그럼, 안녕히 계세요." 캔들 윅이 말했다
"give my compliments to all the boys at school"
"학교에 있는 모든 남자아이들에게 칭찬을 해줘"
"Good-bye, Candle-wick; a pleasant journey to you"
"안녕, 촛불 심지; 즐거운 여행을"
"amuse yourself in this pleasant land"
"이 쾌적한 땅에서 즐거운 시간을 보내십시오"
"and think sometimes of your friends"
"그리고 때때로 친구들을 생각하십시오"
Thus saying, the puppet made two steps to go
그렇게 말하면서 꼭두각시는 두 걸음을 내디뎠다
but then he stopped halfway in his track
그러나 그는 가던 길의 중간에 멈춰 섰습니다
and, turning to his friend, he inquired:
그리고 친구를 돌아보며 물었다:
"But are you quite certain about all this?"
"하지만 이 모든 것에 대해 확신이 있습니까?"
"in that country all the weeks consist of six Saturdays?"
"그 나라에서는 모든 주가 여섯 번의 토요일로 이루어져 있습니까?"
"and the rest of the week consists of Sundays?"

"그리고 그 주의 나머지 시간은 일요일로 이루어져 있나요?"
"all the weekdays most certainly consist of six Saturdays"
"모든 평일은 확실히 여섯 번의 토요일로 구성됩니다."
"and the rest of the days are indeed Sundays"
"그 밖의 날들은 참으로 일요일이니라"
"and are you quite sure about the holidays?"
"그리고 휴일에 대해 확실히 알고 있습니까?"
"the holidays definitely begin on the first of January?"
"연말연시는 꼭 1월 1일에 시작하나요?"
"and you're sure the holidays finish on the last day of December?"
"그리고 연말연시가 12월의 마지막 날에 끝난다는 게 확실해?"
"I am assuredly certain that this is how it is"
"나는 그것이 바로 이렇다는 것을 확신합니다"
"What a delightful country!" repeated Pinocchio
"정말 유쾌한 나라야!" 피노키오가 되풀이했다
and he was enchanted by all that he had heard
그는 자기가 들은 모든 것에 매료되었다
this time Pinocchio spoke more resolute
이번에는 피노키오가 더 단호하게 말했다
"This time really good-bye"
"이번에는 정말 안녕히 계세요"
"I wish you pleasant journey and life"
"즐거운 여행과 인생을 기원합니다"
"Good-bye, my friend," bowed Candle-wick
"안녕히 계세요, 친구여." 촛불 심지가 고개를 숙였다
"When do you start?" inquired Pinocchio
"언제 시작하니?" 피노키오가 물었다
"I will be leaving very soon"
"나는 곧 떠날 것이다"
"What a pity that you must leave so soon!"
"당신이 그렇게 빨리 떠나야 한다는 것이 얼마나 유감스러운 일입니까!"
"I would almost be tempted to wait"
"나는 거의 기다리고 싶은 유혹을 받을 것이다"
"And the Fairy?" asked Candle-wick
"요정은요?" 촛불 심지가 물었다

"It is already late," confirmed Pinocchio
"이미 늦었어." 피노키오가 단언했다
"I can return home an hour sooner"
"한 시간 더 일찍 집에 돌아갈 수 있어요"
"or I can return home an hour later"
"아니면 한 시간 후에 집에 돌아갈 수 있어"
"really it will be all the same"
"정말로 모든 것이 똑같을 것입니다"
"but what if the Fairy scolds you?"
"하지만 요정이 너를 꾸짖으면 어떡하지?"
"I must have patience!"
"인내심을 가져야 해!"
"I will let her scold me"
"그녀가 나를 꾸짖게 할 것이다"
"When she has scolded well she will hold her tongue"
"잘 꾸짖으면 혀를 내두를 것이다"
In the meantime night had come on
그러는 사이 밤이 찾아왔다
and by now it had gotten quite dark
그리고 지금쯤에는 꽤 어두워져 있었다
Suddenly they saw in the distance a small light moving
갑자기 그들은 멀리서 작은 빛이 움직이는 것을 보았다

they heard a noise of talking
그들은 말하는 소리를 들었다
and there was the sound of a trumpet
그리고 나팔 소리가 들렸다
but the sound was still small and feeble
그러나 그 소리는 여전히 작고 미약했다
so the sound still resembled the hum of a mosquito
그래서 그 소리는 여전히 모기의 윙윙거리는 소리와 비슷했다
"Here it is!" shouted Candle-wick, jumping to his feet
"여기 있다!" 촛불 심지가 벌떡 일어서며 소리쳤다
"What is it?" asked Pinocchio in a whisper
"이게 뭐야?" 피노키오가 속삭이듯 물었다
"It is the carriage coming to take me"
"나를 데려가려고 오는 마차야"
"so will you come, yes or no?"
"그럼 오실 건가요, 예, 아니오?"
"But is it really true?" asked the puppet
"하지만 정말 사실인가요?" 꼭두각시가 물었다
"in that country boys are never obliged to study?"
"그 나라에서는 남자애들이 공부할 의무가 전혀 없나요?"
"Never, never, and never again!"
"절대, 절대, 그리고 다시는!"
"What a delightful country!"
"정말 유쾌한 나라입니다!"

Pinocchio Enjoys Six Months of Happiness
피노키오는 6개월 동안 행복을 누린다

At last the wagon finally arrived
드디어 마차가 도착했다
and it arrived without making the slightest noise
그리고 그것은 조금의 소리도 내지 않고 도착했습니다
because its wheels were bound with flax and rags
그 바퀴가 아마와 헝겊으로 묶여 있었기 때문이다
It was drawn by twelve pairs of donkeys
열두 쌍의 당나귀가 그렸습니다

all the donkeys were the same size
당나귀들은 모두 같은 크기였습니다
but each donkey was a different colour
그러나 당나귀는 저마다 색깔이 달랐습니다
Some of the donkeys were gray
당나귀 중 일부는 회색이었습니다
and some of the donkeys were white
그리고 당나귀 중에는 백인도 있었다
and some donkeys were brindled like pepper and salt
어떤 당나귀들은 후추와 소금처럼 쪼개져 있었다
and other donkeys had large stripes of yellow and blue
그리고 다른 당나귀들은 노란색과 파란색의 큰 줄무늬를 가지고 있었습니다
But there was something most extraordinary about them
그러나 그들에게는 매우 특별한 것이 있었다
they were not shod like other beasts of burden
그들은 짐을 진 다른 짐승들처럼 신을 신지 않았다
on their feet the donkeys had men's boots
당나귀들은 발에 남자용 장화를 신고 있었다
"And the coachman?" you may ask
"마부는요?" 하고 당신은 질문할 수 있습니다
Picture to yourself a little man broader than long
그대에게 긴 것보다 더 넓은 작은 남자를 상상해 보십시오
flabby and greasy like a lump of butter
버터 덩어리처럼 흐물흐물하고 기름기가 많습니다
with a small round face like an orange
오렌지 같은 작고 동그란 얼굴로
a little mouth that was always laughing
항상 웃고 있던 작은 입
and a soft, caressing voice of a cat
그리고 고양이의 부드럽고 애무하는 목소리
All the boys fought for their place in the coach
모든 소년들은 코치에서 자신의 자리를 차지하기 위해 싸웠습니다
they all wanted to be conducted to the Land of Boobies
그들은 모두 부비의 땅으로 인도되기를 원했다
The carriage was, in fact, quite full of boys
사실 마차는 소년들로 가득 차 있었다

and all the boys were between eight and fourteen years
소년들은 모두 여덟 살에서 열네 살 사이였다
the boys were heaped one upon another
소년들은 서로 겹겹이 쌓여 있었다
just like herrings are squeezed into a barrel
마치 청어를 통에 짜 넣는 것처럼
They were uncomfortable and packed closely together
그들은 불편해했고 서로 밀접하게 밀착되어 있었다
and they could hardly breathe
그들은 거의 숨을 쉴 수 없었다
but not one of the boys thought of grumbling
그러나 한 명의 소년도 투덜거릴 생각을 하지 않았다
they were consoled by the promises of their destination
그들은 목적지에 대한 약속으로 위로를 받았습니다
a place with no books, no schools, and no masters
책도 없고, 학교도 없고, 스승도 없는 곳
it made them so happy and resigned
그것은 그들을 매우 행복하게 만들었고 체념하게 만들었습니다
and they felt neither fatigue nor inconvenience
그들은 피곤함이나 불편함을 느끼지 않았다
neither hunger, nor thirst, nor want of sleep
배고픔도, 목마름도, 잠도 부족하지 않습니다
soon the wagon had reached them
이윽고 마차가 그들에게 도착했다
the little man turned straight to Candle-wick
작은 남자는 곧장 촛불 심지로 돌아섰다
he had a thousand smirks and grimaces
그는 천 번의 미소와 찡그린 얼굴을 가지고 있었다
"Tell me, my fine boy;"
"말해 봐, 내 착한 아들아."
"would you also like to go to the fortunate country?"
"당신도 행운의 나라에 가고 싶습니까?"
"I certainly wish to go"
"나는 분명히 가고 싶다"
"But I must warn you, my dear child"
"하지만 너에게 경고해야겠다, 나의 사랑하는 딸아"
"there is not a place left in the wagon"

"마차에 남은 자리가 없다"
"You can see for yourself that it is quite full"
"당신은 그것이 꽤 가득 찼다는 것을 직접 볼 수 있습니다"
"No matter," replied Candle-wick
"상관없어." 캔들 윅이 대답했다
"I do not need to sit in the wagon"
"나는 마차에 앉을 필요가 없습니다"
"I will sit on the arch of the wheel"
"나는 바퀴의 아치에 앉을 것이다"
And with a leap he sat above the wheel
그리고 그는 펄쩍펄쩍 뛰며 바퀴 위에 앉았다
"And you, my love!" said the little man
"그리고 너, 내 사랑!" 작은 남자가 말했다
and he turned in a flattering manner to Pinocchio
그리고 그는 아첨하는 태도로 피노키오에게 돌아섰다
"what do you intend to do?"
"뭘 하려는 거야?"
"Are you coming with us?
"우리랑 같이 갈래?
or are you going to remain behind?"
"아니면 뒤에 남을 건가요?"
"I will remain behind," answered Pinocchio
"나는 뒤에 남을 거야." 피노키오가 대답했다
"I am going home," he answered proudly
"집에 가겠습니다"라고 그는 자랑스럽게 대답했다
"I intend to study, as all well conducted boys do"
"나는 행실이 좋은 모든 소년들이 그렇듯이 공부할 생각입니다"
"Much good may it do you!"
"그것이 당신에게 큰 유익을 주기를!"
"Pinocchio!" called out Candle-wick
"피노키오!" 촛불심지가 소리쳤다
"come with us and we shall have such fun"
"우리와 함께 오면 우리는 정말 재미있게 놀 것입니다"
"No, no, and no again!" answered Pinocchio
"안 돼, 안 돼, 또 안 돼!" 피노키오가 대답했다
a chorus of hundred voices shouted from the the coach
수백 명의 목소리가 합창으로 마차에서 외쳤다

"Come with us and we shall have so much fun"
"우리와 함께 오세요, 그리고 우리는 너무 재미있게 놀 것입니다"
but the puppet was not at all sure
하지만 꼭두각시는 전혀 확신할 수 없었다
"if I come with you, what will my good Fairy say?"
"내가 너와 함께 간다면, 나의 착한 요정은 뭐라고 말할까?"
and he was beginning to yield
그리고 그는 굴복하기 시작했다
"Do not trouble your head with melancholy thoughts"
"우울한 생각으로 머리를 괴롭히지 마십시오"
"consider only how delightful it will be"
"그것이 얼마나 즐거울 것인지만 생각해 보십시오"
"we are going to the Land of the Boobies"
"우리는 부비의 땅으로 가고 있다"
"all day we shall be at liberty to run riot"
"우리는 하루 종일 자유롭게 폭동을 일으킬 것이다"
Pinocchio did not answer, but he sighed
피노키오는 대답하지 않았지만 한숨을 쉬었다
he sighed again, and then sighed for the third time
그는 다시 한숨을 쉬고, 세 번째로 한숨을 쉬었다
finally Pinocchio made up his mind
마침내 피노키오는 결심을 했다
"Make a little room for me"
"나를 위해 조금 자리를 내어"
"because I would like to come, too"
"나도 오고 싶으니까"
"The places are all full," replied the little man
"자리가 다 꽉 찼어요." 작은 남자가 대답했다
"but, let me show you how welcome you are"
"하지만, 당신이 얼마나 환영받는지 보여드리겠습니다"
"I will let you have my seat on the box"
"상자 위에 내 자리를 앉게 해줄게"
"And where will you sit?"
"그럼 당신은 어디에 앉으실 건가요?"
"Oh, I will go on foot"
"아, 걸어서 가겠습니다"

"No, indeed, I could not allow that"
"아니, 정말로, 나는 그것을 허락할 수 없었다"
"I would rather mount one of these donkeys"
"차라리 이 당나귀 한 마리를 타겠다"
so Pinocchio went up the the first donkey
그래서 피노키오는 첫 번째 당나귀에 올라갔습니다
and he attempted to mount the animal
그리고 그는 그 동물에 올라타려고 시도했다
but the little donkey turned on him
그러나 작은 당나귀는 그를 향해 돌아섰습니다
and the donkey gave him a great blow in the stomach
나귀는 그의 배를 크게 쳤다
and it rolled him over with his legs in the air
그리고 그것은 그를 다리를 공중에 띄운 채 넘어뜨렸다
all the boys had been watching this
모든 소년들이 이것을 지켜보고 있었다
so you can imagine the laughter from the wagon
그래서 마차의 웃음을 상상할 수 있습니다
But the little man did not laugh
그러나 작은 남자는 웃지 않았다
He approached the rebellious donkey
그분은 반항적인 당나귀에게 다가가셨습니다
and at first he pretended to kiss him
그리고 처음에 그는 그에게 키스하는 시늉을 했다
but then he bit off half of his ear
하지만 그는 귀의 절반을 물어뜯었습니다
Pinocchio in the meantime had gotten up from the ground
그러는 동안 피노키오는 땅에서 일어났다
he was still very cross with the animal
그는 여전히 그 동물과 매우 괴로워하고 있었다
but with a spring he jumped onto him
그러나 그는 용수철과 함께 그에게 뛰어 올랐다
and he seated himself on the poor animal's back
그리고 그는 그 불쌍한 동물의 등에 앉았다
And he sprang so well that the boys stopped laughing
그리고 그는 너무 잘 뛰었기 때문에 소년들은 웃음을
멈췄습니다
and they began to shout: "Hurrah, Pinocchio!"

그들은 "만세, 피노키오!" 하고 소리치기 시작하였다.
and they clapped their hands and applauded him
그들은 손뼉을 치며 그에게 박수를 보냈다
soon the donkeys were galloping down the track
이윽고 당나귀들이 철로를 질주하기 시작했다
and the wagon was rattling over the stones
마차는 돌 위에서 덜컹거리고 있었다
but the puppet thought that he heard a low voice
하지만 인형은 낮은 목소리를 들었다고 생각했다
"Poor fool! you should have followed your own way"
"불쌍한 바보야! 너는 네 길을 갔어야 했어"
"but but you will repent having come!"
"그러나 너는 온 것을 회개할 것이다!"
Pinocchio was a little frightened by what he had heard
피노키오는 자기가 들은 것에 약간 겁을 먹었다
he looked from side to side to see what it was
그는 그것이 무엇인지 보려고 좌우를 살폈다
he tried to see where these words could have come from
그는 이 단어들이 어디서 왔는지 보려고 노력했다
but regardless of of where he looked he saw nobody
그러나 어디를 보아도 아무도 보이지 않았다
The donkeys galloped and the wagon rattled
당나귀는 질주했고 마차는 덜컹거렸다
and all the while the boys inside slept
그러는 동안 안에 있던 소년들은 잠을 잤다
Candle-wick snored like a dormouse
촛불심지가 잠쥐처럼 코를 골았다
and the little man seated himself on the box
그리고 그 작은 남자는 상자 위에 앉았다
and he sang songs between his teeth
그리고 그는 이를 악물고 노래를 불렀다
"During the night all sleep"
"밤에는 온전히 잠을 잔다"
"But I sleep never"
"하지만 나는 절대로 잠을 않아"
soon they had gone another mile
얼마 지나지 않아 그들은 또 다른 길을 갔다

Pinocchio heard the same little low voice again
피노키오는 다시 같은 작고 낮은 목소리를 들었다
"Bear it in mind, simpleton!"
"명심해, 심부름꾼아!"
"there are boys who refuse to study"
"공부를 거부하는 소년들이 있다"
"they turn their backs upon books"
"그들은 책에 등을 돌린다"
"they think they're too good to go to school
"아이들은 자기가 너무 좋아서 학교에 갈 수 없다고 생각해요
"and they don't obey their masters"
"그들은 자기 주인에게 순종하지 아니하며"
"they pass their time in play and amusement"
"그들은 놀이와 오락으로 시간을 보낸다"
"but sooner or later they come to a bad end"
"그러나 조만간 그들은 나쁜 결말을 맞이하게 될 것이다"
"I know it from my experience"
"나는 내 경험을 통해 그것을 압니다"
"and I can tell you how it always ends"
"그리고 나는 그것이 항상 어떻게 끝나는지 말할 수 있습니다"
"A day will come when you will weep"
"네가 울 날이 이르리라"
"you will weep just as I am weeping now"
"내가 지금 울고 있는 것처럼 너도 울 것이나"
"but then it will be too late!"
"하지만 그때는 너무 늦을 거야!"
the words had been whispered very softly
그 말은 아주 부드럽게 속삭였다
but Pinocchio could be sure of what he had heard
그러나 피노키오는 그가 들은 것을 확신할 수 있었다
the puppet was more frightened than ever
꼭두각시는 그 어느 때보다 겁에 질려 있었다
he sprang down from the back of his donkey
그는 당나귀 뒤에서 뛰어내렸다
and he went and took hold of the donkey's mouth
그는 가서 나귀의 입을 잡았다
you can imagine Pinocchio's surprise at what he saw

피노키오가 자신이 본 것에 대해 얼마나 놀랐는지 상상할 수 있습니다

the donkey was crying just like a boy!
당나귀는 마치 소년처럼 울고 있었습니다!

"Eh! Sir Coachman," cried Pinocchio
"에! 마부님," 피노키오가 외쳤다

"here is an extraordinary thing!"
"여기 특별한 것이 있습니다!"

"This donkey is crying"
"이 당나귀가 울고 있습니다"

"Let him cry," said the coachman
"울게 놔둬." 마부가 말했다

"he will laugh when he is a bridegroom"
"그가 신랑일 때에 웃을 것이다"

"But have you by chance taught him to talk?"
"그런데 우연히 그에게 말하는 법을 가르쳐 준 적이 있니?"

"No; but he spent three years with learned dogs"
"아니요. 그러나 그는 3년 동안 배운 개들과 함께 보냈다."

"and he learned to mutter a few words"
"그리고 그는 몇 마디 중얼거리는 법을 배웠다"

"Poor beast!" added the coachman
"불쌍한 짐승!" 마부가 덧붙였다

"but don't you worry," said the little man
"하지만 걱정하지 마세요." 작은 남자가 말했다

"don't let us waste time in seeing a donkey cry"
"당나귀 울음소리를 보느라 시간을 낭비하지 말아요"

"Mount him and let us go on"
"그를 태우고 우리가 가게 하소서"

"the night is cold and the road is long"
"밤은 춥고 길은 멀다"

Pinocchio obeyed without another word
피노키오는 다른 말 없이 순종했다

In the morning about daybreak they arrived
동틀 무렵 아침에 그들이 도착했다
they were now safely in the Land of Boobie Birds
그들은 이제 부비 새들의 땅에 안전하게 도착했다
It was a country unlike any other country in the world
세계 어느 나라와도 다른 나라였다
The population was composed entirely of boys
인구는 모두 소년들로 구성되어 있었다
The oldest of the boys were fourteen
소년들 중 가장 나이가 많은 소년은 열네 살이었다
and the youngest were scarcely eight years old
그리고 가장 어린 아이는 겨우 여덟 살이었다
In the streets there was great merriment
거리에는 큰 즐거움이 있었다
the sight of it was enough to turn anybody's head
그 광경은 누구라도 고개를 돌리기에 충분했습니다
There were troops of boys everywhere
어디에나 소년들의 군대가 있었다
Some were playing with nuts they had found
몇몇은 그들이 발견한 견과류를 가지고 놀고 있었다
some were playing games with battledores
몇몇은 배틀도어와 함께 게임을 하고 있었다
lots of boys were playing football

많은 소년들이 축구를 하고 있었습니다
Some rode velocipedes, others wooden horses
몇몇은 벨로시피드를 탔고, 다른 몇몇은 목마를 탔다
A party of boys were playing hide and seek
한 무리의 소년들이 숨바꼭질을 하고 있었다
a few boys were chasing each other
몇몇 소년들이 서로를 쫓고 있었다
Some were reciting and singing songs
어떤 사람들은 노래를 낭송하고 불렀다
others were just leaping into the air
다른 것들은 그냥 공중으로 뛰어오르고 있었다
Some amused themselves with walking on their hands
어떤 사람들은 손으로 걷는 것을 즐거워하였다
others were trundling hoops along the road
다른 사람들은 길을 따라 농구대를 터벅터벅 걷고 있었다
and some were strutting about dressed as generals
몇몇은 장군 복장을 하고 뽐내고 있었다
they were wearing helmets made from leaves
그들은 나뭇잎으로 만든 투구를 쓰고 있었다
and they were commanding a squadron of cardboard soldiers
그들은 마분지 병사들로 이루어진 중대를 지휘하고 있었다
Some were laughing and some shouting
몇몇은 웃고 있었고 몇몇은 소리치고 있었다
and some were calling out silly things
그리고 몇몇은 어리석은 것들을 외치고 있었다
others clapped their hands, or whistled
손뼉을 치거나 휘파람을 불기도 했다
some clucked like a hen who has just laid an egg
어떤 것들은 방금 알을 낳은 암탉처럼 울었다
In every square, canvas theatres had been erected
모든 광장에는 캔버스 극장이 세워져 있었다
and they were crowded with boys all day long
그리고 그들은 하루 종일 소년들로 붐볐습니다
On the walls of the houses there were inscriptions
집들의 벽에는 비문이 새겨져 있었다
"Long live the playthings"
"장난감 만세"

"we will have no more schools"
"우리에게는 더 이상 학교가 없을 것입니다"
"down the toilet with arithmetic"
"산술로 화장실 아래로"
and similar other fine sentiments were written
그리고 비슷한 다른 훌륭한 감정들이 쓰여졌다
of course all the slogans were in bad spelling
물론 모든 슬로건은 철자가 잘못되었습니다
Pinocchio, Candle-wick and the other boys went to the town
피노키오, 캔들 윅 그리고 다른 소년들은 마을로 갔어요
they were in the thick of the tumult
그들은 소란의 한복판에 있었다
and I need not tell you how fun it was
얼마나 재미있었는지는 말할 필요도 없습니다
within minutes they acquainted themselves with everybody
몇 분도 안 되어 그들은 모든 사람과 친분을 쌓게 되었습니다
Where could happier or more contented boys be found?
이보다 더 행복하고 만족한 소년을 어디에서 찾을 수 있겠는가?
the hours, days and weeks passed like lightning
몇 시간, 며칠, 몇 주가 번개처럼 지나갔다
time flies when you're having fun
재미있게 놀다 보면 시간이 참 빠릅니다
"Oh, what a delightful life!" said Pinocchio
"오, 얼마나 즐거운 삶인가!" 피노키오가 말했다
"See, then, was I not right?" replied Candle-wick
"그렇다면, 내가 옳지 않았나?" 캔들 윅이 대답했다
"And to think that you did not want to come!"
"그리고 당신이 오고 싶지 않았다고 생각하다니!"
"imagine you had returned home to your Fairy"
"당신이 당신의 요정에게 집으로 돌아왔다고 상상해보세요"
"you wanted to lose your time in studying!"
"공부하느라 시간을 낭비하고 싶었구나!"
"now you are free from the bother of books"
"이제 당신은 책의 귀찮음에서 자유로워졌습니다"
"you must acknowledge that you owe it to me"
"너는 나에게 빚을 지고 있다는 것을 인정해야 한다"
"only friends know how to render such great services"

"그처럼 훌륭한 봉사를 할 줄 아는 사람은 오직 친구들뿐입니다"
"It is true, Candle-wick!" confirmed Pinocchio
"맞아, 촛불심지!" 피노키오가 확인했다
"If I am now a happy boy, it is all your doing"
"내가 지금 행복한 소년이라면, 그것은 모두 당신이 한 일입니다"
"But do you know what the master used to say?"
"하지만 주인님이 뭐라고 하셨는지 아십니까?"
"Do not associate with that rascal Candle-wick"
"그 악랄한 촛불 심지와 어울리지 마십시오"
"because he is a bad companion for you"
"그는 당신에게 나쁜 동무이기 때문입니다"
"and he will only lead you into mischief!"
"그리고 그는 너를 장난으로 이끌 뿐이다!"
"Poor master!" replied the other, shaking his head
"가엾은 주인님!" 다른 사람이 고개를 저으며 대답했다
"I know only too well that he disliked me"
"나는 그가 나를 싫어했다는 것을 너무나 잘 알고 있다"
"and he amused himself by making my life hard"
"그는 내 인생을 힘들게 함으로써 자기를 즐거워하였다"
"but I am generous, and I forgive him!"
"그러나 나는 관대하고, 그를 용서한다!"
"you are a noble soul!" said Pinocchio
"너는 고귀한 영혼이야!" 피노키오가 말했다
and he embraced his friend affectionately
그리고 그는 친구를 애정 어린 마음으로 껴안았다
and he kissed him between the eyes
그리고 그는 그의 두 눈 사이에 입을 맞추었다
This delightful life had gone on for five months
이 즐거운 생활은 다섯 달 동안 계속되었다
The days had been entirely spent in play and amusement
그 날들은 온통 놀이와 오락으로 보내졌다
not a thought was spent on books or school
책이나 학교에 대한 생각은 한 번도 하지 않았다
but one morning Pinocchio awoke to a most disagreeable surprise
그러던 어느 날 아침, 피노키오는 매우 불쾌한 놀라움에 잠에서

깨어났다
what he saw put him into a very bad humour
그가 본 것은 그를 매우 기분 나쁘게 만들었습니다

Pinocchio Turns into a Donkey
당나귀로 변한 피노키오

when Pinocchio awoke he scratched his head
잠에서 깨어난 피노키오는 머리를 긁적였어요
when scratching his head he discovered something...
머리를 긁적일 때 그는 무언가를 발견했습니다 ...
his ears had grown more than a hand!
그의 귀는 손보다 더 커졌다!
You can imagine his surprise
그가 얼마나 놀랐을지 상상할 수 있을 것입니다
because he had always had very small ears
그는 항상 귀가 매우 작았기 때문입니다
He went at once in search of a mirror
그는 즉시 거울을 찾아 나섰다
he had to have a better look at himself
그는 자기 자신을 더 잘 돌아볼 필요가 있었다
but he was not able to find any kind of mirror
그러나 그는 어떤 종류의 거울도 찾을 수 없었습니다
so he filled the basin with water
그래서 그는 대야에 물을 채웠다
and he saw a reflection he never wished to see
그리고 그는 결코 보고 싶지 않았던 거울을 보았다
a magnificent pair of donkey's ears embellished his head!
웅장한 당나귀 귀 한 쌍이 그의 머리를 장식하고 있었습니다!
think of poor Pinocchio's sorrow, shame and despair!
불쌍한 피노키오의 슬픔, 수치심, 절망을 생각해 보십시오!
He began to cry and roar
그는 울부짖으며 울부짖기 시작했다
and he beat his head against the wall
그리고 그는 벽에 머리를 부딪쳤다
but the more he cried the longer his ears grew

그러나 울면 울수록 귀는 더 길어졌다
and his ears grew, and grew, and grew
그의 귀는 자라고, 자라고, 자라고, 자라났다
and his ears became hairy towards the points
그리고 그의 귀는 끝부분 쪽으로 털이 났다
a little Marmot heard Pinocchio's loud cries
꼬마 마모트는 피노키오의 큰 울음소리를 들었어요
Seeing the puppet in such grief she asked earnestly:
너무나 슬퍼하는 꼭두각시를 본 그녀는 간절히 물었다.
"What has happened to you, my dear fellow-lodger?"
"자네에게 무슨 일이 생긴 거니, 나의 친애하는 하숙인이여?"
"I am ill, my dear little Marmot"
"나 아파, 내 사랑하는 꼬마 마멋아"
"very ill, and my illness frightens me"
"몹시 아파서 내 병이 나를 두렵게 합니다"
"Do you understand counting a pulse?"
"맥박을 세는 거 알겠어?"
"A little," sobbed Pinocchio
"조금." 피노키오가 흐느꼈다
"Then feel and see if by chance I have got fever"
"그런 다음 내가 우연히 열이 났는지 느껴 보십시오"
The little Marmot raised her right fore-paw
작은 마멋은 오른쪽 앞발을 들어 올렸다
and the little Marmot felt Pinocchio's pulse
그리고 작은 마모트는 피노키오의 맥박을 느꼈습니다
and she said to him, sighing:
그녀는 한숨을 쉬며 그에게 말했다.
"My friend, it grieves me very much"
"친구여, 그것은 나를 몹시 슬프게 합니다"
"but I am obliged to give you bad news!"
"하지만 나는 너에게 나쁜 소식을 전하지 않을 수 없다!"
"What is it?" asked Pinocchio
"이게 뭐야?" 피노키오가 물었다
"You have got a very bad fever!"
"열이 몹시 나셨군요!"
"What fever is it?"
"무슨 열이야?"

"you have a case of donkey fever"
"당신은 당나귀 열병에 걸렸습니다"
"That is a fever that I do not understand"
"그것은 이해할 수 없는 열병입니다"
but he understood it only too well
그러나 그는 그것을 너무나 잘 이해하고 있었다
"Then I will explain it to you," said the Marmot
"그럼 설명해 주지." 마멋이 말했다
"soon you will no longer be a puppet"
"머지않아 너는 더 이상 꼭두각시가 되지 않을 것이다"
"it won't take longer than two or three hours"
"두세 시간 이상 걸리지 않을 것입니다."
"nor will you be a boy either"
"너희도 소년이 되지 못하리라"
"Then what shall I be?"
"그럼 나는 무엇이 되겠느냐?"
"you will well and truly be a little donkey"
"너는 건강하고 참으로 작은 당나귀가 될 것이다"
"a donkey like those that draw the carts"
"수레를 끄는 나귀 같은"
"a donkey that carries cabbages to market"
"양배추를 시장에 내다 파는 당나귀"
"Oh, how unfortunate I am!" cried Pinocchio
"오, 내가 얼마나 불행한 사람인가!" 피노키오가 외쳤다
and he seized his two ears with his hands
그는 손으로 그의 두 귀를 잡았다
and he pulled and tore at his ears furiously
그는 맹렬히 그의 귀를 잡아당기고 찢었다
he pulled as if they had been someone else's ears
그는 그것들이 마치 다른 사람의 귀인 것처럼 잡아당겼다
"My dear boy," said the Marmot
"얘야," 마멋이 말했다
and she did her best to console him
그리고 그녀는 그를 위로하기 위해 최선을 다했다
"you can do nothing about it"
"당신은 그것에 대해 아무것도 할 수 없습니다"
"It is your destiny to become a donkey"

"당나귀가 되는 것은 너의 운명이다"
"It is written in the decrees of wisdom"
"지혜의 규례에 기록되었느니라"
"it happens to all boys who are lazy"
"그것은 게으른 모든 소년들에게 일어난다"
"it happens to the boys that dislike books"
"책을 싫어하는 소년들에게 일어난다"
"it happens to the boys that don't go to schools"
"학교에 가지 않는 소년들에게 일어나는 일"
"and it happens to boys who disobey their masters"
"그리고 그것은 주인에게 불순종하는 소년들에게 일어난다"
"all boys who pass their time in amusement"
"오락으로 시간을 보내는 모든 소년"
"all the boys who play games all day"
"하루 종일 게임하는 모든 남자"
"boys who distract themselves with diversions"
"기분 전환으로 자신을 산만하게 하는 소년들"
"the same fate awaits all those boys"
"모든 소년들에게 같은 운명이 기다리고 있다"
"sooner or later they become little donkeys"
"조만간 그들은 작은 당나귀가 될 것이다"
"But is it really so?" asked the puppet, sobbing
"하지만 정말 그럴까요?" 인형이 흐느끼며 물었다
"It is indeed only too true!"
"그것은 정말로 너무나 사실입니다!"
"And tears are now useless"
"이제 눈물은 쓸모가 없다"
"You should have thought of it sooner!"
"진작 생각했어야 했는데!"
"But it was not my fault; believe me, little Marmot"
"하지만 그것은 내 잘못이 아니었다. 날 믿어, 꼬마 마멋아"
"the fault was all Candle-wick's!"
"잘못은 모두 캔들 윅의 탓이야!"
"And who is this Candle-wick?"
"그럼 이 촛불심지는 누구지?"
"Candle-wick is one of my school-fellows"
"촛불 심지는 내 학교 친구 중 하나입니다."

"I wanted to return home and be obedient"
"집으로 돌아가서 순종하고 싶었어요"
"I wished to study and be a good boy"
"공부해서 착한 아이가 되고 싶었어요"
"but Candle-wick convinced me otherwise"
"그러나 촛불 심지는 그렇지 않다고 확신했습니다."
'Why should you bother yourself by studying?'
'왜 공부를 귀찮게 해야 하는가?'
'Why should you go to school?'
'왜 학교에 가야 하지?'
'Come with us instead to the Land of Boobies Birds'
'우리와 함께 부비 새들의 땅으로 가자'
'there we shall none of us have to learn'
'거기서 우리 중 아무도 배울 필요가 없을 것입니다'
'we will amuse ourselves from morning to night'
'우리는 아침부터 저녁까지 즐겁게 지낼 것입니다'
'and we shall always be merry'
'우리는 항상 즐거워하리라'
"that friend of yours was false"
"너의 그 친구는 거짓이었어"
"why did you follow his advice?"
"왜 그의 충고를 따랐습니까?"
"Because, my dear little Marmot, I am a puppet"
"왜냐하면, 나의 사랑스러운 꼬마 마멋, 나는 꼭두각시니까"
"I have no sense and no heart"
"나는 이성도 없고 마음도 없습니다"
"if I had had a heart I would never have left"
"내게 마음이 있었더라면 나는 결코 떠나지 않았을 것이다"
"I left my good Fairy who loved me like a mamma"
"엄마처럼 나를 사랑했던 착한 요정을 두고 떠났어"
"the good Fairy who had done so much for me!"
"나를 위해 많은 것을 해준 착한 요정!"
"And I was going to be a puppet no longer"
"그리고 나는 더 이상 꼭두각시가 되지 않을 것이다"
"I would by this time have become a little boy"
"지금쯤이면 나도 어린아이가 되었을 텐데"
"and I would be like the other boys"

"나도 다른 소년들처럼 될 거야"
"But if I meet Candle-wick, woe to him!"
"하지만 내가 촛불 심지를 만난다면, 그에게 화가 있을 것이다!"
"He shall hear what I think of him!"
"그는 내가 그를 어떻게 생각하는지 들을 것이다!"
And he turned to go out
그리고 그는 밖으로 나가려고 돌아섰다
But then he remembered he had donkey's ears
하지만 그때 그는 자신에게 당나귀 귀가 있다는 것을
기억했습니다
of course he was ashamed to show his ears in public
물론 그는 사람들 앞에서 귀를 드러내는 것을 부끄러워했다
so what do you think he did?
그래서 당신은 그가 무엇을 했다고 생각합니까?
He took a big cotton hat
그는 커다란 솜 모자를 썼다
and he put the cotton hat on his head
그리고 그는 솜 모자를 머리에 썼다
and he pulled the hat well down over his nose
그리고 그는 모자를 코 위로 잘 내렸다
He then set out in search of Candle-wick
그런 다음 그는 촛불 심지를 찾아 나섰습니다
He looked for him in the streets
그는 거리에서 그를 찾았다
and he looked for him in the little theatres
그리고 그는 작은 극장에서 그를 찾았다
he looked in every possible place
그는 가능한 모든 곳을 살폈다
but he could not find him wherever he looked
그러나 어디를 보아도 그를 찾을 수 없었다
He inquired for him of everybody he met
그는 만나는 모든 사람에게 물어 보았다
but no one seemed to have seen him
그러나 아무도 그를 본 것 같지 않았다
He then went to seek him at his house
그런 다음 그는 그의 집으로 그를 찾으러 갔습니다
and, having reached the door, he knocked

그는 문에 이르러 문을 두드렸다
"Who is there?" asked Candle-wick from within
"거기 누구야?" 촛불 심지가 안에서 물었다
"It is I!" answered the puppet
"나다!" 꼭두각시가 대답했다
"Wait a moment and I will let you in"
"잠시만 기다리면 들어오게 해줄게"
After half an hour the door was opened
30분 후에 문이 열렸다
now you can imagine Pinocchio's feeling at what he saw
이제 피노키오가 본 것에 대한 감정을 상상할 수 있습니다
his friend also had a big cotton hat on his head
그의 친구도 머리에 큰 솜 모자를 쓰고 있었습니다
At the sight of the cap Pinocchio felt almost consoled
모자를 보자 피노키오는 거의 위로를 받았다
and Pinocchio thought to himself:
그리고 피노키오는 속으로 생각했다.
"Has my friend got the same illness that I have?"
"내 친구도 나와 같은 병에 걸렸나요?"
"Is he also suffering from donkey fever?"
"그도 당나귀 열병을 앓고 있는 건가?"
but at first Pinocchio pretended not to have noticed
하지만 처음에는 피노키오가 눈치채지 못한 척
he just casually asked him a question, smiling:
그는 그저 무심코 미소를 지으며 질문을 던졌다.
"How are you, my dear Candle-wick?"
"안녕하십니까, 내 사랑하는 촛불 심지?"
"as well as a mouse in a Parmesan cheese"
"파마산 치즈에 쥐뿐만 아니라"
"Are you saying that seriously?"
"진심으로?"
"Why should I tell you a lie?"
"내가 왜 거짓말을 해야 하지?"
"but why, then, do you wear a cotton hat?"
"그런데 왜 당신은 솜 모자를 쓰고 있습니까?"
"is covers up all of your ears"
"너의 모든 귀를 덮고 있다"

"The doctor ordered me to wear it"
"의사가 착용하라고 지시했습니다"
"because I have hurt this knee"
"내가 이 무릎을 다쳤기 때문에"
"And you, dear puppet," asked Candle-wick
"그리고 너, 친애하는 꼭두각시." 캔들 윅이 물었다
"why have you pulled that cotton hat passed your nose?"
"왜 그 솜 모자를 뽑아서 코를 지나갔지?"
"The doctor prescribed it because I have grazed my foot"
"의사가 처방한 것은 내 발을 스쳤기 때문이다"
"Oh, poor Pinocchio!" - "Oh, poor Candle-wick!"
"오, 불쌍한 피노키오!" - "오, 불쌍한 촛불심지!"
After these words a long silence followed
이 말이 끝나자 긴 침묵이 흘렀다
the two friends did nothing but look mockingly at each other
두 친구는 아무것도 하지 않고 서로를 조롱하듯 바라볼 뿐이었다
At last the puppet said in a soft voice to his companion:
마침내 꼭두각시는 동료에게 부드러운 목소리로 말했다.
"Satisfy my curiosity, my dear Candle-wick"
"내 호기심을 만족시켜줘, 내 사랑하는 촛불 심지"
"have you ever suffered from disease of the ears?"
"귀 질환을 앓아 본 적이 있습니까?"
"I have never suffered from disease of the ears!"
"나는 귀병에 걸린 적이 한 번도 없어요!"
"And you, Pinocchio?" asked Candle-wick
"그럼 너, 피노키오?" 캔들 윅이 물었다
"have you ever suffered from disease of the ears?"
"귀 질환을 앓아 본 적이 있습니까?"
"I have never suffered from that disease either"
"나도 그 병에 걸린 적이 없어요"
"Only since this morning one of my ears aches"
"오늘 아침부터 한쪽 귀가 아파요"
"my ear is also paining me"
"내 귀도 나를 아프게 합니다"
"And which of your ears hurts you?"

"그러면 당신의 귀 중 어느 것이 당신을 아프게 합니까?"
"Both of my ears happen to hurt"
"양쪽 귀가 아파요"
"And what about you?"
"그럼 넌 어때?"
"Both of my ears happen to hurt too"
"양쪽 귀도 아파요"
Can we have got the same illness?"
우리도 같은 병에 걸렸을까?"
"I fear we might have caught a fever"
"혹시 열병에 걸렸을까 봐 두렵습니다"
"Will you do me a kindness, Candle-wick?"
"나한테 친절을 베풀어 줄래, 촛불 심지?"
"Willingly! With all my heart"
"기꺼이! 온 마음을 다해"
"Will you let me see your ears?"
"네 귀를 보게 해 줄래?"
"Why would I deny your request?"
"내가 왜 당신의 요청을 거절하겠습니까?"
"But first, my dear Pinocchio, I should like to see yours"
"하지만 먼저, 사랑하는 피노키오, 너의 모습을 보고 싶어."
"No: you must do so first"
"아니오, 먼저 그렇게 해야 합니다."
"No, dear. First you and then I!"
"아뇨. 먼저 너, 그 다음에!"
"Well," said the puppet
"글쎄." 꼭두각시가 말했다
"let us come to an agreement like good friends"
"좋은 친구처럼 합의에 이르자"
"Let me hear what this agreement is"
"이 계약이 무엇인지 들어보겠습니다."
"We will both take off our hats at the same moment"
"우리 둘 다 동시에 모자를 벗을 거야"
"Do you agree to do it?"
"그렇게 하기로 동의하십니까?"
"I agree, and you have my word"
"나도 동의하고, 너도 내 말이 있잖아"

And Pinocchio began to count in a loud voice:
그리고 피노키오는 큰 소리로 숫자를 세기 시작했습니다.
"One, two, three!" he counted
"하나, 둘, 셋!" 그가 세었다
At "Three!" the two boys took off their hats
"셋!" 하고 두 소년은 모자를 벗었다
and they threw their hats into the air
그리고 그들은 모자를 공중으로 던졌다
and you should have seen the scene that followed
그리고 당신은 그 뒤를 이은 장면을 보았어야 했습니다
it would seem incredible if it were not true
사실이 아니라면 믿을 수 없을 것입니다
they saw they were both struck by the same misfortune
그들은 둘 다 같은 불운에 휩싸였다는 것을 알았다
but they felt neither mortification nor grief
그러나 그들은 자책감이나 슬픔을 느끼지 않았다
instead they began to prick their ungainly ears
오히려 그들은 보기 흉한 귀를 찌르기 시작하였다
and they began to make a thousand antics
그리고 그들은 천 가지 장난을 치기 시작했다
they ended by going into bursts of laughter
그들은 터져 나오는 웃음으로 끝났다
And they laughed, and laughed, and laughed
그리고 그들은 웃고, 웃고, 또 웃었다
until they had to hold themselves together
그들이 함께 버텨야 할 때까지

But in the midst of their merriment something happened
그러나 그들의 흥겨운 와중에 어떤 일이 일어났다
Candle-wick suddenly stopped laughing and joking
촛불심지는 갑자기 웃음과 농담을 멈췄다
he staggered around and changed colour
그는 비틀거리며 몸을 바꾸었다
"Help, help, Pinocchio!" he cried
"도와줘, 도와줘, 피노키오!" 그는 소리쳤다
"What is the matter with you?"
"무슨 일이세요?"
"Alas, I cannot any longer stand upright"
"아아, 나는 더 이상 똑바로 설 수 없나이다"
"Neither can I," exclaimed Pinocchio
"나도 할 수 없어." 피노키오가 외쳤다
and he began to totter and cry
그는 비틀거리며 울기 시작하였다
And whilst they were talking, they both doubled up
그리고 그들이 이야기하는 동안, 그들은 둘 다 두 배로 늘어났다
and they began to run round the room on their hands and feet

그들은 손과 발로 방 안을 뛰어다니기 시작했다
And as they ran, their hands became hoofs
그들이 달리자 그들의 손은 발굽이 되었다
their faces lengthened into muzzles
그들의 얼굴은 모양으로 길어졌다
and their backs became covered with a light gray hairs
그들의 등은 옅은 회색 털로 뒤덮였다
and their hair was sprinkled with black
그들의 머리카락에는 검은 색이 뿌려졌다.
But do you know what was the worst moment?
하지만 최악의 순간이 언제였는지 아십니까?
one moment was worse than all the others
한 순간은 다른 모든 순간보다 더 나빴습니다
both of the boys grew donkey tails
두 소년 모두 당나귀 꼬리를 자랐습니다
the boys were vanquished by shame and sorrow
소년들은 수치와 슬픔에 휩싸였다
and they wept and lamented their fate
그리고 그들은 눈물을 흘리며 자신들의 운명을 슬퍼했다
Oh, if they had but been wiser!
오, 그들이 좀 더 지혜로웠더라면!
but they couldn't lament their fate
하지만 그들은 자신들의 운명을 슬퍼할 수 없었다
because they could only bray like asses
그들은 나귀처럼 울부짖을 수밖에 없었기 때문이다
and they brayed loudly in chorus: "Hee-haw!"
그들은 합창으로 "히-하우!" 하고 큰 소리로 외쳤다.
Whilst this was going on someone knocked at the door
이런 일이 벌어지고 있을 때 누군가 문을 두드렸다
and there was a voice on the outside that said:
그리고 밖에서 이렇게 말하는 목소리가 있었다.
"Open the door! I am the little man"
"문 열어! 나는 그 작은 사람이다"
"I am the coachman who brought you to this country"
"나는 너를 이 나라로 데려온 마부야"
"Open at once, or it will be the worse for you!"
"당장 열지 않으면 너에게 더 나쁜 일이 생길 거야!"

Pinocchio gets Trained for the Circus
피노키오는 서커스를 위해 훈련을 받습니다.

the door wouldn't open at his command
그의 명령대로 문이 열리지 않았다
so the little man gave the door a violent kick
그래서 그 작은 남자는 문을 세게 걷어찼습니다
and the coachman burst into the room
그러자 마부가 방으로 불쑥 들어왔다
he spoke with his usual little laugh:
그는 평소처럼 작은 웃음을 지으며 말했다.
"Well done, boys! You brayed well"
"잘했어, 얘들아! 잘 울렸어"
"and I recognized you by your voices"
"나는 너희의 목소리로 너희를 알아보았다"
"That is why I am here"
"그것이 내가 여기 있는 이유야"
the two little donkeys were quite stupefied
두 마리의 작은 당나귀는 몹시 어안이 벙벙했습니다
they stood with their heads down
그들은 고개를 숙이고 서 있었다
they had their ears lowered
그들은 귀를 숙였다
and they had their tails between their legs
그리고 그들은 다리 사이에 꼬리를 끼웠다
At first the little man stroked and caressed them
처음에 작은 남자는 그들을 쓰다듬고 어루만졌다
then he took out a currycomb
그런 다음 그는 카레빗을 꺼냈습니다
and he currycombed the donkeys well
그리고 그는 당나귀들을 잘 빗었다
by this process he had polished them
이 과정을 통해 그는 그것들을 연마했다
and the two donkeys shone like two mirrors
두 마리의 당나귀는 두 개의 거울처럼 빛났다
he put a halter around their necks
그는 그들의 목에 고삐를 쥔다

and he led them to the market-place
그는 그들을 시장으로 데리고 갔다

he was in hopes of selling them
그는 그것들을 팔 수 있기를 바랐다
he thought he could get a good profit
그는 좋은 이익을 얻을 수 있다고 생각했습니다
And indeed there were buyers for the donkeys
그리고 실제로 당나귀를 사는 사람들이 있었다
Candle-wick was bought by a peasant
촛불 심지는 농부가 샀습니다
his donkey had died the previous day
그의 당나귀는 그 전날 죽었다
Pinocchio was sold to the director of a company
피노키오는 회사의 이사에게 팔렸습니다.
they were a company of buffoons and tight-rope dancers
그들은 부푼과 줄타기 무용수들의 극단이었습니다
he bought him so that he might teach him to dance
그는 그에게 춤을 가르치기 위해 그를 샀다
he could dance with the other circus animals
그는 다른 서커스 동물들과 함께 춤을 출 수 있었다
And now, my little readers, you understand

그리고 이제, 나의 작은 독자들이여, 당신은 이해합니다
the little man was just a businessman
그 작은 남자는 그저 사업가일 뿐이었다
and it was a profitable business that he led
그리고 그가 이끄는 사업은 수익성이 좋은 사업이었습니다
The wicked little monster with a face of milk and honey
젖과 꿀의 얼굴을 한 사악한 작은 괴물
he made frequent journeys round the world
그는 자주 세계 일주를 했다
he promised and flattered wherever he went
그는 어디를 가든지 약속하고 아첨했습니다
and he collected all the idle boys
그리고 그는 게으른 소년들을 모두 모았다
and there were many idle boys to collect
그리고 수집해야 할 게으른 소년들이 많았습니다
all the boys who had taken a dislike to books
책을 싫어했던 모든 소년들
and all the boys who weren't fond of school
그리고 학교를 좋아하지 않는 모든 소년들
each time his wagon filled up with these boys
그때마다 그의 마차는 이 소년들로 가득 찼다
and he took them all to the Land of Boobie Birds
그리고 그는 그들 모두를 부비 새들의 땅으로 데려갔습니다
here they passed their time playing games
여기서 그들은 게임을 하며 시간을 보냈다
and there was uproar and much amusement
그리고 소동이 일어나고 많은 즐거움이 있었다
but the same fate awaited all the deluded boys
그러나 모든 망상에 빠진 소년들에게도 같은 운명이 기다리고 있었다
too much play and no study turned them into donkeys
너무 많이 놀고 공부를 하지 않아 당나귀가 되었다
then he took possession of them with great delight
그러자 그는 크게 기뻐하며 그것들을 소유하였다
and he carried them off to the fairs and markets
그리고 그는 그것들을 장터와 시장으로 가져갔다
And in this way he made heaps of money
그리고 이런 식으로 그는 많은 돈을 벌었다

What became of Candle-wick I do not know
촛불 심지가 어떻게 되었는지 모르겠습니다.
but I do know what happened to poor Pinocchio
하지만 나는 불쌍한 피노키오에게 무슨 일이 일어났는지 알고 있다
from the very first day he endured a very hard life
첫날부터 그는 매우 힘든 삶을 견뎌냈습니다
Pinocchio was put into his stall
피노키오는 그의 마구간에 넣어졌다
and his master filled the manger with straw
주인은 구유에 짚을 채웠다
but Pinocchio didn't like eating straw at all
하지만 피노키오는 짚을 먹는 것을 전혀 좋아하지 않았습니다
and the little donkey spat the straw out again
그리고 작은 당나귀는 다시 지푸라기를 뱉어냈습니다
Then his master, grumbling, filled the manger with hay
그러자 주인은 투덜거리며 구유에 건초를 가득 채웠다
but hay did not please Pinocchio either
하지만 건초도 피노키오를 기쁘게 하지 않았다
"Ah!" exclaimed his master in a passion
"아!" 주인이 격정에 차서 외쳤다
"Does not hay please you either?"
"당신도 건초가 마음에 들지 않나요?"
"Leave it to me, my fine donkey"
"내게 맡겨라, 나의 훌륭한 당나귀야"
"I see you are full of caprices"
"나는 당신이 변덕으로 가득 차 있다는 것을 압니다"
"but worry not, I will find a way to cure you!"
"하지만 걱정 마, 내가 너를 치료할 방법을 찾아낼 거야!"
And he struck the donkey's legs with his whip
그리고 채찍으로 나귀의 다리를 쳤다
Pinocchio began to cry and bray with pain
피노키오는 고통스러워하며 울기 시작했다
"Hee-haw! I cannot digest straw!"
"히하! 나는 빨대를 소화시킬 수 없다!"
"Then eat hay!" said his master
"그럼 건초를 먹어라!" 주인이 말했다

he understood perfectly the asinine dialect
그는 아시나인 방언을 완벽하게 이해했다
"Hee-haw! hay gives me a pain in my stomach"
"히하! 건초는 배가 아프다"
"I see how it is little donkey"
"나는 그것이 어떻게 작은 당나귀인지 본다"
"you would like to be fed with capons in jelly"
"당신은 젤리에 카폰을 먹이고 싶습니다"
and he got more and more angry
그리고 그는 점점 더 화가 났다
and he whipped poor Pinocchio again
그리고 그는 다시 불쌍한 피노키오를 채찍질했다
the second time Pinocchio held his tongue
두 번째로 피노키오가 혀를 내두르고 있었다
and he learned to say nothing more
그리고 그는 더 이상 아무 말도 하지 않는 법을 배웠다
The stable was then shut
그런 다음 마구간은 닫혔습니다
and Pinocchio was left alone
그리고 피노키오는 혼자 남겨졌다
He had not eaten for many hours
그는 여러 시간 동안 아무것도 먹지 않았다
and he began to yawn from hunger
그리고 그는 배고픔으로 하품을 하기 시작했다
his yawns seemed as wide as an oven
그의 하품은 오븐처럼 넓게 보였다
but he found nothing else to eat
그러나 그는 더 이상 먹을 것을 찾지 못하였다
so he resigned himself to his fate
그래서 그는 자신의 운명에 자신을 맡겼다
and he gave in and chewed a little hay
그리고 그는 굴복하여 약간의 건초를 씹었다
he chewed the hay well, because it was dry
그는 건초가 건조했기 때문에 잘 씹었습니다
and he shut his eyes and swallowed it
그는 눈을 감고 그것을 삼켰다
"This hay is not bad," he said to himself

"이 건초는 나쁘지 않아." 그는 혼잣말을 했다
"but better would have been if I had studied!"
"하지만 공부했더라면 더 좋았을 텐데!"
"Instead of hay I could now be eating bread"
"나는 이제 건초 대신 빵을 먹을 수 있었다"
"and perhaps I would have been eating fine sausages"
"그리고 아마도 나는 좋은 소시지를 먹었을 것입니다."
"But I must have patience!"
"하지만 인내심을 가져야 해!"
The next morning he woke up again
다음 날 아침, 그는 다시 잠에서 깼다
he looked in the manger for a little more hay
그는 건초를 조금 더 찾기 위해 구유를 들여다보았다
but there was no more hay to be found
그러나 더 이상 건초를 찾을 수 없었다
for he had eaten all the hay during the night
그는 밤새 건초를 모두 먹었기 때문이다
Then he took a mouthful of chopped straw
그런 다음 그는 잘게 썬 짚을 한 입 먹었습니다
but he had to acknowledge the horrible taste
그러나 그는 그 끔찍한 맛을 인정하지 않을 수 없었다
it tasted not in the least like macaroni or pie
그것은 마카로니나 파이와 조금도 같은 맛이 나지 않았습니다
"I hope other naughty boys learn from my lesson"
"다른 장난 꾸러기 아이들이 내 수업에서 배웠으면 좋겠다"
"But I must have patience!"
"하지만 인내심을 가져야 해!"
and the little donkey kept chewing the straw
작은 당나귀는 계속 빨대를 씹고 있었다
"Patience indeed!" shouted his master
"참을성이 있구나!" 주인이 소리쳤다
he had come at that moment into the stable
그는 그 순간 마구간으로 들어왔다
"but don't get too comfortable, my little donkey"
"하지만 너무 편하게 생각하지 마, 내 작은 당나귀야"
"I didn't buy you to give you food and drink"
"나는 너에게 먹을 것과 마실 것을 주려고 너를 산 것이 아니다"

"I bought you to make you work"
"나는 너를 일하게 하려고 샀다"
"I bought you so that you earn me money"
"나는 너가 돈을 벌기 위해 너를 샀다"
"Up you get, then, at once!"
"그럼, 당장에!"
"you must come with me into the circus"
"너는 나와 함께 서커스에 들어가야 한다"
"there I will teach you to jump through hoops"
"거기서 내가 너에게 농구대를 뛰어넘는 법을 가르쳐 주겠다"
"you will learn to stand upright on your hind legs"
"너는 뒷다리로 똑바로 서는 법을 배우게 될 것이다"
"and you will learn to dance waltzes and polkas"
"그리고 당신은 왈츠와 폴카 춤을 배우게 될 것입니다"
Poor Pinocchio had to learn all these fine things
가엾은 피노키오는 이 모든 훌륭한 것들을 배워야 했습니다
and I can't say it was easy to learn
배우기 쉬웠다고는 말할 수 없습니다
it took him three months to learn the tricks
요령을 익히는 데 3개월이 걸렸다
he got many a whipping that nearly took off his skin
그는 피부가 벗겨질 뻔할 정도로 여러 번 채찍질을 당했습니다
At last his master made the announcement
마침내 그의 주인이 발표를 하였다
many coloured placards stuck on the street corners
거리 모퉁이에 붙어있는 많은 색깔의 플래카드
"Great Full Dress Representation"
"그레이트 풀 드레스 표현"
"TONIGHT will Take Place the Usual Feats and Surprises"
"오늘 밤은 평소와 같은 위업과 놀라움이 일어날 것입니다."
"Performances Executed by All the Artists and horses"
"모든 예술가와 말이 펼치는 공연"
"and moreover; The Famous LITTLE DONKEY PINOCCHIO"
"그리고 더욱이; 유명한 작은 당나귀 피노키오"
"THE STAR OF THE DANCE"
"춤의 스타"

"the theatre will be brilliantly illuminated"
"극장은 눈부시게 조명될 것입니다"

you can imagine how crammed the theatre was
극장이 얼마나 꽉 찼는지 상상할 수 있습니다

The circus was full of children of all ages
서커스는 모든 연령대의 아이들로 가득했습니다

all came to see the famous little donkey Pinocchio dance
모두가 그 유명한 작은 당나귀 피노키오 춤을 보러 왔습니다

the first part of the performance was over
공연의 첫 번째 부분이 끝났습니다

the director of the company presented himself to the public
회사의 이사는 자신을 대중에게 소개했습니다

he was dressed in a black coat and white breeches
그는 검은 코트와 흰 바지를 입고 있었다

and big leather boots that came above his knees
그리고 무릎 위로 올라오는 커다란 가죽 부츠

he made a profound bow to the crowd
그는 군중에게 깊은 절을 했다

he began with much solemnity a ridiculous speech:
그는 매우 엄숙하게 우스꽝스러운 연설을 시작했다:

"Respectable public, ladies and gentlemen!"
"존경하는 국민 여러분, 신사 숙녀 여러분!"

"it is with great honour and pleasure"
"그것은 큰 영광과 기쁨입니다"

"I stand here before this distinguished audience"
"저는 이 저명한 청중 앞에 서 있습니다"

"and I present to you the celebrated little donkey"
"나는 너에게 유명한 작은 당나귀를 선물하노라"

"the little donkey who has already had the honour"
"이미 영광을 누린 작은 당나귀"

"the honour of dancing in the presence of His Majesty"
"폐하의 면전에서 춤추는 영광"

"And, thanking you, I beg of you to help us"
"그리고 고맙다는 말로, 우리를 도와 주시기를 간청합니다."

"help us with your inspiring presence"
"당신의 영감을 주는 임재로 우리를 도우소서"

"and please, esteemed audience, be indulgent to us"

"그리고 존경하는 관객 여러분, 우리에게 관대하게
대해주십시오"
This speech was received with much laughter and applause
이 연설은 많은 웃음과 박수로 받아들여졌다
but the applause soon was even louder than before
하지만 얼마 지나지 않아 박수 소리는 전보다 훨씬 더 커졌다
the little donkey Pinocchio made his appearance
작은 당나귀 피노키오가 모습을 드러냈습니다
and he stood in the middle of the circus
그리고 그는 서커스의 한가운데에 서 있었다
He was decked out for the occasion
그는 그 행사를 위해 차려입었다
He had a new bridle of polished leather
그는 광택이 나는 가죽으로 된 새 굴레를 가지고 있었다
and he was wearing brass buckles and studs
그리고 그는 놋쇠 버클과 스터드를 착용하고 있었다
and he had two white camellias in his ears
그리고 그의 귀에는 두 송이의 하얀 동백꽃이 있었다
His mane was divided and curled
그의 갈기는 갈라져 말려 있었다
and each curl was tied with bows of coloured ribbon
그리고 각 곱슬머리는 색색의 리본으로 묶었습니다
He had a girth of gold and silver round his body
그의 몸 둘레는 금과 은으로 되어 있었다
his tail was plaited with amaranth and blue velvet ribbons
그의 꼬리는 아마란스와 푸른 벨벳 리본으로 엮여 있었다
He was, in fact, a little donkey to fall in love with!
사실, 그는 사랑에 빠질 수 있는 작은 당나귀였습니다!
The director added these few words:
감독은 다음과 같은 몇 마디를 덧붙였다.
"My respectable auditors!"
"존경하는 감사관님!"
"I am not here to tell you falsehoods"
"나는 너희에게 거짓을 말하러 온 것이 아니다"
"there were great difficulties I had to overcome"
"극복해야 할 큰 어려움들이 있었습니다"
"I understood and subjugated this mammifer"

"나는 이 맘미퍼를 이해하고 복종시켰다"
"he was grazing at liberty amongst the mountains"
"그는 산속에서 자유롭게 풀을 뜯고 있었다"
"he lived in the plains of the torrid zone"
"그는 황량한 지역의 평원에서 살았다"
"I beg you will observe the wild rolling of his eyes"
"그의 눈이 거칠게 굴러가는 것을 관찰해 주시기를 간청합니다"
"Every means had been tried in vain to tame him"
"그를 길들이려고 온갖 방법을 다 써 보았으나 헛수고였다"
"I have accustomed him to the life of domestic quadrupeds"
"나는 그를 국내 네발 동물의 생활에 익숙해졌다"
"and I spared him the convincing argument of the whip"
"그리고 나는 그에게 채찍의 설득력 있는 주장을 살려주었다"
"But all my goodness only increased his viciousness"
"그러나 나의 모든 선함은 그의 악랄함을 더욱 가중시킬
뿐이었읍니다"
"However, I discovered in his cranium a bony cartilage"
"그러나 나는 그의 두개골에서 뼈 연골을 발견했다."
"I had him inspected by the Faculty of Medicine of Paris"
"나는 그를 파리 의과 대학의 검사를 했다"
"I spared no cost for my little donkey's treatment"
"나는 내 작은 당나귀의 치료비를 아끼지 않았다"
"in him the doctors found the regenerating cortex of dance"
"그에게서 의사들은 춤의 재생 피질을 발견했다"
"For this reason I have not only taught him to dance"
"이런 이유로 나는 그에게 춤만 가르친 것이 아니다"
"but I also taught him to jump through hoops"
"하지만 농구대를 뛰어넘는 법도 가르쳤어요."
"Admire him, and then pass your opinion on him!"
"그를 존경하고, 그에 대한 당신의 의견을 전하십시오!"
"But before taking my leave of you, permit me this;"
"그러나 내가 너를 떠나기 전에, 이것을 내게 허락하소서."
"ladies and gentlemen, esteemed members of the crowd"
"신사 숙녀 여러분, 존경하는 군중 여러분"
"I invite you to tomorrow's daily performance"
"내일의 일일 공연에 여러분을 초대합니다"
Here the director made another profound bow

여기서 감독은 또 한 번 깊은 절을 했다
and, then turning to Pinocchio, he said:
그리고 나서 피노키오를 돌아보며 말했다.
"Courage, Pinocchio! But before you begin:"
"용기를 내라, 피노키오! 하지만 시작하기 전에:"
"bow to this distinguished audience"
"이 저명한 청중에게 절하십시오"
Pinocchio obeyed his master's commands
피노키오는 주인의 명령에 복종했습니다
and he bent both his knees till they touched the ground
그는 두 무릎을 구부려 땅에 닿게 하였다
the director cracked his whip and shouted:
감독관은 채찍을 휘두르며 소리쳤다.
"At a foot's pace, Pinocchio!"
"빠른 걸음으로, 피노키오!"
Then the little donkey raised himself on his four legs
그러자 작은 당나귀는 네 다리로 몸을 일으켰다
and he began to walk round the theatre
그리고 그는 극장 주위를 걷기 시작했다
and the whole time he kept at a foot's pace
그리고 그 시간 내내 그는 한 발자국의 걸음을 유지했다
After a little time the director shouted again:
잠시 후 감독이 다시 소리쳤다.
"Trot!" and Pinocchio, obeyed the order
"트로트!" 그리고 피노키오는 명령에 복종했다
and he changed his pace to a trot
그리고 그는 트로트로 페이스를 바꿨다
"Gallop!" and Pinocchio broke into a gallop
"질주!" 그러자 피노키오가 질주하기 시작했다
"Full gallop!" and Pinocchio went full gallop
"전속력으로!" 그리고 피노키오는 전속력으로 달렸습니다
he was running round the circus like a racehorse
그는 경주마처럼 서커스단을 달리고 있었다
but then the director fired off a pistol
그런데 감독이 권총을 발사했다
at full speed he fell to the floor
그는 전속력으로 바닥에 쓰러졌다

and the little donkey pretended to be wounded
그리고 작은 당나귀는 상처 입은 척했습니다
he got up from the ground amidst an outburst of applause
그는 터져 나오는 박수 속에서 땅에서 일어섰다
there were shouts and clapping of hands
함성과 손뼉이 터져 나왔다
and he naturally raised his head and looked up
그리고 그는 자연스럽게 고개를 들고 위를 올려다보았다
and he saw in one of the boxes a beautiful lady
그리고 그는 상자 중 하나에서 아름다운 여인을 보았습니다
she wore round her neck a thick gold chain
그녀는 목에 두꺼운 금 사슬을 걸고 있었다
and from the chain hung a medallion
그리고 사슬에는 메달이 매달려 있었다
On the medallion was painted the portrait of a puppet
메달에는 꼭두각시의 초상화가 그려져 있었습니다
"That is my portrait!" realized Pinocchio
"저게 내 초상화야!" 피노키오가 깨달았다
"That lady is the Fairy!" said Pinocchio to himself
"저 아가씨가 바로 요정이야!" 피노키오가 혼잣말로 말했다
Pinocchio had recognized her immediately
피노키오는 즉시 그녀를 알아보았다
and, overcome with delight, he tried to call her
그리고 그는 기쁨에 넘쳐 그녀에게 전화를 걸었다
"Oh, my little Fairy! Oh, my little Fairy!"
"오, 나의 작은 요정! 오, 나의 작은 요정!"
But instead of these words a bray came from his throat
하지만 이 말 대신 목구멍에서 울음이 터져 나왔다
a bray so prolonged that all the spectators laughed
너무 길게 늘어서 모든 관중이 웃었습니다
and all the children in the theatre especially laughed
그리고 극장에 있는 모든 아이들이 특히 웃었습니다
Then the director gave him a lesson
그러자 원장이 교훈을 줬다
it is not good manners to bray before the public
대중 앞에서 허세를 부리는 것은 예의가 아닙니다
with the handle of his whip he smacked the donkey's nose

그는 채찍 손잡이로 당나귀의 코를 쳤다
The poor little donkey put his tongue out an inch
가엾은 작은 당나귀는 혀를 내둘렀습니다
and he licked his nose for at least five minutes
그리고 적어도 5분 동안 코를 핥았다
he thought perhaps that it would ease the pain
그는 어쩌면 그것이 고통을 덜어줄 것이라고 생각했다
But how he despaired when looking up a second time
그러나 그는 두 번째로 위를 보았을 때 얼마나 절망했는지 모릅니다
he saw that the seat was empty
그는 그 자리가 비어 있는 것을 보았다
the good Fairy of his had disappeared!
그의 착한 요정이 사라진 것입니다!
He thought he was going to die
그는 자기가 죽게 될 줄 알았다
his eyes filled with tears and he began to weep
그의 눈에는 눈물이 가득 고였고 그는 울기 시작했다
Nobody, however, noticed his tears
하지만 아무도 그의 눈물을 눈치채지 못했다
"Courage, Pinocchio!" shouted the director
"용기를 내라, 피노키오!" 감독이 소리쳤다
"show the audience how gracefully you can jump through the hoops"
"관객에게 얼마나 우아하게 농구대를 뛰어넘을 수 있는지 보여주세요"
Pinocchio tried two or three times
피노키오는 두세 번 시도했다
but going through the hoop is not easy for a donkey
그러나 농구대를 통과하는 것은 당나귀에게 쉽지 않습니다
and he found it easier to go under the hoop
그리고 그는 후프 아래로 들어가는 것이 더 쉽다는 것을 알게 되었습니다
At last he made a leap and went through the hoop
마침내 그는 뛰어올라 농구대를 통과했습니다
but his right leg unfortunately caught in the hoop
하지만 불행히도 그의 오른쪽 다리는 농구대에 걸렸습니다

and that caused him to fall to the ground
그로 인해 그는 땅에 쓰러졌다

he was doubled up in a heap on the other side
그는 반대편에 무더기로 두 배로 늘어났습니다

When he got up he was lame
그가 일어났을 때, 그는 절름발이였다

only with great difficulty did he return to the stable
큰 어려움을 겪고서야 그는 마구간으로 돌아왔다

"Bring out Pinocchio!" shouted all the boys
"피노키오를 데리고 나와!" 모든 소년들이 소리쳤다

"We want the little donkey!" roared the theatre
"우리는 작은 당나귀를 원합니다!" 극장이 함성을 질렀다

they were touched and sorry for the sad accident
그들은 감동을 받았고 안타까운 사고에 대해 안타까워했습니다

But the little donkey was seen no more that evening
그러나 그 작은 당나귀는 그날 저녁에 더 이상 보이지 않았다

The following morning the veterinary paid him a visit
이튿날 아침, 수의사는 그를 방문했다

the vets are doctors to the animals
수의사는 동물에게 의사입니다

and he declared that he would remain lame for life
그리고 그는 평생 절름발이로 살겠다고 선언했습니다

The director then said to the stable-boy:
그러자 감독은 마구간 소년에게 이렇게 말했다.

"What do you suppose I can do with a lame donkey?"
"내가 절름발이 당나귀로 무엇을 할 수 있다고 생각하십니까?"

"He will eat food without earning it"
"그는 양식을 얻지 않고 먹을 것이다"

"Take him to the market and sell him"
"그를 시장에 데리고 가서 팔아라"

When they reached the market a purchaser was found at once
그들이 시장에 도착했을 때, 즉시 구매자를 찾을 수 있었다

He asked the stable-boy:
그는 마구간 소년에게 물었다.

"How much do you want for that lame donkey?"
"그 절름발이 당나귀에게 얼마를 원하십니까?"

"Twenty dollars and I'll sell him to you"
"20달러면 팔아줄게"
"I will give you two dollars"
"두 달러를 드리겠습니다"
"but don't suppose that I will make use of him"
"그러나 내가 그를 이용할 것이라고 생각하지 마십시오"
"I am buying him solely for his skin"
"나는 순전히 그의 피부 때문에 그를 사고 있습니다"
"I see that his skin is very hard"
"나는 그의 피부가 매우 딱딱하다는 것을 본다"
"I intend to make a drum with him"
"나는 그와 함께 북을 만들려고 한다"
he heard that he was destined to become a drum!
그는 자신이 드럼이 될 운명이라고 들었습니다!
you can imagine poor Pinocchio's feelings
불쌍한 피노키오의 감정을 상상할 수 있습니다
the two dollars were handed over
2달러가 건네졌다
and the man was given his donkey
그리고 그 사람은 자기 나귀를 받았다
he led the little donkey to the seashore
그는 작은 당나귀를 해변으로 데리고 갔습니다
he then put a stone round his neck
그런 다음 그는 자신의 목에 돌을 둘렀습니다
and he gave him a sudden push into the water
그리고 그는 갑자기 그를 물 속으로 밀어 넣었다
Pinocchio was weighted down by the stone
피노키오는 돌에 짓눌려 있었다
and he went straight to the bottom of the sea
그리고 그는 곧장 바다 밑바닥으로 내려갔다
his owner kept tight hold of the cord
주인은 끈을 꽉 잡고 있었다
he sat down quietly on a piece of rock
그는 바위 위에 조용히 앉았다
and he waited until the little donkey was drowned
그리고 그는 작은 당나귀가 물에 빠져 죽을 때까지 기다렸다
and then he intended to skin him

그리고 나서 그는 그의 가죽을 벗기려고 했다

Pinocchio gets Swallowed by the Dog-Fish
피노키오가 개 물고기에게 삼켜집니다.

Pinocchio had been fifty minutes under the water
피노키오는 물속에 50분 동안 있었다
his purchaser said aloud to himself:
물건을 산 사람은 혼잣말로 말했다.
"My little lame donkey must by now be quite drowned"
"내 작은 절름발이 당나귀는 지금쯤 꽤 익사했을 거야"
"I will therefore pull him out of the water"
"그러므로 내가 그를 물에서 끌어내겠다"
"and I will make a fine drum of his skin"
"내가 그의 가죽으로 고운 북을 만들겠다"
And he began to haul in the rope
그리고 그는 밧줄을 끌어당기기 시작했다
the rope he had tied to the donkey's leg
그가 당나귀의 다리에 묶어 놓았던 밧줄
and he hauled, and hauled, and hauled
그는 끌어당기고, 끌어당기고, 또 끌어올렸다
he hauled until at last...
그는 마침내 ...
what do you think appeared above the water?
물 위에 무엇이 나타났다고 생각하는가?
he did not pull a dead donkey to land
그분은 죽은 당나귀를 육지로 끌고 가지 않으셨습니다
instead he saw a living little puppet
대신 그는 살아 있는 작은 꼭두각시를 보았다

and this little puppet was wriggling like an eel!
그리고 이 작은 인형은 뱀장어처럼 꿈틀거리고 있었습니다!
the poor man thought he was dreaming
가난한 사람은 자신이 꿈을 꾸고 있다고 생각했습니다
and he was struck dumb with astonishment
그는 깜짝 놀라 벙어리가 되었다
he eventually recovered from his stupefaction
그는 마침내 혼미한 상태에서 회복되었다
and he asked the puppet in a quavering voice:
그리고 그는 떨리는 목소리로 꼭두각시에게 물었다.
"where is the little donkey I threw into the sea?"
"내가 바다에 던져 버린 작은 당나귀는 어디 있지?"
"I am the little donkey!" said Pinocchio
"나는 작은 당나귀야!" 피노키오가 말했다
and Pinocchio laughed at being a puppet again
그리고 피노키오는 다시 꼭두각시가 된 것에 대해 웃었습니다
"How can you be the little donkey??"
"어떻게 작은 당나귀가 될 수 있니??"
"I was the little donkey," answered Pinocchio
"나는 작은 당나귀였어." 피노키오가 대답했다
"and now I'm a little puppet again"
"그리고 이제 나는 다시 작은 꼭두각시가 되었어"
"Ah, a young scamp is what you are!!"

"아, 젊은 스캠이 바로 너야!!"
"Do you dare to make fun of me?"
"감히 나를 놀릴 수 있니?"
"To make fun of you?" asked Pinocchio
"너를 놀리려고?" 피노키오가 물었다
"Quite the contrary, my dear master?"
"그와는 정반대입니까, 주인님?"
"I am speaking seriously with you"
"나는 여러분과 진지하게 이야기하고 있습니다"
"a short time ago you were a little donkey"
"조금 전까지만 해도 너는 작은 당나귀였어"
"how can you have become a wooden puppet?"
"어쩌다 나무 인형이 될 수 있지?"
"being left in the water does not do that to a donkey!"
"물 속에 버려진다고 해서 당나귀가 그런 일은 일어나지 않아!"
"It must have been the effect of sea water"
"바닷물의 영향이었을 것"
"The sea causes extraordinary changes"
"바다는 놀라운 변화를 일으킨다"
"Beware, puppet, I am not in the mood!"
"조심해, 꼭두각시야, 난 기분이 안 좋아!"
"Don't imagine that you can amuse yourself at my expense"
"나를 희생시키면서 자신을 즐겁게 할 수 있다고 상상하지 마라"
"Woe to you if I lose patience!"
"내가 참을성을 잃으면 당신에게 화가 있을 것입니다!"
"Well, master, do you wish to know the true story?"
"글쎄요, 스승님, 진짜 이야기를 알고 싶으십니까?"
"If you set my leg free I will tell it you"
"당신이 내 다리를 풀어 주신다면 당신에게 말해 주겠습니다"
The good man was curious to hear the true story
선한 남자는 진짜 이야기를 듣고 싶었다
and he immediately untied the knot
그리고 그는 즉시 매듭을 풀었다
Pinocchio was again as free as a bird in the air
피노키오는 다시 공중의 새처럼 자유로워졌다
and he commenced to tell his story
그리고 그는 자신의 이야기를 하기 시작했다

"You must know that I was once a puppet"
"나도 한때 꼭두각시였다는 걸 알아야 해"
"that is to say, I wasn't always a donkey"
"즉, 나는 항상 당나귀가 아니었다."
"I was on the point of becoming a boy"
"나는 소년이 될 지경에 이르렀다"
"I would have been like the other boys in the world"
"나도 세상의 다른 소년들과 같았을 거야"
"but like other boys, I wasn't fond of study"
"하지만 다른 소년들처럼 나도 공부하는 것을 좋아하지 않았어요"
"and I followed the advice of bad companions"
"그리고 나는 나쁜 동료들의 충고를 따랐다"
"and finally I ran away from home"
"그리고 마침내 나는 가출했다"
"One fine day when I awoke I found myself changed"
"어느 화창한 날, 잠에서 깨어났을 때 나는 변해 있었다"
"I had become a donkey with long ears"
"나는 귀가 긴 당나귀가 되었다"
"and I had grown a long tail too"
"그리고 나도 긴 꼬리를 키웠다"
"What a disgrace it was to me!"
"그것은 나에게 얼마나 수치스러운 일이었던가!"
"even your worst enemy would not inflict it upon you!"
"너의 가장 악랄한 적조차도 너에게 그것을 가하지 않을 것이다!"
"I was taken to the market to be sold"
"나는 팔기 위해 시장에 끌려갔다"
"and I was bought by an equestrian company"
"그리고 나는 승마 회사에 의해 구입되었습니다"
"they wanted to make a famous dancer of me"
"그들은 나를 유명한 댄서로 만들고 싶어 했다"
"But one night during a performance I had a bad fall"
"그런데 어느 날 밤 공연 중에 심하게 넘어졌어요"
"and I was left with two lame legs"
"내게는 두 다리를 절뚝거리게 되었나이다"
"I was of no use to the circus no more"

"나는 더 이상 서커스단에 쓸모가 없었다"
"and again I was taken to the market
"그리고 다시 나는 시장으로 끌려갔다
"and at the market you were my purchaser!"
"그리고 시장에서는 당신이 내 구매자였어!"
"Only too true," remembered the man
"너무나도 사실이지." 남자가 기억했다
"And I paid two dollars for you"
"그리고 나는 너를 위해 두 달러를 지불했다"
"And now, who will give me back my good money?"
"그리고 이제, 누가 내 좋은 돈을 돌려주겠는가?"
"And why did you buy me?"
"그런데 왜 나를 샀어?"
"You bought me to make a drum of my skin!"
"내 피부로 드럼통을 만들려고 나를 샀잖아!"
"Only too true!" said the man
"너무나도 사실이지!" 남자가 말했다
"And now, where shall I find another skin?"
"그리고 이제, 다른 스킨을 어디에서 찾을 수 있을까요?"
"Don't despair, master"
"절망하지 마세요, 주인님"
"There are many little donkeys in the world!"
"세상에는 작은 당나귀가 많아요!"
"Tell me, you impertinent rascal;"
"말해봐, 이 무례한 놈아."
"does your story end here?"
"너의 이야기는 여기서 끝나는 거야?"
"No," answered the puppet
"아뇨." 꼭두각시가 대답했다
"I have another two words to say"
"두 마디 더 할 말이 있습니다"
"and then my story shall have finished"
"그러면 내 이야기는 끝나리라"
"you brought me to this place to kill me"
"너는 나를 죽이려고 여기로 데려왔어"
"but then you yielded to a feeling of compassion"
"그러나 그때 너는 동정심에 굴복하였느니라"

"and you preferred to tie a stone round my neck
"그리고 너는 내 목에 돌을 묶는 것을 더 좋아했다
"and you threw me into the sea"
"너는 나를 바다에 던져 버렸다"
"This humane feeling does you great honour"
"이 인간적인 느낌은 당신에게 큰 영광입니다"
"and I shall always be grateful to you"
"그리고 나는 항상 너에게 감사할 것이다"
"But, nevertheless, dear master, you forgot one thing"
"그럼에도 불구하고, 친애하는 스승님, 당신은 한 가지를 잊으셨습니다"
"you made your calculations without considering the Fairy!"
"요정을 고려하지 않고 계산을 했구나!"
"And who is the Fairy?"
"그럼 요정은 누구야?"
"She is my mamma," replied Pinocchio
"그녀는 나의 엄마야." 피노키오가 대답했다
"and she resembles all other good mammas"
"그리고 그녀는 다른 모든 좋은 엄마를 닮았습니다"
"and all good mammas care for their children"
"그리고 모든 선한 엄마는 자기 자녀를 돌보며"
"mammas who never lose sight of their children""
"자식을 놓치지 않는 엄마""
"mammas who help their children lovingly"
"자녀를 사랑으로 돕는 엄마"
"and they love them even when they deserve to be abandoned"
"그들은 버림받아 마땅할 때에도 그들을 사랑하느니라"
"my good mamma kept me in her sight"
"나의 선한 엄마는 나를 그녀의 시야에 두었어"
"and she saw that I was in danger of drowning"
"그 여자는 내가 물에 빠져 죽을 위험에 처해 있는 것을 보았더라"
"so she immediately sent an immense shoal of fish"
"그래서 그 여자는 즉시 엄청난 양의 물고기 떼를 보냈다"
"first they really thought I was a little dead donkey"
"처음에 그들은 정말로 나를 죽은 당나귀라고 생각했습니다."

"and so they began to eat me in big mouthfuls"
"그래서 그들이 나를 한 입 가득 먹기 시작하였다"
"I never knew fish were greedier than boys!"
"물고기가 남자아이보다 더 욕심이 많은지 몰랐어요!"
"Some ate my ears and my muzzle"
"어떤 사람들은 내 귀와 주둥이를 먹었다"
"and other fish my neck and mane"
"다른 물고기들도 내 목과 갈기"
"some of them ate the skin of my legs"
"그들 중 일부는 내 다리 가죽을 먹었다"
"and others took to eating my fur"
"다른 사람들은 내 털을 먹어 버렸다"
"Amongst them there was an especially polite little fish"
"그중에는 유난히 예의 바른 작은 물고기가 있었다."
"and he condescended to eat my tail"
"그는 내 꼬리를 먹으려고 몸을 낮추었다"
the purchaser was horrified by what he heard
구매자는 그 말을 듣고 깜짝 놀랐습니다
"I swear that I will never touch fish again!"
"다시는 물고기를 만지지 않겠다고 맹세합니다!"
"imagine opening a mullet and finding a donkey's tail!"
"숭어를 열고 당나귀 꼬리를 찾는다고 상상해 보세요!"
"I agree with you," said the puppet, laughing
"나도 네 말에 동의해." 인형이 웃으며 말했다
"However, I must tell you what happened next"
"하지만, 그 다음에 무슨 일이 있었는지 말해 주어야 합니다."
"the fish had finished eating the donkey's hide"
"물고기가 당나귀 가죽을 다 먹었다"
"the donkey's hide that had covered me"
"나를 덮었던 당나귀의 가죽"
"then they naturally reached the bone"
"그러고 나서 그들은 자연스럽게 뼈에 닿았다"
"but it was not bone, but rather wood"
"그러나 그것은 뼈가 아니라 나무였다"
"for, as you see, I am made of the hardest wood"
"너희가 보는 바와 같이, 나는 가장 단단한 나무로 만들어졌음이니라"

"they tried to take a few more bites"
"그들은 몇 입 더 먹으려고했습니다."
"But they soon discovered I was not for eating"
"그러나 그들은 곧 내가 먹는 것을 좋아하지 않는다는 것을 알게 되었습니다"
"disgusted with such indigestible food, they swam off"
"그들은 소화가 안 되는 음식에 혐오감을 느껴 헤엄쳐 떠났다"
"and they left without even saying thank you"
"그리고 그들은 고맙다는 말조차 하지 않고 떠났습니다"
"And now, at last, you have heard my story"
"그리고 이제, 드디어, 너는 내 이야기를 들었어"
"and that is why you didn't find a dead donkey"
"그래서 너는 죽은 당나귀를 찾지 못한 거야"
"and instead you found a living puppet"
"그리고 대신 당신은 살아있는 꼭두각시를 찾았습니다"
"I laugh at your story," cried the man in a rage
"당신의 이야기를 비웃습니다." 남자가 분노에 차서 소리쳤다
"I only know that I spent two dollars to buy you"
"너를 사기 위해 두 달러를 썼다는 것만 알아"
"and I will have my money back"
"그리고 나는 내 돈을 돌려받을 것이다"
"Shall I tell you what I will do?"
"내가 무엇을 할 것인지 말해 줄까?"
"I will take you back to the market"
"나는 너를 시장으로 다시 데려갈 것이다"
"and I will sell you by weight as seasoned wood"
"내가 너를 무게로 노련한 나무처럼 팔겠다"
and the purchaser can light fires with you"
구매자는 당신과 함께 불을 붙일 수 있습니다."
Pinocchio was not too worried about this
피노키오는 이것에 대해 너무 걱정하지 않았습니다
"Sell me if you like; I am content"
"원한다면 나를 팔아라. 나는 만족한다"
and he plunged back into the water
그리고 그는 다시 물속으로 뛰어들었다
he swam gaily away from the shore
그는 기쁜 듯이 해안을 헤엄쳐 나갔다

and he called to his poor owner
그리고 그는 가난한 주인을 불렀습니다
"Good-bye, master, don't forget me"
"안녕히 계세요, 주인님, 저를 잊지 마세요"
"the wooden puppet you wanted for its skin"
"당신이 원했던 나무 인형의 피부"
"and I hope you get your drum one day"
"그리고 언젠가 드럼을 가지길 바랍니다"
And he laughed and went on swimming
그리고 그는 웃으면서 수영을 계속했다
and after a while he turned around again
그리고 잠시 후 그는 다시 돌아섰다
"Good-bye, master," he shouted louder
"안녕히 계십시오, 주인님." 그는 더 큰 소리로 외쳤다
"and remember me when you need well seasoned wood"
"그리고 잘 양념된 나무가 필요할 때 나를 기억하십시오"
"and think of me when you're lighting a fire"
"불을 피울 때 나를 생각해봐"
soon Pinocchio had swam towards the horizon
이윽고 피노키오는 지평선을 향해 헤엄쳐 갔다
and now he was scarcely visible from the shore
그리고 이제 그는 해안에서 거의 보이지 않았다
he was a little black speck on the surface of the sea
그는 바다 표면에 떠 있는 작은 검은 점이었다
from time to time he lifted out of the water
때때로 그는 물 밖으로 들어 올렸다
and he leaped and capered like a happy dolphin
그리고 그는 행복한 돌고래처럼 펄쩍펄쩍 뛰었다
Pinocchio was swimming and he knew not whither
피노키오는 수영을 하고 있었고 어디로 가는지 몰랐습니다
he saw in the midst of the sea a rock
그는 바다 한가운데서 바위를 보았다
the rock seemed to be made of white marble
바위는 흰 대리석으로 만들어진 것 같았다
and on the summit there stood a beautiful little goat
그리고 산 정상에는 작고 예쁜 염소 한 마리가 서 있었습니다
the goat bleated lovingly to Pinocchio

염소는 피노키오에게 사랑스럽게 울부짖었다
and the goat made signs to him to approach
염소는 그분에게 가까이 오라는 신호를 보냈다
But the most singular thing was this:
그러나 가장 특이한 것은 이것이었습니다.
The little goat's hair was not white nor black
작은 염소의 털은 하얗지도 검지도 않았습니다
nor was it a mixture of two colours
두 가지 색이 섞여 있는 것도 아니었다
this is usual with other goats
이것은 다른 염소들에게 일반적입니다
but the goat's hair was a very vivid blue
그러나 염소의 털은 매우 선명한 파란색이었습니다
a vivid blue like the hair of the beautiful Child
예쁜 아이의 머리카락 같은 선명한 블루
imagine how rapidly Pinocchio's heart began to beat
피노키오의 심장이 얼마나 빨리 뛰기 시작했는지 상상해 보세요
He swam with redoubled strength and energy
그는 두 배의 힘과 에너지로 수영했다
and in no time at all he was halfway there
그리고 순식간에 그는 반쯤 도착했다
but then he saw something came out the water
하지만 그때 그는 무언가가 물 밖으로 나오는 것을 보았습니다
the horrible head of a sea-monster!
바다 괴물의 끔찍한 머리!
His mouth was wide open and cavernous
그의 입은 크게 벌어져 있었고 동굴 같았다
there were three rows of enormous teeth
세 줄로 늘어선 거대한 이빨이 있었다
even a picture of if would terrify you
IF의 사진조차도 당신을 두렵게 할 것입니다
And do you know what this sea-monster was?
그리고 이 바다 괴물이 무엇인지 아십니까?
it was none other than that gigantic Dog-Fish
그것은 다름 아닌 그 거대한 개고기였다
the Dog-Fish mentioned many times in this story
이 이야기에서 여러 번 언급된 개 물고기

I should tell you the name of this terrible fish
이 끔찍한 물고기의 이름을 말해 줘야겠어
Attila of Fish and Fishermen
물고기와 어부의 아틸라
on account of his slaughter and insatiable voracity
그의 살육과 만족할 줄 모르는 탐욕 때문에
think of poor Pinocchio's terror at the sight
불쌍한 피노키오가 그 광경을 보고 얼마나 공포에 질렸을지 생각해 보십시오
a true sea monster was swimming at him
진짜 바다 괴물이 그를 향해 헤엄치고 있었다
He tried to avoid the Dog-Fish
그는 개고기(Dog-Fish)를 피하려고 했다
he tried to swim in other directions
그는 다른 방향으로 헤엄쳐 가려고 했다
he did everything he could to escape
그는 도망치기 위해 할 수 있는 모든 것을 했다
but that immense wide-open mouth was too big
하지만 그 거대하게 크게 벌린 입은 너무 컸다
and it was coming with the velocity of an arrow
그리고 그것은 화살의 속도로 다가오고 있었다
the beautiful little goat tried to bleat
예쁜 작은 염소는 울려고 했습니다
"Be quick, Pinocchio, for pity's sake!"
"빨리 해, 피노키오, 불쌍히 여겨라!"
And Pinocchio swam desperately with all he could
그리고 피노키오는 할 수 있는 모든 것을 다해 필사적으로 헤엄쳤습니다
his arms, his chest, his legs, and his feet
그의 팔, 그의 가슴, 그의 다리, 그의 발
"Quick, Pinocchio, the monster is close upon you!"
"빨리, 피노키오, 괴물이 네 곁에 있다!"
And Pinocchio swam quicker than ever
그리고 피노키오는 그 어느 때보다 빨리 헤엄쳤어요
he flew on with the rapidity of a ball from a gun
그는 총에서 날아온 공의 속도로 날아갔다
He had nearly reached the rock

그는 바위에 거의 다다랐다
and he had almost reached the little goat
그리고 그는 그 작은 염소에게 거의 다다랐다
and the little goat leaned over towards the sea
그리고 작은 염소는 바다를 향해 몸을 기울였다
she stretched out her fore-legs to help him
그녀는 앞다리를 뻗어 그를 도왔다
perhaps she could get him out of the water
어쩌면 그녀는 그를 물 밖으로 꺼낼 수 있을지도 모른다
But all their efforts were too late!
그러나 그들의 모든 노력은 너무 늦었습니다!
The monster had overtaken Pinocchio
괴물이 피노키오를 따라잡은 것이다
he drew in a big breath of air and water
그는 공기와 물을 크게 들이마셨다
and he sucked in the poor puppet
그리고 그는 그 불쌍한 꼭두각시를 빨아들였다
like he would have sucked a hen's egg
마치 암탉의 달걀을 빨아먹는 것처럼 말이다
and the Dog-Fish swallowed him whole
그리고 개고기는 그를 통째로 삼켜 버렸다

Pinocchio tumbled through his teeth
피노키오는 이빨 사이로 굴러떨어졌다
and he tumbled down the Dog-Fish's throat
그리고 그는 개-물고기의 목구멍으로 굴러 떨어졌다
and finally he landed heavily in his stomach
그리고 마침내 그는 뱃속에 무겁게 내려앉았다
he remained unconscious for a quarter of an hour
그는 25분 동안 의식을 잃고 있었다
but eventually he came to himself again
그러나 결국 그는 다시 자기 자신에게 돌아왔다
he could not in the least imagine in what world he was
그는 자신이 어떤 세계에 있는지 조금도 상상할 수 없었다
All around him there was nothing but darkness
그의 주위에는 온통 어둠뿐이었다
it was as if he had fallen into a pot of ink
마치 잉크가 든 항아리에 빠진 것 같았다
He listened, but he could hear no noise
그는 귀를 기울였지만 아무 소리도 들리지 않았다
occasionally great gusts of wind blew in his face
이따금 거센 돌풍이 그의 얼굴을 때렸다
first he could not understand from where it came from
처음에는 그것이 어디서 왔는지 이해할 수 없었다
but at last he discovered the source
그러나 마침내 그는 근원을 발견했다
it came out of the monster's lungs
그것은 괴물의 폐에서 나왔다
there is one thing you must know about the Dog-Fish
Dog-Fish에 대해 알아야 할 한 가지가 있습니다
the Dog-Fish suffered very much from asthma
Dog-Fish는 천식으로 매우 고생했습니다
when he breathed it was exactly like the north wind
그가 숨을 쉴 때, 그것은 정확히 북풍과 같았다
Pinocchio at first tried to keep up his courage
피노키오는 처음에 용기를 유지하려고 노력했습니다
but the reality of the situation slowly dawned on him
그러나 상황의 실체가 서서히 그에게 떠올랐다

he was really shut up in the body of this sea-monster
그는 정말로 이 바다 괴물의 몸에 갇혀 있었다
and he began to cry and scream and sob
그는 울고 비명을 지르며 흐느끼기 시작하였다
"Help! help! Oh, how unfortunate I am!"
"도와주세요! 도움말! 아, 내가 얼마나 불행한 일인가!"
"Will nobody come to save me?"
"아무도 나를 구하러 오지 않을까?"
from the dark there came a voice
어둠 속에서 목소리가 들려왔다
the voice sounded like a guitar out of tune
그 목소리는 조율이 맞지 않는 기타 소리처럼 들렸다
"Who do you think could save you, unhappy wretch?"
"누가 너를 구할 수 있다고 생각하느냐, 불행한 불쌍한 놈아?"
Pinocchio froze with terror at the voice
피노키오는 그 목소리에 겁에 질려 얼어붙었다
"Who is speaking?" asked Pinocchio, finally
"누가 말하고 있는 거야?" 마침내 피노키오가 물었다
"It is I! I am a poor Tunny Fish"
"나다! 나는 불쌍한 참치 물고기입니다"
"I was swallowed by the Dog-Fish along with you"
"나도 너와 함께 개고기에게 삼켜졌어"
"And what fish are you?"
"그럼 넌 무슨 물고기야?"
"I have nothing in common with fish"
"나는 물고기와 공통점이 하나도 없다"
"I am a puppet," added Pinocchio
"나는 꼭두각시야." 피노키오가 덧붙였다
"Then why did you let yourself be swallowed?"
"그럼 왜 삼켜 버린 거야?"
"I didn't let myself be swallowed"
"나는 나 자신을 삼키지 않았다"
"it was the monster that swallowed me!"
"나를 집어삼킨 건 괴물이었어!"
"And now, what are we to do here in the dark?"
"그리고 이제, 우리는 여기서 어둠 속에서 무엇을 해야 할까요?"
"there's not much we can do but to resign ourselves"

"우리가 할 수 있는 일은 스스로 체념하는 것 말고는 없다"
"and now we wait until the Dog-Fish has digested us"
"그리고 이제 우리는 개고기가 우리를 소화시킬 때까지 기다린다"
"But I do not want to be digested!" howled Pinocchio
"하지만 소화되고 싶지 않아!" 피노키오가 울부짖었다
and he began to cry again
그리고 그는 다시 울기 시작했다
"Neither do I want to be digested," added the Tunny Fish
"나도 소화되고 싶지 않다"고 참치 물고기는 덧붙였다
"but I am enough of a philosopher to console myself"
"그러나 나는 나 자신을 위로하기에 충분한 철학자이다"
"when one is born a Tunny Fish life can be made sense of"
"사람이 태어날 때 Tunny Fish의 삶을 이해할 수 있습니다."
"it is more dignified to die in the water than in oil"
"기름 속에서 죽는 것보다 물 속에서 죽는 것이 더 존엄하다"
"That is all nonsense!" cried Pinocchio
"그건 다 말도 안 돼!" 피노키오가 소리쳤다
"It is my opinion," replied the Tunny Fish
"제 생각입니다." 참치 물고기가 대답했습니다
"and opinions ought to be respected"
"그리고 의견은 존중되어야 한다"
"that is what the political Tunny Fish say"
"그것이 정치적 Tunny Fish가 말하는 것입니다"
"To sum it all up, I want to get away from here"
"모든 것을 요약하자면, 나는 여기서 벗어나고 싶다"
"I do want to escape."
"도망치고 싶어요."
"Escape, if you are able!"
"도망쳐라, 할 수만 있다면!"
"Is this Dog-Fish who has swallowed us very big?"
"우리를 삼킨 이 개물고기가 정말 큰가?"
"Big? My boy, you can only imagine"
"크다고? 얘야, 너는 상상만 할 수 있어"
"his body is two miles long without counting his tail"
"그의 몸은 꼬리를 세지 않고 2마일 길이입니다"
they held this conversation in the dark for some time

그들은 한동안 어둠 속에서 이 대화를 나누었다
eventually Pinocchio's eyes adjusted to the darkness
이윽고 피노키오의 눈은 어둠에 적응했다
Pinocchio thought that he saw a light a long way off
피노키오는 아주 먼 곳에서 빛을 보았다고 생각했다
"What is that little light I see in the distance?"
"저 멀리서 보이는 저 작은 빛은 뭐지?"
"It is most likely some companion in misfortune"
"그것은 아마도 불행의 동반자일 가능성이 높다"
"he, like us, is waiting to be digested"
"그도 우리와 마찬가지로 소화되기를 기다리고 있다"
"I will go and find him"
"내가 가서 그를 찾아보리라"
"perhaps it is an old fish that knows his way around"
"어쩌면 길을 아는 늙은 물고기일지도 모른다"
"I hope it may be so, with all my heart, dear puppet"
"그렇게 되길 바라요, 온 마음을 다해, 친애하는 꼭두각시여"
"Good-bye, Tunny Fish" - "Good-bye, puppet"
"안녕, 참치 물고기"- "안녕, 꼭두각시"
"and I wish a good fortune to you"
"그리고 당신에게 행운을 빕니다"
"Where shall we meet again?"
"어디서 다시 만날 수 있을까요?"
"Who can see such things in the future?"
"앞으로 누가 그런 것들을 볼 수 있겠는가?"
"It is better not even to think of it!"
"생각조차 하지 않는 것이 낫습니다!"

A Happy Surprise for Pinocchio
피노키오를 위한 행복한 놀라움

Pinocchio said farewell to his friend the Tunny Fish
피노키오는 친구 참치 물고기에게 작별 인사를 했습니다
and he began to grope his way through the Dog-Fish
그리고 그는 개고기 사이를 더듬기 시작했다
he took small steps in the direction of the light

그는 빛이 있는 방향으로 작은 발걸음을 내디뎠다
the small light shining dimly at a great distance
먼 거리에서 희미하게 비추는 작은 빛
the farther he advanced the brighter became the light
그가 더 멀리 나아갈수록 빛은 더 밝아졌다
and he walked and walked until at last he reached it
그는 걷고 또 걸었고 마침내 그곳에 이르렀다
and when he reached the light, what did he find?
그리고 그가 빛에 이르렀을 때, 그는 무엇을 발견했는가?
I will let you have a thousand and one guesses
나는 당신이 천 가지 추측을 할 수 있도록 할 것입니다
what he found was a little table all prepared
그가 찾은 것은 모두 준비된 작은 테이블이었습니다
on the table was a lighted candle in a green bottle
탁자 위에는 초록색 병에 담긴 촛불이 켜져 있었다
and seated at the table was a little old man
그리고 탁자에는 작은 노인이 앉아 있었다
the little old man was eating some live fish
작은 노인은 살아있는 물고기를 먹고 있었습니다
and the little live fish were very much alive
그리고 그 작은 생명 물고기들은 매우 살아 있었다
some of the little fish even jumped out of his mouth
작은 물고기 몇 마리는 그의 입에서 튀어나오기까지 했다
at this sight Pinocchio was filled with happiness
이 광경을 본 피노키오는 행복에 휩싸였습니다
he became almost delirious with unexpected joy
그는 예상치 못한 기쁨으로 거의 정신 착란에 빠졌다
He wanted to laugh and cry at the same time
그는 웃으면서 동시에 울고 싶었다
he wanted to say a thousand things at once
그는 한 번에 천 가지를 말하고 싶었다
but all he managed were a few confused words
하지만 그가 할 수 있는 것은 혼란스러운 몇 마디 말뿐이었다
At last he succeeded in uttering a cry of joy
마침내 그는 기쁨의 외침을 내뱉는 데 성공했다
and he threw his arm around the little old man
그리고 그는 작은 노인을 팔로 감싸 안았다
"Oh, my dear papa!" he shouted with joy

"오, 사랑하는 아빠!" 그는 기뻐하며 소리쳤습니다
"I have found you at last!" cried Pinocchio
"드디어 너를 찾았구나!" 피노키오가 외쳤다
"I will never never never never leave you again"
"나는 절대로 절대로 절대로 다시는 너를 떠나지 않을 것이다"
the little old man couldn't believe it either
작은 노인도 믿을 수 없었다
"are my eyes telling the truth?" he said
"내 눈이 진실을 말하고 있는 걸까?" 그가 말했다
and he rubbed his eyes to make sure
그리고 그는 확인하기 위해 눈을 비볐다.
"then you are really my dear Pinocchio?"
"그럼 너가 정말 내 사랑하는 피노키오야?"
"Yes, yes, I am Pinocchio, I really am!"
"그래, 그래, 나는 피노키오야, 정말로!"
"And you have forgiven me, have you not?"
"그리고 당신은 나를 용서하지 않았습니까?"
"Oh, my dear papa, how good you are!"
"오, 사랑하는 아빠, 정말 좋은 분이세요!"
"And to think how bad I've been to you"
"그리고 내가 너에게 얼마나 나빴는지 생각해봐"
"but if you only knew what I've gone through"
"하지만 내가 겪은 일을 알기만 한다면"
"all the misfortunes I've had poured on me"
"내가 겪은 모든 불행이 내게 쏟아졌다"
"and all the other things that have befallen me!"
"내게 닥친 다른 모든 일들도!"
"oh think back to the day you sold your jacket"
"아, 재킷을 팔았던 날을 떠올려 보세요"
"oh you must have been terribly cold"
"아, 몹시 추웠나 봐요"
"but you did it to buy me a spelling book"
"하지만 당신은 나에게 맞춤법 책을 사주기 위해 그랬습니다"
"so that I could study like the other boys"
"나도 다른 소년들처럼 공부할 수 있도록"
"but instead I escaped to see the puppet show"
"하지만 대신 나는 인형극을 보러 도망쳤어"

"and the showman wanted to put me on the fire"
"그리고 쇼맨은 나를 불에 태우고 싶어했다"
"so that I could roast his mutton for him"
"내가 그를 위해 양고기를 구울 수 있도록"
"but then the same showman gave me five gold pieces"
"그런데 그 쇼맨이 제게 금 다섯 개를 줬어요."
"he wanted me to give you the gold"
"그는 내가 너에게 금을 주기를 원했다"
"but then I met the Fox and the Cat"
"하지만 그때 나는 여우와 고양이를 만났어"
"and they took me to the inn of The Red Craw-Fish"
"그리고 그들은 나를 붉은 가재의 여관으로 데려갔습니다."
"and at the inn they ate like hungry wolves"
"여관에서 그들은 굶주린 늑대처럼 먹었더라"
"and I left by myself in the middle of the night"
"나는 한밤중에 혼자 떠났다"
"and I encountered assassins who ran after me"
"나를 쫓아오는 암살자들을 만났어"
"and I ran away from the assassins"
"나는 암살자들로부터 도망쳤다"
"but the assassins followed me just as fast"
"하지만 암살자들도 그만큼 빨리 나를 쫓아왔어"
"and I ran away from them as fast as I could"
"나는 할 수 있는 한 빨리 그들에게서 도망쳤다"
"but they always followed me however fast I ran"
"그러나 그들은 항상 나를 따라다녔어, 내가 아무리 빨리 달려도 말이야"
"and I kept running to get away from them"
"나는 그들에게서 도망하려고 계속 달아났습니다"
"but eventually they caught me after all"
"하지만 결국 그들은 결국 나를 잡았습니다"
"and they hung me to a branch of a Big Oak"
"그들은 나를 큰 떡갈나무 가지에 매달아 놓았고"
"but then there was the beautiful Child with blue hair"
"그런데 그때 파란 머리를 가진 아름다운 아이가 있었어"
"she sent a little carriage to fetch me"
"그녀는 나를 데리러 작은 마차를 보냈다"

"and the doctors all had a good look at me"
"그리고 의사들은 모두 나를 잘 보였어요"
"and they immediately made the same diagnosis"
"그리고 그들은 즉시 같은 진단을 내렸습니다"
"If he is not dead, it is a proof that he is still alive"
"그가 죽지 않았다면, 그것은 그가 아직 살아 있다는 증거입니다"
"and then by chance I told a lie"
"그러다가 우연히 내가 거짓말을 했어"
"and my nose began to grow and grow and grow"
"내 코가 자라고, 자라고, 자라기 시작하더라"
"and soon I could no longer get through the door"
"그리고 곧 나는 더 이상 문을 통과할 수 없었다"
"so I went again with the Fox and the Cat"
"그래서 나는 여우와 고양이와 함께 다시 갔다."
"and together we buried the four gold pieces"
"그리고 우리는 함께 네 개의 금 조각을 묻었습니다"
"because one piece of gold I had spent at the inn"
"내가 여관에서 쓴 금 한 닢 때문에"
"and the Parrot began to laugh at me"
"앵무새가 나를 비웃기 시작하더라"
"and there were not two thousand pieces of gold"
"금이 이천 닢이 아니었더라"
"there were no pieces of gold at all anymore"
"더 이상 금 조각이 전혀 없었다"
"so I went to the judge of the town to tell him"
"그래서 나는 그 마을의 판사에게 가서 말하였습니다"
"he said I had been robbed, and put me in prison"
"그는 내가 강도를 만났다고 말하고 나를 감옥에 가두었다"
"while escaping I saw a beautiful bunch of grapes"
"도망치는 동안 나는 아름다운 포도 송이를 보았다"
"but in the field I was caught in a trap"
"그러나 들에서 나는 덫에 걸렸고"
"and the peasant had every right to catch me"
"그리고 그 농부는 나를 잡을 권리가 있었다"
"he put a dog-collar round my neck"
"그는 내 목에 개 목걸이를 걸었습니다"

"and he made me the guard dog of the poultry-yard"
"그리고 그는 나를 양계장의 경비견으로 삼았다"
"but he acknowledged my innocence and let me go"
"그러나 그는 나의 결백을 인정하고 나를 놓아 주었다"
"and the Serpent with the smoking tail began to laugh"
"연기가 나는 꼬리를 가진 뱀이 웃기 시작하더라"
"but the Serpent laughed until he broke a blood-vessel"
"뱀은 혈관을 터뜨리기까지 웃었더라"
"and so I returned to the house of the beautiful Child"
"그래서 나는 아름다운 아이의 집으로 돌아갔고"
"but then the beautiful Child was dead"
"그러나 그때 그 아름다운 아이는 죽었어"
"and the Pigeon could see that I was crying"
"그리고 비둘기는 내가 울고 있다는 것을 볼 수 있었다"
"and the Pigeon said, 'I have seen your father'"
"비둘기가 말하길, '나는 너의 아버지를 보았다'"
'he was building a little boat to search of you'
'그는 너를 찾기 위해 작은 배를 만들고 있었어'
"and I said to him, 'Oh! if I also had wings,'"
"그래서 나는 그에게 '오! 나도 날개가 있었더라면.'"
"and he said to me, 'Do you want to see your father?'"
"그가 나에게 '너는 네 아버지를 보고 싶니?' 하고 물었다."
"and I said, 'Without doubt I would like to see him!'"
그래서 나는 '틀림없이 그분을 만나고 싶습니다!' 하고
말했지요!"
"'but who will take me to him?' I asked"
'하지만 누가 나를 그에게로 데려갈 것인가?' 라고 물었다"
"and he said to me, 'I will take you,'"
"그가 내게 이르되 내가 너를 데려가겠다 하더라."
"and I said to him, 'How will you take me?'"
"내가 그에게 말하되 나를 어떻게 받아들이시겠습니까?"
"and he said to me, 'Get on my back,'"
"그가 내게 이르되 내 등에 올라타라 하더라."
"and so we flew through all that night"
"그래서 우리는 그날 밤 내내 날아다녔습니다"
"and then in the morning there were all the fishermen"
"그리고 아침이 되자 모든 어부들이 있더라"

"and the fishermen were looking out to sea"
"어부들은 바다를 바라보고 있었다"
"and one said to me, 'There is a poor man in a boat'"
"한 사람이 내게 이르되 한 가난한 사람이 배를 타고 있도다"
"he is on the point of being drowned"
"그는 물에 빠져 죽을 지경에 이르렀다"
"and I recognized you at once, even at that distance
"그리고 나는 그 거리에서도 너를 단번에 알아보았다
"because my heart told me that it was you"
"내 마음이 너라고 말했기 때문에"
"and I made signs so that you would return to land"
"내가 표징을 세워 너가 육지로 돌아가게 하리라"
"I also recognized you," said Geppetto
"나도 널 알아봤어." 제페토가 말했다
"and I would willingly have returned to the shore"
"내가 기꺼이 해변으로 돌아갔을 것이니라"
"but what was I to do so far out at sea?"
"하지만 내가 그렇게 먼 바다에서 뭘 해야 했을까?"
"The sea was tremendously angry that day"
"그날 바다는 몹시 화가 났어"
"and a great wave came over and upset my boat"
"큰 파도가 밀려와서 내 배를 뒤엎고"
"Then I saw the horrible Dog-Fish"
"그때 나는 끔찍한 개물고기를 보았다"
"and the horrible Dog-Fish saw me too"
"그리고 끔찍한 개고기도 나를 봤어"
"and so the horrible Dog-Fish came to me"
"그래서 끔찍한 개고기가 나에게 왔습니다"
"and he put out his tongue and swallowed me"
"그가 혀를 내밀어 나를 삼키셨고"
"as if I had been a little apple tart"
"마치 내가 작은 사과 타르트가 된 것처럼"
"And how long have you been shut up here?"
"그리고 여기 갇힌 지 얼마나 됐어?"
"that day must have been nearly two years ago"
"그날은 거의 두 년 전이었을 거야"
"two years, my dear Pinocchio," he said

"두 년이요, 사랑하는 피노키오." 그가 말했다
"those two years seemed like two centuries!"
"그 두 해가 마치 두 세기처럼 느껴졌어요!"
"And how have you managed to live?"
"그럼 어떻게 살아오셨어요?"
"And where did you get the candle?"
"그럼 그 양초는 어디서 구했어?"
"And from where are the matches for the candle?
"촛불을 위한 성냥은 어디서 온 거지?
"Stop, and I will tell you everything"
"그만해, 내가 다 말해줄게"
"I was not the only one at sea that day"
"그날 바다에 있던 사람은 나뿐만이 아니었습니다"
"the storm had also upset a merchant vessel"
"폭풍은 또한 상선을 뒤엎었다"
"the sailors of the vessel were all saved"
"그 배의 선원들은 모두 구조되었다"
"but the cargo of the vessel sunk to the bottom"
"그러나 그 배의 화물은 바닥으로 가라앉았다"
"the Dog-Fish had an excellent appetite that day"
"개고기는 그날 식욕이 뛰어났다"
"after swallowing me he swallowed the vessel"
"나를 삼킨 후에 그릇을 삼키셨고"
"How did he swallow the entire vessel?"
"그는 어떻게 그 그릇을 통째로 삼켜 버렸는가?"
"He swallowed the whole boat in one mouthful"
"그는 한 입에 배 전체를 삼켰다"
"the only thing that he spat out was the mast"
"그가 뱉어낸 유일한 것은 돛대였다"
"it had stuck between his teeth like a fish-bone"
"그것은 그의 이빨 사이에 물고기 뼈처럼 끼어 있었다"
"Fortunately for me, the vessel was fully laden"
"다행히도 배에 짐을 가득 싣고 있었어요."
"there were preserved meats in tins, biscuit"
"깡통, 비스킷에 보존 된 고기가있었습니다."
"and there were bottles of wine and dried raisins"
"포도주 병과 말린 건포도가 있었다"

"and I had cheese and coffee and sugar"
"그리고 나는 치즈와 커피와 설탕을 먹었다"
"and with the candles were boxes of matches"
"촛불과 함께 성냥갑 상자들이 있었다"
"With this I have been able to live for two years"
"이것으로 나는 두 년 동안 살 수 있었습니다"
"But I have arrived at the end of my resources"
"그러나 나는 내 자원의 한계에 도달했습니다"
"there is nothing left in the larder"
"찬장에 아무것도 남아 있지 않습니다"
"and this candle is the last that remains"
"그리고 이 촛불은 마지막으로 남은 촛불입니다"
"And after that what will we do?"
"그 다음에는 뭘 할 건가요?"
"oh my dear boy, Pinocchio," he cried
"오, 내 사랑하는 아이야, 피노키오." 그는 울부짖었다
"After that we shall both remain in the dark"
"그 후에 우리 둘 다 어둠 속에 있을 것이다"
"Then, dear little papa there is no time to lose"
"그럼, 사랑하는 작은 아빠, 지체할 시간이 없어요"
"We must think of a way of escaping"
"우리는 탈출할 방법을 생각해야 한다"
"what way of escaping can we think of?"
"우리는 어떤 탈출 방법을 생각할 수 있을까요?"
"We must escape through the mouth of the Dog-Fish"
"우리는 개고기의 입을 통해 도망쳐야 한다"
"we must throw ourselves into the sea and swim away"
"우리는 바다에 몸을 던지고 헤엄쳐 가야 한다"
"You talk well, my dear Pinocchio"
"말을 잘하네, 사랑하는 피노키오"
"but I don't know how to swim"
"하지만 나는 수영하는 법을 모른다."
"What does that matter?" replied Pinocchio
"그게 무슨 상관이야?" 피노키오가 대답했다
"I am a good swimmer," he suggested
"저는 수영을 잘해요." 그가 말했다
"you can get on my shoulders"

"당신은 내 어깨에 올라탈 수 있습니다"
"and I will carry you safely to shore"
"내가 너를 안전하게 해안까지 데리고 가겠다"
"All illusions, my boy!" replied Geppetto
"모두 환상이야, 얘야!" 제페토가 대답했다
and he shook his head with a melancholy smile
그리고 그는 우울한 미소를 지으며 고개를 저었다
"my dear Pinocchio, you are scarcely a yard high"
"나의 사랑하는 피노키오, 너는 겨우 1야드도 되지 않아"
"how could you swim with me on your shoulders?"
"어떻게 나를 어깨에 메고 수영할 수 있겠어?"
"Try it and you will see!" replied Pinocchio
"한번 해봐, 알게 될 거야!" 피노키오가 대답했다
Without another word Pinocchio took the candle
다른 말 없이 피노키오는 촛불을 가져갔다
"Follow me, and don't be afraid"
"나를 따르고 두려워하지 말라"
and they walked for some time through the Dog-Fish
그리고 그들은 얼마 동안 개-물고기 사이를 걸었다
they walked all the way through the stomach
그들은 뱃속까지 걸어 다녔다
and they were where the Dog-Fish's throat began
그리고 그곳은 개-물고기의 목구멍이 시작되는 곳이었다
and here they thought they should better stop
그리고 여기서 그들은 멈추는 것이 좋겠다고 생각했다
and they thought about the best moment for escaping
그리고 그들은 탈출하기 가장 좋은 순간을 생각했습니다
Now, I must tell you that the Dog-Fish was very old
이제, 나는 당신에게 Dog-Fish가 매우 늙었다는 것을 말해야합니다
and he suffered from asthma and heart palpitations
그리고 그는 천식과 심장 두근거림으로 고생했다
so he was obliged to sleep with his mouth open
그래서 그는 입을 벌리고 잠을 자야 했다
and through his mouth they could see the starry sky
그리고 그분의 입을 통해 그들은 별이 총총한 하늘을 볼 수 있었다

and the sea was lit up by beautiful moonlight
그리고 바다는 아름다운 달빛으로 밝혀졌습니다
Pinocchio carefully and quietly turned to his father
피노키오는 조심스럽고 조용히 아버지에게 돌아섰다
"This is the moment to escape," he whispered to him
"지금이야말로 도망쳐야 할 순간이야." 그가 그에게 속삭였다
"the Dog-Fish is sleeping like a dormouse"
"개고기는 잠쥐처럼 자고 있다"
"the sea is calm, and it is as light as day"
"바다는 잔잔하고 낮처럼 가볍습니다"
"follow me, dear papa," he told him
"나를 따라와, 사랑하는 아빠." 그가 말했다
"and in a short time we shall be in safety"
"잠시 후에 우리는 안전에 있게 될 것입니다"
they climbed up the throat of the sea-monster
그들은 바다 괴물의 목구멍으로 올라갔다
and soon they reached his immense mouth
그리고 곧 그들은 그의 거대한 입에 이르렀다
so they began to walk on tiptoe down his tongue
그래서 그들은 발끝으로 그의 혀를 따라 걷기 시작하였다
they were about to make the final leap
그들은 최후의 도약을 앞두고 있었다
the puppet turned around to his father
꼭두각시는 아버지에게 돌아섰다
"Get on my shoulders, dear Papa," he whispered
"내 어깨에 올라타세요, 사랑하는 아빠." 그가 속삭였다
"and put your arms tightly around my neck"
"네 팔로 내 목을 꽉 감아"
"I will take care of the rest," he promised
"나머지는 제가 알아서 할게요." 그는 약속했다
soon Geppetto was firmly settled on his son's shoulders
얼마 지나지 않아 제페토는 아들의 어깨에 단단히 안착하게 되었습니다
Pinocchio took a moment to build up courage
피노키오는 잠시 용기를 냈습니다
and then he threw himself into the water
그리고 그는 물 속으로 몸을 던졌다

and began to swim away from the Dog-Fish
그리고 Dog-Fish로부터 헤엄쳐 나가기 시작했습니다.
The sea was as smooth as oil
바다는 기름처럼 잔잔했다
the moon shone brilliantly in the sky
달이 하늘에 찬란하게 빛났다
and the Dog-Fish was in deep sleep
그리고 Dog-Fish는 깊은 잠에 빠져 있었습니다
even cannons wouldn't have awoken him
대포조차도 그를 깨우지 못했을 것이다

Pinocchio at last Ceases to be a Puppet and Becomes a Boy
피노키오는 마침내 꼭두각시가 아니고 소년이 된다

Pinocchio was swimming quickly towards the shore
피노키오는 해안을 향해 빠르게 헤엄치고 있었다
Geppetto had his legs on his son's shoulders
제페토는 아들의 어깨에 다리를 얹고 있었다
but Pinocchio discovered his father was trembling
그러나 피노키오는 아버지가 떨고 있다는 것을 발견했습니다
he was shivering from cold as if in a fever
그는 열병에 걸린 것처럼 추위에 떨고 있었다
but cold was not the only cause of his trembling
그러나 추위만이 그의 떨림의 유일한 원인은 아니었다
Pinocchio thought the cause of the trembling was fear
피노키오는 떨림의 원인이 두려움이라고 생각했다
and the Puppet tried to comfort his father
꼭두각시는 아버지를 위로하려고 했다
"Courage, papa! See how well I can swim?"
"용기세요, 아빠! 내가 얼마나 수영을 잘하는지 봐?"
"In a few minutes we shall be safely on shore"
"몇 분 후면 우리는 안전하게 해안에 도착할 것입니다."
but his father had a higher vantage point
그러나 그의 아버지는 더 유리한 위치에 있었다
"But where is this blessed shore?"
"하지만 이 축복받은 해변은 어디에 있습니까?"

and he became even more frightened
그리고 그는 더욱 무서워졌다

and he screwed up his eyes like a tailor
그리고 그는 재단사처럼 눈을 부릅떴다

when they thread string through a needle
바늘에 실을 꿰었을 때

"I have been looking in every direction"
"나는 사방을 살펴 보았다"

"and I see nothing but the sky and the sea"
"나는 하늘과 바다 외에는 아무것도 못하노라"

"But I see the shore as well," said the puppet
"하지만 나도 해안을 볼 수 있어." 인형이 말했다

"You must know that I am like a cat"
"너는 내가 고양이와 같다는 것을 알아야 한다"

"I see better by night than by day"
"나는 낮보다 밤에 더 잘 본다"

Poor Pinocchio was making a pretence
가엾은 피노키오는 가식을 하고 있었다

he was trying to show optimism
그는 낙관론을 보이려고 노력했다

but in reality he was beginning to feel discouraged
그러나 실제로 그는 낙담하기 시작하고 있었다

his strength was failing him rapidly
그의 힘은 급속히 쇠약해지고 있었다

and he was gasping and panting for breath
그리고 그는 숨을 헐떡이며 헐떡이고 있었다

He could not swim much further anymore
그는 더 이상 더 이상 헤엄칠 수 없었다

and the shore was still far off
그리고 해안은 아직 멀리 떨어져 있었다

He swam until he had no breath left
그는 숨이 남지 않을 때까지 헤엄쳤다

and then he turned his head to Geppetto
그리고 그는 제페토에게 고개를 돌렸다

"Papa, help me, I am dying!" he said
"아빠, 도와주세요, 저 죽어가고 있어요!"

The father and son were on the point of drowning

아버지와 아들은 물에 빠져 죽을 지경에 이르렀습니다
but they heard a voice like an out of tune guitar
그러나 그들은 음정이 맞지 않는 기타 같은 목소리를 들었다
"Who is it that is dying?" said the voice
"누가 죽어가고 있는 거지?" 목소리가 말했다
"It is I, and my poor father!"
"나야, 그리고 불쌍한 내 아버지야!"
"I know that voice! You are Pinocchio!"
"나는 그 목소리를 안다! 넌 피노키오야!"
"Precisely; and you?" asked Pinocchio
"맞아요. 그리고 너는?" 피노키오가 물었다
"I am the Tunny Fish," said his prison companion
"나는 참치 물고기다"라고 그의 교도소 동료가 말했다
"we met in the body of the Dog-Fish"
"우리는 개-물고기의 몸에서 만났다"
"And how did you manage to escape?"
"그럼 어떻게 도망칠 수 있었어?"
"I followed your example"
"나는 너의 모범을 따랐어"
"You showed me the road"
"너는 내게 길을 보여 주었다"
"and I escaped after you"
"내가 너를 쫓아 도망하였노라"
"Tunny Fish, you have arrived at the right moment!"
"참치 물고기, 너는 올바른 순간에 도착했어!"
"I implore you to help us or we are dead"
"우리를 도와주시지 않으면 우리는 죽습니다"
"I will help you willingly with all my heart"
"나는 온 마음을 다해 기꺼이 너를 돕겠다"
"You must, both of you, take hold of my tail"
"너희 둘 다 내 꼬리를 잡아야 해"
"leave it to me to guide you
"너를 인도하는 것은 내게 맡겨
"I will take you both on shore in four minutes"
"4분 후에 너희 둘을 해안으로 데려다 줄게"
I don't need to tell you how happy they were
그들이 얼마나 기뻤는지는 말할 필요도 없습니다

Geppetto and Pinocchio accepted the offer at once
제페토와 피노키오는 즉시 제안을 받아들였다
but grabbing the tail was not the most comfortable
그러나 꼬리를 잡는 것이 가장 편한 것은 아니 었습니다
so they got on the Tunny Fish's back
그래서 그들은 Tunny Fish의 등에 탔습니다

The Tunny Fish did indeed take only four minutes
Tunny Fish는 실제로 4 분 밖에 걸리지 않았습니다
Pinocchio was the first to jump onto the land
피노키오가 가장 먼저 땅에 뛰어들었습니다
that way he could help his father off the fish
그렇게 하면 아버지가 물고기를 잡는 것을 도와줄 수 있었습니다
He then turned to his friend the Tunny Fish
그런 다음 그는 그의 친구 Tunny Fish에게 돌아섰습니다

"My friend, you have saved my papa's life"
"친구야, 네가 우리 아빠의 목숨을 구했어"

Pinocchio's voice was full of deep emotions
피노키오의 목소리는 깊은 감정으로 가득 차 있었다

"I can find no words with which to thank you properly"
"제대로 감사할 말을 찾을 수 없습니다"

"Permit me at least to give you a kiss"
"적어도 당신에게 키스를 할 수 있게 허락해 주십시오"

"it is a sign of my eternal gratitude!"
"그것은 저의 영원한 감사의 표시입니다!"

The Tunny put his head out of the water
참치는 머리를 물 밖으로 내밀었다

and Pinocchio knelt on the edge of the shore
그리고 피노키오는 해안 가장자리에 무릎을 꿇었다

and he kissed him tenderly on the mouth
그리고 그는 그의 입에 부드럽게 입 맞추었다

The Tunny Fish was not used to such warm affection
참치어는 그런 따뜻한 애정에 익숙하지 않았다

he felt both very touched, but also ashamed
그는 매우 감동적이었지만 동시에 부끄러움을 느꼈다

because he had started crying like a small child
그가 어린아이처럼 울기 시작했기 때문입니다

and he plunged back into the water and disappeared
그리고 그는 다시 물속으로 뛰어들어 사라졌다

By this time the day had dawned
이때쯤 날이 밝았다

Geppetto had scarcely breath to stand
제페토는 숨을 쉴 수 없었다

"Lean on my arm, dear papa, and let us go"
"내 팔에 기대어 봐, 사랑하는 아빠, 그리고 우리 가게 해줘"

"We will walk very slowly, like the ants"
"우리는 개미처럼 아주 천천히 걸을 것이다"

"and when we are tired we can rest by the wayside"
"피곤할 때 길가에서 쉴 수 있느니라"

"And where shall we go?" asked Geppetto
"그럼 어디로 가야 할까요?" 제페토가 물었다

"let us search for some house or cottage"

"집이나 별장을 찾아보자"
"there they will give us some charity"
"거기서 그들은 우리에게 약간의 자선을 베풀 것입니다"
"perhaps we will receive a mouthful of bread"
"어쩌면 우리가 한 입 가득 빵을 받게 될지도 모릅니다"
"and a little straw to serve as a bed"
"그리고 침대로 사용할 작은 짚"
Pinocchio and his father hadn't walked very far
피노키오와 그의 아버지는 그리 멀리 걷지 않았다
they had seen two villainous-looking individuals
그들은 흉측하게 생긴 두 사람을 보았다
the Cat and the Fox were at the road begging
고양이와 여우는 길에서 구걸하고 있었다

but they were scarcely recognizable
그러나 그들은 거의 알아볼 수 없었다
the Cat had feigned blindness all her life
고양이는 평생 눈이 먼 척했다
and now she became blind in reality
그리고 이제 그녀는 현실에서 눈이 멀게 되었다
and a similar fate must have met the Fox

그리고 비슷한 운명이 여우를 만났음에 틀림없다
his fur had gotten old and mangy
그의 털은 늙고 질퍽거워져 있었다
one of his sides was paralyzed
한쪽 쪽이 마비된 상태였다
and he had not even his tail left
그리고 그는 꼬리조차 남아 있지 않았다
he had fallen in the most squalid of misery
그는 가장 지저분한 비참함 속에 쓰러져 있었다
and one fine day he was obliged to sell his tail
그러던 어느 화창한 날, 그는 꼬리를 팔지 않을 수 없었다
a travelling peddler bought his beautiful tail
여행하는 행상인이 그의 아름다운 꼬리를 샀습니다
and now his tail was used for chasing away flies
그리고 이제 그의 꼬리는 파리를 쫓는 데 사용되었습니다
"Oh, Pinocchio!" cried the Fox
"오, 피노키오!" 여우가 소리쳤다
"give a little in charity to two poor, infirm people"
"가난하고 병약한 두 사람에게 자선으로 조금 주십시오"
"Infirm people," repeated the Cat
"병약한 사람들." 고양이가 되풀이했다
"Be gone, impostors!" answered the puppet
"물러가라, 사기꾼들아!" 꼭두각시가 대답했다
"You fooled me once with your tricks"
"넌 네 속임수로 나를 한 번 속였어"
"but you will never catch me again"
"그러나 너는 다시는 나를 잡지 못할 것이다"
"this time you must believe us, Pinocchio"
"이번에는 우리를 믿어야 해, 피노키오"
"we are now poor and unfortunate indeed!"
"우리는 지금 참으로 가난하고 불행합니다!"
"If you are poor, you deserve it"
"당신이 가난하다면, 당신은 그것을 받을 자격이 있습니다"
and Pinocchio asked them to recollect a proverb
그리고 피노키오는 그들에게 속담을 기억해 보라고 했습니다
"Stolen money never fructifies"
"도둑맞은 돈은 결코 헛되지 않는다"

"Be gone, impostors!" he told them
"물러가라, 사기꾼들아!" 그는 그들에게 말했다
And Pinocchio and Geppetto went their way in peace
그리고 피노키오와 제페토는 평화롭게 길을 갔다
soon they had gone another hundred yards
얼마 지나지 않아 그들은 100미터를 더 갔다
they saw a path going into a field
그들은 밭으로 들어가는 길을 보았다
and in the field they saw a nice little hut
그리고 들판에서 그들은 멋진 작은 오두막을 보았습니다
the hut was made from tiles and straw and bricks
오두막은 기와와 짚과 벽돌로 만들었습니다
"That hut must be inhabited by someone"
"그 오두막에는 분명 누군가가 살고 있을 거야"
"Let us go and knock at the door"
"우리가 가서 문을 두드리자"
so they went and knocked at the door
그래서 그들은 가서 문을 두드렸다
from in the hut came a little voice
오두막 안에서 작은 목소리가 들려왔다
"who is there?" asked the little voice
"거기 누구야?" 작은 목소리가 물었다
Pinocchio answered to the little voice
피노키오는 작은 목소리에 대답했다
"We are a poor father and son"
"우리는 가난한 아버지와 아들입니다"
"we are without bread and without a roof"
"우리에게는 빵도 없고 지붕도 없습니다"
the same little voice spoke again:
같은 작은 목소리가 다시 말했다.
"Turn the key and the door will open"
"열쇠를 돌리면 문이 열립니다"
Pinocchio turned the key and the door opened
피노키오가 열쇠를 돌리자 문이 열렸어요
They went in and looked around
그들은 안으로 들어가 주위를 둘러보았다
they looked here, there, and everywhere

그들은 여기, 저기, 그리고 모든 곳을 살폈다
but they could see no one in the hut
그러나 오두막 안에는 아무도 보이지 않았다
Pinocchio was much surprised the hut was empty
피노키오는 오두막이 비어 있다는 사실에 매우 놀랐습니다
"Oh! where is the master of the house?"
"아! 그 집의 주인은 어디 있느냐?"
"Here I am, up here!" said the little voice
"나 여기 있어, 여기 있어!" 작은 목소리가 말했다
The father and son looked up to the ceiling
아버지와 아들은 천장을 올려다보았다
and on a beam they saw the talking little Cricket
그리고 들보에서 그들은 말하는 작은 귀뚜라미를 보았습니다
"Oh, my dear little Cricket!" said Pinocchio
"오, 나의 귀여운 귀뚜라미!" 피노키오가 말했다
and Pinocchio bowed politely to the little Cricket
그리고 피노키오는 작은 귀뚜라미에게 정중하게 절을 했습니다
"Ah! now you call me your dear little Cricket"
"아! 이제 너는 나를 너의 소중한 작은 귀뚜라미라고 부른다."
"But do you remember when we first met?"
"하지만 우리가 처음 만났을 때를 기억하니?"
"you wanted me gone from your house"
"너는 나를 네 집에서 쫓아내고 싶었어"
"and you threw the handle of a hammer at me"
"그리고 너는 나에게 망치 손잡이를 던졌어"
"You are right, little Cricket! Chase me away also!"
"네 말이 맞아, 꼬마 귀뚜라미야! 나도 쫓아내!"
"Throw the handle of a hammer at me"
"망치 손잡이를 나에게 던져라"
"but please, have pity on my poor papa"
"하지만 제발, 불쌍한 우리 아빠를 불쌍히 여겨주세요"
"I will have pity on both father and son"
"내가 아버지와 아들을 불쌍히 여기겠다"
"but I wish to remind you of my ill treatment"
"그러나 나는 내가 받은 부당한 대우를 상기시켜 주고 싶습니다"
"the ill treatment I received from you"
"내가 너에게 받은 학대"

"but there's a lesson I want you to learn"
"하지만 네가 배웠으면 하는 교훈이 있어"
"life in this world is not always easy"
"이 세상에서의 삶이 항상 쉽지만은 않습니다"
"when possible, we must be courteous to everyone"
"가능하다면 우리는 모든 사람에게 예의 바르게 대해야 합니다"
"only so can we expect to receive courtesy"
"그래야만 우리는 예의를 받을 것을 기대할 수 있습니다"
"because we never know when we might be in need"
"우리가 언제 도움이 필요할지 모르기 때문입니다"
"You are right, little Cricket, you are right"
"네 말이 맞아, 꼬마 크리켓, 네 말이 맞아"
"and I will bear in mind the lesson you have taught me"
"당신이 내게 가르쳐 주신 교훈을 내가 기억하겠습니다"
"But tell me how you managed to buy this beautiful hut"
"하지만 어떻게 이 아름다운 오두막을 샀는지 말해봐"
"This hut was given to me yesterday"
"이 오두막은 어제 나에게 주어졌습니다"
"the owner of the hut was a goat"
"오두막 주인은 염소였다"
"and she had wool of a beautiful blue colour"
"그리고 그녀는 아름다운 푸른 색의 양모를 가지고 있었다"
Pinocchio grew lively and curious at this news
피노키오는 이 소식에 활기차고 호기심이 생겼습니다
"And where has the goat gone?" asked Pinocchio
"염소는 어디로 간 거야?" 피노키오가 물었다
"I do not know where she has gone"
"그 여자가 어디로 갔는지 모르겠습니다"
"And when will the goat come back?" asked Pinocchio
"염소는 언제 돌아올까요?" 피노키오가 물었어요
"oh she will never come back, I'm afraid"
"오, 그녀는 다시는 돌아 오지 않을 거야, 무서워요"
"she went away yesterday in great grief"
"그 여자는 어제 큰 슬픔 가운데 떠났다"
"her bleating seemed to want to say something"
"그녀의 울음소리는 뭔가를 말하고 싶어하는 것 같았다"
"Poor Pinocchio! I shall never see him again"

"불쌍한 피노키오! 나는 다시는 그를 볼 수 없을 것이다"
"by now the Dog-Fish must have devoured him!"
"지금쯤이면 개고기가 그를 잡아먹었을 거야!"
"Did the goat really say that?"
"염소가 정말 그렇게 말했나요?"
"Then it was she, the blue goat"
"그럼 그 여자, 푸른 염소였어"
"It was my dear little Fairy," exclaimed Pinocchio
"내 귀여운 꼬마 요정이었어." 피노키오가 외쳤다
and he cried and sobbed bitter tears
그는 울며 쓰디쓴 눈물을 흘렸다
When he had cried for some time he dried his eyes
그는 얼마 동안 울고 나서 눈을 말렸다
and he prepared a comfortable bed of straw for Geppetto
그리고 그는 제페토를 위해 짚으로 만든 편안한 침대를 준비했다
Then he asked the Cricket for more help
그런 다음 그는 크리켓에게 더 많은 도움을 요청했습니다
"Tell me, little Cricket, please"
"말해봐, 꼬마 크리켓, 제발"
"where can I find a tumbler of milk"
"우유 텀블러는 어디에서 찾을 수 있습니까?"
"my poor papa has not eaten all day"
"불쌍한 우리 아빠는 하루 종일 먹지 않았어요"
"Three fields from here there lives a gardener"
"여기서 세 밭에서 정원사가 살고 있습니다"
"the gardener is called Giangio"
"정원사는 Giangio라고 불립니다."
"and in his garden he also has cows"
"그의 정원에는 소들도 있습니다"
"he will let you have the milk you want"
"그분은 너가 원하는 우유를 갖게 해 주실 것이다"
Pinocchio ran all the way to Giangio's house
피노키오는 지안지오의 집까지 달려갔어요
and the gardener asked him:
그러자 정원사는 그에게 물었다.
"How much milk do you want?"

"우유 얼마나 원하세요?"
"I want a tumblerful," answered Pinocchio
"텀블러를 갖고 싶어요." 피노키오가 대답했다
"A tumbler of milk costs five cents"
"우유 텀블러 한 잔에 5센트가 든다"
"Begin by giving me the five cents"
"먼저 5센트를 주십시오"
"I have not even one cent," replied Pinocchio
"나는 한 푼도 없어요." 피노키오가 대답했다
and he was grieved from being so penniless
그리고 그는 너무나 무일푼인 것에 대해 슬퍼했다
"That is bad, puppet," answered the gardener
"그건 나쁘다, 꼭두각시." 정원사가 대답했다
"If you have not one cent, I have not a drop of milk"
"당신이 1센트도 가지고 있지 않다면, 나는 우유 한 방울도 가지고 있지 않습니다"
"I must have patience!" said Pinocchio
"인내심을 가져야 해!" 피노키오가 말했다
and he turned to go again
그리고 그는 다시 가려고 돌아섰다
"Wait a little," said Giangio
"잠깐만요." 지안지오가 말했다
"We can come to an arrangement together"
"우리는 함께 합의에 도달할 수 있습니다"
"Will you undertake to turn the pumping machine?"
"펌핑 기계를 돌리는 일을 맡으시겠습니까?"
"What is the pumping machine?"
"펌핑 기계는 무엇입니까?"
"It is a kind of wooden screw"
"그것은 일종의 나무 나사입니다"
"it serves to draw up the water from the cistern"
"저수조에서 물을 끌어올리는 역할을 합니다"
"and then it waters the vegetables"
"그런 다음 야채에 물을 줍니다."
"I can try to turn the pumping machine"
"펌핑 기계를 돌려 볼 수 있습니다"
"great, I need a hundred buckets of water"

"좋아요, 물 백 양동이가 필요해요"
"and for the work you'll get a tumbler of milk"
"그리고 일을 위해 당신은 우유 텀블러를 얻을 것입니다."
"we have an agreement," confirmed Pinocchio
"우린 합의했어." 피노키오가 확인했다
Giangio then led Pinocchio to the kitchen garden
그런 다음 Giangio는 피노키오를 부엌 정원으로 안내했습니다
and he taught him how to turn the pumping machine
그리고 그는 그에게 펌핑 기계를 돌리는 방법을 가르쳤습니다
Pinocchio immediately began to work
피노키오는 즉시 일하기 시작했습니다
but a hundred buckets of water was a lot of work
하지만 100개의 양동이에 담긴 물은 많은 일이었습니다
the perspiration was pouring from his head
머리에서 땀이 쏟아지고 있었다
Never before had he undergone such fatigue
그는 일찍이 그러한 피로를 겪어 본 적이 없었다
the gardener came to see Pinocchio's progress
정원사는 피노키오의 진행 상황을 보러 왔습니다
"my little donkey used to do this work"
"내 작은 당나귀가 이 일을 했었어"
"but the poor animal is dying"
"그러나 불쌍한 동물은 죽어가고 있습니다"
"Will you take me to see him?" said Pinocchio
"나를 데리고 그를 보러 가겠니?" 피노키오가 말했다
"sure, please come to see my little donkey"
"그래, 내 작은 당나귀를 보러 와줘"
Pinocchio went into the stable
피노키오는 마구간으로 들어갔어요
and he saw a beautiful little donkey
그리고 그는 아름다운 작은 당나귀를 보았습니다
but the donkey was stretched out on the straw
그러나 당나귀는 짚 위에 뻗어 있었다
he was worn out from hunger and overwork
그는 굶주림과 과로로 지쳐 있었습니다
Pinocchio was much troubled by what he saw
피노키오는 자기가 본 것 때문에 몹시 괴로워했습니다

"I am sure I know this little donkey!"
"나는 이 작은 당나귀를 확실히 알고 있어!"
"His face is not new to me"
"그분의 얼굴은 내게 새로운 것이 아닙니다"
and Pinocchio came closer to the little Donkey
그리고 피노키오는 작은 당나귀에게 더 가까이 다가갔어요
and he spoke to him in asinine language:
그리고 그는 비열한 언어로 그에게 말했다.
"Who are you?" asked Pinocchio
"넌 누구냐?" 피노키오가 물었다
the little donkey opened his dying eyes
작은 당나귀는 죽어가는 눈을 떴습니다
and he answered in broken words in the same language:
그러자 그는 같은 언어로 서툰 말로 대답했다.
"I... am... Candle-wick"
"나는... 그렇습니까... 촛불 심지"
And, having again closed his eyes, he died
그리고 다시 눈을 감고 죽으셨다
"Oh, poor Candle-wick!" said Pinocchio
"오, 불쌍한 촛불심지!" 피노키오가 말했다
and he took a handful of straw
그리고 그는 지푸라기 한 움큼을 가져갔다
and he dried a tear rolling down his face
그리고 그는 눈물을 닦으며 얼굴을 타고 흘러내렸다
the gardener had seen Pinocchio cry
정원사는 피노키오가 우는 것을 보았다
"Do you grieve for a dead donkey?"
"너는 죽은 당나귀 때문에 슬퍼하느냐?"
"it was not even your donkey"
"그것은 당신의 당나귀도 아니었습니다"
"imagine how I must feel"
"내가 어떻게 느껴질지 상상해 보라"
Pinocchio tried to explain his grief
피노키오는 자신의 슬픔을 설명하려고 애썼어요
"I must tell you, he was my friend!"
"분명히 말해야겠어, 그는 내 친구였어!"
"Your friend?" wondered the gardener

"당신의 친구요?" 정원사는 의아해했다
"yes, one of my school-fellows!"
"그래, 내 학교 친구 중 한 명이야!"
"How?" shouted Giangio, laughing loudly
"어떻게?" 지앙지오가 크게 웃으며 소리쳤다
"Did you have donkeys for school-fellows?"
"학교 친구들을 위해 당나귀를 키웠나요?"
"I can imagine the wonderful school you went to!"
"네가 다녔던 멋진 학교가 얼마나 대단한지 상상할 수 있어!"
The puppet felt mortified at these words
꼭두각시는 이 말에 모멸감을 느꼈다
but Pinocchio did not answer the gardener
그러나 피노키오는 정원사에게 대답하지 않았다
he took his warm tumbler of milk
그는 따뜻한 우유 텀블러를 집어 들었다
and he returned back to the hut
그리고 그는 오두막으로 돌아갔다
for more than five months he got up at daybreak
다섯 달이 넘도록 그는 새벽에 일어났다
every morning he turned the pumping machine
매일 아침 그는 펌프를 돌렸다
and each day he earned a tumbler of milk
그리고 그는 매일 우유 텀블러를 벌었다
the milk was of great benefit to his father
그 우유는 아버지에게 큰 도움이 되었다
because his father was in a bad state of health
그의 아버지의 건강 상태가 좋지 않았기 때문입니다
but Pinocchio was now satisfied with working
그러나 피노키오는 이제 일하는 것에 만족했다
during the daytime he still had time
낮 동안에는 아직 시간이 있었다
so he learned to make baskets of rushes
그래서 그는 러시 바구니를 만드는 법을 배웠습니다
and he sold the baskets in the market
그는 그 바구니들을 시장에서 팔았다
and the money covered all their expenses
그리고 그 돈으로 그들의 모든 경비를 충당하였다

he also constructed an elegant little wheel-chair
그는 또한 우아한 작은 휠체어를 만들었습니다
and he took his father out in the wheel-chair
그리고 그는 아버지를 휠체어에 태우고 밖으로 나갔다
and his father got to breathe fresh air
그리고 그의 아버지는 신선한 공기를 마실 수 있었습니다
Pinocchio was a hard working boy
피노키오는 열심히 일하는 소년이었습니다
and he was ingenious at finding work
그리고 그는 일자리를 찾는 데 영리했다
he not only succeeded in helping his father
그는 아버지를 돕는 데만 성공한 것이 아니었다
but he also managed to save five dollars
그러나 그는 또한 5 달러를 절약했습니다
One morning he said to his father:
어느 날 아침, 그는 아버지에게 이렇게 말했다.
"I am going to the neighbouring market"
"나는 이웃 시장에 갈 것이다"
"I will buy myself a new jacket"
"나는 나 자신에게 새 재킷을 살 것이다"
"and I will buy a cap and pair of shoes"
"그리고 나는 모자와 신발 한 켤레를 살 것이다"
and Pinocchio was in jolly spirits
그리고 피노키오는 유쾌한 기분이었다
"when I return you'll think I'm a gentleman"
"내가 돌아올 때 당신은 나를 신사라고 생각할 것입니다"
And he began to run merrily and happily along
그리고 그는 즐겁고 행복하게 달리기 시작했다
All at once he heard himself called by name
갑자기 그는 자신의 이름을 부르는 소리를 들었다
he turned around and what did he see?
그는 뒤를 돌아보았고 무엇을 보았습니까?
he saw a Snail crawling out from the hedge
그는 산울타리에서 달팽이 한 마리가 기어 나오는 것을 보았다
"Do you not know me?" asked the Snail
"너는 나를 모르느냐?" 달팽이가 물었다
"I'm sure I know you," thought Pinocchio

"너를 확실히 알고 있어." 피노키오는 생각했다
"and yet I don't know from where I know you"
"그런데도 나는 어디서 너를 알는지 모르겠어"
"Do you not remember the Snail?"
"달팽이를 기억하지 못하니?"
"the Snail who was a lady's-maid"
"하녀였던 달팽이"
"a maid to the Fairy with blue hair"
"파란 머리를 가진 요정의 하녀"
"Do you not remember when you knocked on the door?"
"언제 문을 두드렸는지 기억나지 않니?"
"and I came downstairs to let you in"
"그리고 나는 너를 들여 보내려고 아래층으로 내려 왔어"
"and you had your foot caught in the door"
"그리고 너는 문에 발이 걸렸어"
"I remember it all," shouted Pinocchio
"다 기억해." 피노키오가 소리쳤다
"Tell me quickly, my beautiful little Snail"
"빨리 말해, 나의 예쁜 작은 달팽이야"
"where have you left my good Fairy?"
"내 착한 요정은 어디 두고 왔니?"
"What is she doing?"
"뭐 하는 거야?"
"Has she forgiven me?"
"그 여자는 나를 용서했을까?"
"Does she still remember me?"
"아직도 나를 기억하고 있을까?"
"Does she still wish me well?"
"그녀는 여전히 내가 잘 되길 바라는 걸까?"
"Is she far from here?"
"여기서 멀리 떨어져 있나요?"
"Can I go and see her?"
"제가 가서 그녀를 볼 수 있을까요?"
these were a lot of questions for a snail
달팽이에게는 많은 질문이었습니다
but she replied in her usual phlegmatic manner
그러나 그녀는 평소의 점액질 같은 태도로 대답했다

"My dear Pinocchio," said the snail
"나의 사랑하는 피노키오." 달팽이가 말했다
"the poor Fairy is lying in bed at the hospital!"
"불쌍한 요정이 병원에서 침대에 누워 있습니다!"
"At the hospital?" cried Pinocchio
"병원에서요?" 피노키오가 소리쳤다
"It is only too true," confirmed the snail
"그건 너무나도 사실이야." 달팽이가 단언했다
"she has been overtaken by a thousand misfortunes"
"그녀는 천 가지 불행에 휩싸였다"
"she has fallen seriously ill"
"그 여자는 몹시 아팠습니다"
"she has not even enough to buy herself a mouthful of bread"
"그 여자는 빵 한 입도 살 만큼도 부족하다"
"Is it really so?" worried Pinocchio
"정말 그럴까?" 피노키오가 걱정했다
"Oh, what sorrow you have given me!"
"오, 당신이 내게 얼마나 큰 슬픔을 주셨는지요!"
"Oh, poor Fairy! Poor Fairy! Poor Fairy!"
"오, 불쌍한 요정이여! 불쌍한 요정! 불쌍한 요정!"
"If I had a million I would run and carry it to her"
"나에게 백만 달러가 있다면 달려가서 그녀에게 가져다 줄 것입니다"
"but I have only five dollars"
"하지만 나에게는 5달러밖에 없어요"
"I was going to buy a new jacket"
"새 재킷을 사려고 했어요"
"Take my coins, beautiful Snail"
"내 동전을 가져가라, 아름다운 달팽이여"
"and carry the coins at once to my good Fairy"
"그리고 즉시 동전을 나의 착한 요정에게 가져다줘"
"And your new jacket?" asked the snail
"너의 새 재킷은?" 달팽이가 물었다
"What matters my new jacket?"
"내 새 재킷이 무슨 상관이야?"
"I would sell even these rags to help her"

"나는 그녀를 돕기 위해 이 누더기라도 팔 것입니다"
"Go, Snail, and be quick"
"달팽이야, 가서 빨리해라"
"return to this place, in two days"
"이틀 후에 이곳으로 돌아와라"
"I hope I can then give you some more money"
"그럼 돈을 좀 더 줄 수 있으면 좋겠어요"
"Up to now I worked to help my papa"
"지금까지 나는 아버지를 돕기 위해 일했어요"
"from today I will work five hours more"
"오늘부터 5시간 더 일하겠습니다"
"so that I can also help my good mamma"
"나도 좋은 엄마를 도울 수 있도록"
"Good-bye, Snail," he said
"안녕, 달팽이." 그가 말했다
"I shall expect you in two days"
"나는 이틀 후에 너를 기다릴 것이다"
at this point the snail did something unusual
이 시점에서 달팽이는 이상한 일을 했습니다
she didn't move at her usual pace
그녀는 평소와 같은 속도로 움직이지 않았다
she ran like a lizard across hot stones
그녀는 도마뱀처럼 뜨거운 돌 위를 달렸다
That evening Pinocchio sat up till midnight
그날 저녁 피노키오는 자정까지 앉아 있었다
and he made not eight baskets of rushes
그는 서두르는 바구니를 여덟 바구니도 만들지 않았다
but be made sixteen baskets of rushes that night
그러나 그날 밤 열여섯 바구니의 러시를 만들 수 있었다
Then he went to bed and fell asleep
그러고는 잠자리에 들어 잠이 들었다
And whilst he slept he thought of the Fairy
그리고 잠을 자는 동안 그는 요정을 생각했다
he saw the Fairy, smiling and beautiful
그는 미소 짓고 아름다운 요정을 보았습니다
and he dreamt she gave him a kiss
그리고 그는 그녀가 그에게 키스하는 꿈을 꿨습니다

"Well done, Pinocchio!" said the fairy
"잘했어, 피노키오!" 요정이 말했다
"I will forgive you for all that is past"
"내가 너희의 지난간 모든 것을 용서하겠다"
"To reward you for your good heart"
"너의 선한 마음을 갚으려고"
"there are boys who minister tenderly to their parents"
"부모에게 부드럽게 성역을 베푸는 소년들이 있습니다"
"they assist them in their misery and infirmities"
"그들은 그들의 비참함과 연약함을 돕는다"
"such boys are deserving of great praise and affection"
"그런 소년들은 큰 칭찬과 애정을 받아 마땅하다"
"even if they cannot be cited as examples of obedience"
"그들이 순종의 모범으로 인용될 수 없을지라도"
"even if their good behaviour is not always obvious"
"그들의 좋은 행동이 항상 명백하지 않을지라도"
"Try and do better in the future and you will be happy"
"앞으로 더 잘하려고 노력하면 행복해질 것입니다"
At this moment his dream ended
이 순간 그의 꿈은 끝났다
and Pinocchio opened his eyes and awoke
그리고 피노키오는 눈을 뜨고 깨어났습니다
you should have been there for what happened next
당신은 다음에 일어난 일을 위해 거기에 있었어야했습니다
Pinocchio discovered that he was no longer a wooden puppet
피노키오는 자신이 더 이상 나무 꼭두각시가 아니라는 것을 알게 되었습니다
but he had become a real boy instead
하지만 그는 진짜 소년이 되어 있었다
a real boy just like all other boys
다른 모든 소년들과 똑같은 진짜 소년
Pinocchio glanced around the room
피노키오는 방을 둘러보았어요
but the straw walls of the hut had disappeared
하지만 오두막의 짚으로 된 벽은 사라져 있었다
now he was in a pretty little room

이제 그는 아주 작은 방에 있었다
Pinocchio jumped out of bed
피노키오는 침대에서 벌떡 일어났다
in the wardrobe he found a new suit of clothes
옷장에서 그는 새 옷 한 벌을 찾았습니다
and there was a new cap and pair of boots
그리고 새 모자와 부츠 한 켤레가 있었습니다
and his new clothes fitted him beautifully
그리고 그의 새 옷은 그에게 아름답게 맞았습니다
he naturally put his hands in his pocket
그는 자연스럽게 주머니에 손을 넣었다
and he pulled out a little ivory purse
그리고 그는 작은 상아 지갑을 꺼냈다
on on the purse were written these words:
지갑에는 다음과 같은 글귀가 적혀 있었다.
"From the Fairy with blue hair"
"파란 머리를 가진 요정으로부터"
"I return the five dollars to my dear Pinocchio"
"사랑하는 피노키오에게 5달러를 돌려줍니다"
"and I thank him for his good heart"
"그리고 나는 그의 선한 마음에 감사드립니다"
He opened the purse to look inside
그는 지갑을 열어 안을 들여다보았다
but there were not five dollars in the purse
그러나 지갑에는 5달러가 없었다
instead there were fifty shining pieces of gold
그 대신 50개의 빛나는 금 조각이 있었다
the coins had come fresh from the minting press
동전은 조폐 프레스에서 갓 나온 것이었다
he then went and looked at himself in the mirror
그런 다음 그는 거울에 비친 자신을 보았습니다
and he thought he was someone else
그리고 그는 자신이 다른 사람이라고 생각했습니다
because he no longer saw his usual reflection
평소의 모습을 더 이상 볼 수 없었기 때문입니다
he no longer saw a wooden puppet in the mirror
그는 더 이상 거울 속의 나무 인형을 못했다

he was greeted instead by a different image
대신 다른 이미지가 그를 맞이했습니다
the image of a bright, intelligent boy
밝고 지적인 소년의 이미지
he had chestnut hair and blue eyes
그는 밤색 머리와 푸른 눈을 가지고 있었다
and he looked as happy as can be
그리고 그는 더할 나위 없이 행복해 보였다
as if it were the Easter holidays
마치 부활절 휴일인 것처럼
Pinocchio felt quite bewildered by it all
피노키오는 이 모든 것에 상당히 어리둥절해졌다
he could not tell if he was really awake
그는 자기가 정말로 깨어 있는지 알 수 없었다
maybe he was dreaming with his eyes open
어쩌면 그는 눈을 뜨고 꿈을 꾸고 있었을지도 모른다
"Where can my papa be?" he exclaimed suddenly
"아빠는 어디 계실 거야?" 아이가 갑자기 소리쳤다
and he went into the next room
그리고 그는 옆방으로 들어갔다
there he found old Geppetto quite well
거기서 그는 늙은 제페토를 아주 잘 발견했다
he was lively, and in good humour
그는 활기차고 유머가 좋았다
just as he had been formerly
그가 예전에 그랬던 것처럼 말이다
He had already resumed his trade of wood-carving
그는 이미 목각 일을 다시 시작한 상태였다
and he was designing a beautiful picture frame
그리고 그는 아름다운 액자를 디자인하고 있었습니다
there were leaves flowers and the heads of animals
나뭇잎과 꽃, 그리고 동물의 머리가 있었다
"Satisfy my curiosity, dear papa," said Pinocchio
"제 호기심을 만족시켜주세요, 사랑하는 아빠." 피노키오가 말했다
and he threw his arms around his neck
그리고 그는 팔로 그의 목을 감쌌다

and he covered him with kisses
그리고 그는 입맞춤으로 그를 덮었다
"how can this sudden change be accounted for?"
"이런 갑작스런 변화를 어떻게 설명할 수 있을까?"
"it comes from all your good doing," answered Geppetto
"그것은 당신의 모든 선행에서 비롯됩니다." 제페토가 대답했다
"how could it come from my good doing?"
"어찌 나의 선행에서 비롯된 것이겠느냐?"
"something happens when naughty boys turn over a new leaf"
"장난 꾸러기 소년이 새 잎을 뒤집을 때 무슨 일이 일어난다"
"they bring contentment and happiness to their families"
"그들은 가족에게 만족과 행복을 가져다줍니다"
"And where has the old wooden Pinocchio hidden himself?"
"그리고 늙은 나무 피노키오는 어디에 숨어 있는 걸까요?"
"There he is," answered Geppetto
"저기요." 제페토가 대답했다
and he pointed to a big puppet leaning against a chair
그리고 그는 의자에 기대어 있는 커다란 인형을 가리켰다
the Puppet had its head on one side
꼭두각시는 머리를 한쪽으로 기울여 있었다
its arms were dangling at its sides
그것의 팔은 옆구리에 매달려 있었다
and its legs were crossed and bent
다리를 꼬고 구부렸다
it was really a miracle that it remained standing
그것이 그대로 서 있는 것은 정말 기적이었습니다
Pinocchio turned and looked at it
피노키오는 돌아서서 그것을 보았다
and he proclaimed with great complacency:
그리고 그는 매우 안일한 태도로 선언했다.
"How ridiculous I was when I was a puppet!"
"내가 꼭두각시였을 때 얼마나 우스꽝스러웠던가!"
"And how glad I am that I have become a well-behaved little boy!"
그리고 내가 행실이 단정한 어린 소년이 된 것이 얼마나 기쁜지 모릅니다!"

www.tranzlaty.com

www.ingramcontent.com/pod-product-compliance
Lightning Source LLC
Chambersburg PA
CBHW010019130526
44590CB00048B/3818